小语典

语文教育文库

为教师专业发展蓄力赋能

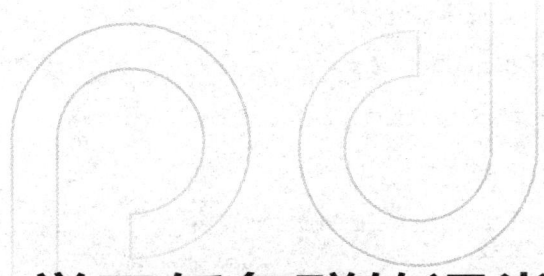

学习任务群的课堂实践与深度评析

跟着名师学教学，
跟着主编学写作

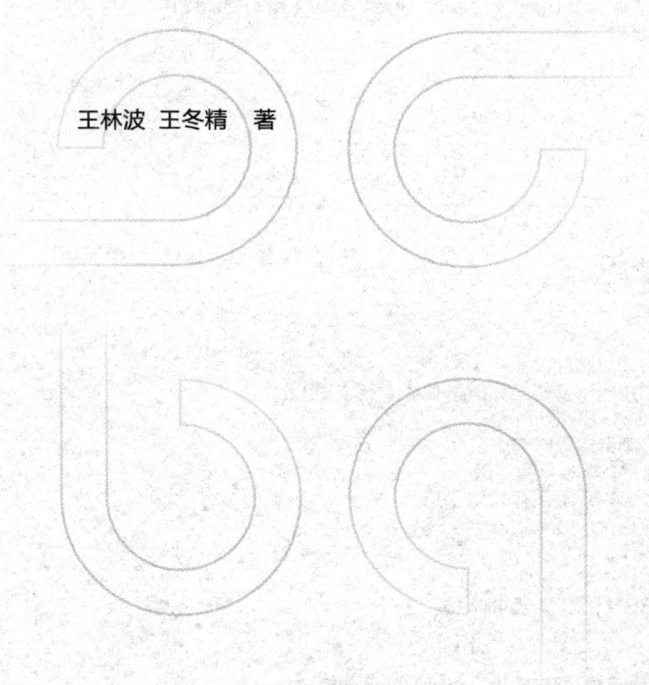

王林波 王冬精 著

济南出版社

图书在版编目（CIP）数据

学习任务群的课堂实践与深度评析 / 王林波，王冬精著 . — 济南：济南出版社，2024.3
 ISBN 978-7-5488-6272-7

Ⅰ.①学⋯ Ⅱ.①王⋯ ②王⋯ Ⅲ.①课堂教学 – 教学研究 Ⅳ.① G424.21

中国国家版本馆 CIP 数据核字（2024）第 065985 号

学习任务群的课堂实践与深度评析
XUEXI RENWU QUN DE KETANG SHIJIAN YU SHENDU PINGXI
王林波　王冬精　著

出 版 人	谢金岭
责任编辑	姚齐湘
装帧设计	李　一
出版发行	济南出版社
地　　址	山东省济南市二环南路 1 号（250002）
总 编 室	0531-86131715
印　　刷	济南继东彩印有限公司
版　　次	2024 年 3 月第 1 版
印　　次	2024 年 3 月第 1 次印刷
开　　本	170mm×240mm 16 开
印　　张	19.75
字　　数	310 千字
书　　号	ISBN 978-7-5488-6272-7
定　　价	58.00 元

如有印装质量问题 请与出版社出版部联系调换
电话：0531-86131716

版权所有　盗版必究

自　序
善教能写，让你走向卓越

最早看到"王冬精"这个名字，是在几十年前的《小学语文教学》这本刊物上，对，他是专业期刊的编辑。直到近几年见到王冬精老师本人，我才意识到，那时候他还非常年轻，而今，他已经是非常资深，且成就卓著的主编了。

第一次与王冬精老师有交流，是在 2010 年。那一年，我写了一篇稿子——《〈矛和盾的集合〉磨课纪实》，通过"小学教学设计"的投稿系统进行了投稿。其时，我是满怀期待的，因为那一课我经历了近十次的磨课，感觉课上得还不错，学生学得很开心，老师们的反响也很好。大约一个月后的一天，我接到了王冬精老师的电话，他与我沟通稿子的事情。天哪，这是巨大的惊喜啊，人生第一回接到编辑老师的电话，而且，他那么谦和，给我指出了一些问题，还提出了修改的建议。他的建议那么细致，甚至该怎么拟定小标题，他都给了我方法。看来，教育写作，没那么容易，它需要以教学实践为基础，但也需要有写作方法的指引。

2017 年暑假，在河南洛阳的一次活动中，我第一次见到王冬精老师，虽然是第一次见面，却有一见如故的感觉。那次活动中，王冬精老师为大家进行了教育写作的专题讲座《从实践到理论——谈教学智慧的提炼与生成》。那一次，我真正感觉到了一位资深编辑的经验是多么宝贵。一线教师从来不缺乏课堂实践，很多老师也很有经验，但是从实践到理论，从课堂到文字并不那么容易，教学智慧是需要在思考中提炼的，是需要通过清晰的思路来表述的，而这些，正是一线教师缺少的，也正是作为编辑的王冬精老师擅长的。

之前，王冬精是编辑，现在，他是主编，但我一直习惯地称呼他老师。是的，他不是一位普通的编辑，他不仅精于文字工作，同时，他的研究能力也非常强，而且完全超乎了我的想象。

2019年，全国开始推行统编教材，对于新生事物，大家都在摸索，全新的策略单元到底该怎么教？一线教师急需可触摸的教学实例作为参考。那年4月，王冬精老师约了我的一篇策略单元教学实录及点评的稿子。经过反复研读教材，我设计了教学，并经过了多次试教，感觉基本成熟了。7月，我完成了教学实录的整理，发给了吴忠豪教授进行点评。8月中旬的一天，王冬精老师邀我和吴忠豪教授进行一次线上的沟通。面对策略单元的教学，我们三人的认识还不太一致，需要一次研讨。

那一次三个人的微信电话打了一个多小时，研讨的氛围很热烈，大家的意见表达得很充分，虽然最终依然没能达成共识但结果并不那么重要。研讨过程中的观点碰撞，思考与讨论才是更可贵的。那一次，我重新认识了王冬精老师。吴忠豪教授是知名的语文教学专家，研讨中，他的认识深入，思考透彻，这是意料之中的。令我没想到的是，那次研讨中，作为主编的王冬精老师竟然对教学那么懂，所讲的都是内行的话，而且颇有见地，完全刷新了我对他的认知。后来，我甚至跟他开过玩笑，说他可以去当教研员。

是的，王冬精老师不仅是一位优秀的编辑，还是一位善思考、能研讨的教学专家。

说实话，我接触过的专业期刊很多，认识的主编不少，常常会收到主编的约稿，对于我的稿子，大家还是比较认可的，基本上很少提出修改意见。在王冬精老师这里，却是个例外，他常常会跟我探讨某些教学环节的设计，某些语句甚至词语的表达。这种经历其实挺难得的，我相信，通过这样的研讨和斟酌，文章的质量一定会更高。

近年来，我发表过近五百篇文章，做过九家专业期刊的封面人物，出版过九本教学专著，而且还都深受一线教师欢迎。因此，常常会有上进的青年教师向我请教，怎样才能上好课，怎样才能让自己的文章也得以发表。也有不少老师因为要参加评选活动，或者要评职称，经常会来求教，怎样才能让自己的课堂教学有亮点，怎样才能让自己的文章顺利通过编辑老师的法眼。特别是《义务教育课程标准（2022年版）》颁布以来，更多的老师开始困惑该如何上好新课标理念下的统编语文课，怎样才能设计好任务群视域下的课堂教学。

是啊，这些都是一线教师最真切的需求，是他们最想解决的实际问题。有没有可能同时解决上好课和写好文章这两个老师们最关心也最困惑的问题？

我想，办法一定是有的。

新课标颁布以来，我做过很多实践探索，尝试过不同学习任务群的课堂教学，如果把这些实录整理出来，不就可以帮助到有需求的老师了吗？

我又想到了王冬精老师，他是资深编辑，文字功底自不必说，他的研究能力又很强，可以说就是个教研员；同时，他阅稿无数，好稿件是什么样子，他最清楚不过了。如果能够请到王冬精老师做点评的话，我希望他不仅对课堂教学进行点评，揭示背后的设计意图，同时，更希望他能够从资深编辑的角度，结合这一篇实录，或者这一类文体，或者某一类任务群，讲一讲可以如何选材，如何切入，如何表达，手把手教老师们撰写文章的秘诀，让更多的一线教师不仅学会如何上好任务群视域下的统编语文课，同时，还能够写出令自己得意、让编辑满意的好文章来。

如果善教能写，那你不走向卓越都难。

王林波

2024年1月

目录

第一辑　语言文字积累与梳理学习任务群的教学

发现写作秘妙，丰富表达经验
　　——《雷雨》教学实录 ………………………………………… 3

感受生动的表达，积累优美的词句
　　——《大自然的声音》教学实录 ……………………………… 20

阵阵桂花雨，浓浓故乡情
　　——《桂花雨》教学实录 ……………………………………… 37

以重点词语为抓手，在拓展中丰富积累
　　——《富饶的西沙群岛》教学实录 …………………………… 55

落实语言实践，丰富语言积累
　　——"语文园地"教学实录 …………………………………… 72

第二辑　实用性阅读与交流学习任务群的教学

条理地表达，有效地倾听
　　——《推荐一部动画片》教学实录 …………………………… 89

用真实任务促成真实学习
　　——《图书借阅公约》教学实录 ……………………………… 102

再现玩耍的真实情境，表达内心的真情实感
　　——《那次玩得真高兴》教学实录 …………………………… 117

第三辑　文学阅读与创意表达学习任务群的教学

想象中感受美景，朗读中体悟诗情
　　——《晓出净慈寺送林子方》教学实录 ………………… 133
在朗读与想象中感受童趣
　　——《植物妈妈有办法》教学实录 ……………………… 149
聚焦重点词语，感受英雄形象
　　——《刘胡兰》教学实录 ………………………………… 166
深度体验，感受海滨小城的独特魅力
　　——《海滨小城》教学实录 ……………………………… 183
了解英雄故事，致敬英雄人物
　　——《小英雄雨来》（节选）教学实录 ………………… 199

第四辑　思辨性阅读与表达学习任务群的教学

有理有据，让看法表述更充分
　　——《有趣的动物》教学实录 …………………………… 229
不断思考，让故事学习更深入
　　——《小马过河》教学实录 ……………………………… 242
变换视角思考，表述不同看法
　　——《画杨桃》教学实录 ………………………………… 256
交流身边小事，表达自己看法
　　——《身边的"小事"》教学实录 ……………………… 271
在语言学习中提升思维品质
　　——《自相矛盾》教学实录 ……………………………… 285

后　记 ……………………………………………………………… 305

第一辑

语言文字积累与梳理学习任务群的教学

发现写作秘妙，丰富表达经验
——《雷雨》教学实录

（统编版二年级下册第六单元第16课）

任务一：联系生活经验，谈论天气现象

师：同学们，王老师在黑板上写一个字，看你是不是认识。

（教师板书"雨"字，学生认读。）

师：雨有很多种，我说一种雨，看看大家有没有印象。毛毛雨，见过没有？

生：见过。下毛毛雨的时候，我喜欢把舌头伸出来尝一下。

生：毛毛雨落到身上很舒服，每次下毛毛雨的时候我都不打伞。

师：嗯，这样才能感受到毛毛雨的温柔，如果是暴雨的话，那可不行！刚才不打伞的那位同学，这次暴雨来了，你打伞不？

生：一定要打伞，要不然我就变成落汤鸡了。

生：即使打上伞，衣服也会被淋湿的，下暴雨得赶快跑回家。

师：是啊，雨实在太大了。

启示：勾连生活是导入课堂最便捷的方式之一。

师：不同的雨，带给我们的感受是不同的。下面，我们再来看几个带雨字头的字。谁认识？请举手。

（课件出示：霜、雹、雪、雷。学生认读。）

师：大家发现了吗？这几个字都跟什么有关系？

生：跟天气有关系。

师：是啊，"雨字头"的字大都和天气有关，你还知道哪些雨字头的字？

生：雾。

生：霞和露。

师：雨字头和"雨"字的写法不太一样，谁发现了？

生：左边的竖变成了点，横折钩变成了横钩。

生：雨字头扁一些。

启示：随课文识字写字是低年级识字教学重要抓手。

师：是的，变化还不小呢！大家跟老师来写一写"雷"字，注意雨字头整体要扁，原来的竖变成了点，横折钩变成了横钩，里面的四个点要注意方向和大小，底下是一个"田"字。

（教师范写后学生练习书写。）

师：同学们，雷声大家都听过吧？谁给大家模仿一下雷声？

生：轰——轰——轰——

生：轰隆隆，轰隆隆。

师：我们来听听雷声吧。

（课件播放雷声，学生感受。）

启示：将课后作业融入课堂教学之中，既作为导入手段，又减轻学生课业负担。

师：伴着雷声下的雨就是雷雨，大家见过吧？

生：我上次玩滑板的时候，碰到了雷雨，先是一道闪电，然后"轰隆"一声巨响，好吓人啊！后来边打雷边下雨。

生：一开始天很阴，感觉天都快黑了，有时还刮大风，

4

风特别大。

生：有时边打雷，边下雨，很可怕。

生：下雷雨的时间不长，一会儿就停了，太阳就出来了。

生：有时候雷雨过后还有彩虹呢，很漂亮。

师：非常好，大家都是生活中的有心人，观察得挺仔细，发现了雷雨前、雷雨中、雷雨后的景象是不同的，值得表扬。今天，就让我们学习这篇课文，看看作者是按照怎样的顺序把雷雨写清楚的。

【赏析：勾连生活，进行课堂教学，这是我们经常使用的教学模式。本教学环节特殊的地方在于：王老师由"雨"字而引出来的"毛毛雨、暴雨、雷雨"，贯穿这个学习任务始终，十分讲究。课后第 3 题是：读一读，说说你见过什么样的雨，当时是怎样的情景。他把这一作业融入课堂的导入环节，既为课文的教学做了铺垫，又顺便完成了作业，减轻了学生的课堂负担。在学生交流对各种雨的印象的过程中，王老师还把识字写字融入了其中。】

任务二：梳理写作顺序，发现表达秘妙

学习活动一：聚焦写雨的句子，厘清表达的顺序

师：现在，请同学们自由读一读课文，注意把字音读准，把句子读通顺，同时把课文中直接写雨的句子画下来。

（学生自由读课文，教师巡视指导。）

师：谁来把你找到的直接写下雨的句子读给大家听？

生：哗，哗，哗，雨下起来了。

生：雨越下越大。往窗外望去，树啊，房子啊，都看不清了。

生：渐渐地，渐渐地，雷声小了，雨声也小了。

启示：从关键处入手，挈领而顿，百毛皆顺。

师：这三段话都是写下雨时的情景，大家想想看，这三段话后面写的应该是什么时候的景象？

生：雨后的景象。

师：这三段话前面写的应该是什么时候的景象？

生：雨前的景象。

师：发现了吧，这篇课文写雷雨时，是按照怎样的顺序来写的？

生：雷雨前、雷雨中、雷雨后的顺序。

师：非常好，如果我说雷雨后，你应该读哪几个自然段？谁来读给大家听？同学们边听边勾画出这部分作者写到的事物。

（一学生读课文第7~8自然段，其他学生边听边思考，勾画词语。）

师：雷雨后作者都写到了哪些事物？谁听出来了？

生：写到了清新的空气。

生：还写到了一些小动物，比如蝉呀，蜘蛛呀，青蛙呀。

生：还有一条彩虹。

启示：教学的内容应有层次感。

师：非常好！如果我说雷雨前，我们应该读哪几个自然段？谁来读读？

（一学生读课文第1~3自然段，其他学生边听边思考，勾画词语。）

师：我们来交流交流，雷雨前作者写到了哪些事物？

生：一阵大风。

生：还有闪电和雷声。

生：还有树枝、乌云、蝉、蜘蛛。

师：很好，我们看看这个词语——乌云。看到"乌"，我就想到了一种鸟，它的名字就带有"乌"字，大家知道是哪种鸟吗？

生（齐）： 乌鸦。

师： 乌鸦是什么颜色的？

生： 乌黑乌黑的。

师： 看来表达黑的意思时，我们就可以用到"乌"字。比如，这个同学的头发可以怎么说？

生： 乌黑的头发。

师： 天空中的云很黑，就可以叫——

生（齐）： 乌云。

师： 来，我们看几张图片。这就是乌云，大家感受感受乌云的颜色。

（课件出示乌云图片，学生看。）

师： "乌"字写起来不复杂，看老师来写，我们先写撇，第二笔是横折钩，第三笔是竖折折钩，最后来写横。大家拿出笔来练习练习吧，注意坐姿要端正，头抬高一点儿，描一个写一个。

（学生练习书写，教师指导。）

【赏析：中心突破，是这个教学环节中的一个非常亮丽的手段。雷雨前、中、后的区分，对于二年级的小朋友来说，容易造成混淆。王老师从学生印象比较深刻的下雨场面入手——"把课文中直接写雨的句子画下来"，然后提醒学生："这三段话都是写下雨时的情景，大家想想看，这三段话后面写的应该是什么时候的景象？""这三段话前面写的应该是什么时候的景象？"这样的引导，抓住了要害，使学生很容易区分了雷雨前、雷雨中、雷雨后，再按照这个顺序发现雷雨前、中、后的事物，学习起来相对就容易多了。】

学习活动二：比较事物的不同，发现表达的秘密

师：同学们，刚刚我们还说到了蝉和蜘蛛，那大家看看这两个小动物的名字有什么特点？

生：都是虫字旁。

师：是啊，它们都是昆虫，这两种小动物在下雨前是什么样的？我们放到句子中来读一读。

生：树上的叶子一动不动，蝉一声也不出。

生：一只蜘蛛从网上垂下来，逃走了。

师：课文中还有写蝉和蜘蛛的句子，谁找到了？

生：蝉叫了。蜘蛛又坐在网上。

师：我们来读一读写蝉和蜘蛛的句子，男生读前两句，女生读后一句。

男生（齐）：树上的叶子一动不动，蝉一声也不出。一只蜘蛛从网上垂下来，逃走了。

女生（齐）：蝉叫了。蜘蛛又坐在网上。

师：同样都是在写蝉，写蜘蛛，写得一样不一样？

生：不一样。

师：上面特别慌乱的是什么时候的情景？

生：雨前。

师：后面很悠闲的呢？

生：雨后。

师：谁来总结一下？

生：同一种小动物，在雨前和雨后的表现是不一样的。

师：是啊，作者观察得多仔细，写出了雨前和雨后同一种动物不同的表现，真好，很值得我们学习。雨前和雨后不同的，不只蝉和蜘蛛，肯定还有其他事物。大家看，雨前的乌云，作者是怎样写的？

生：满天的乌云，黑沉沉地压下来。

师：当雷雨结束后，乌云还在吗？

生：不在了。

师：谁试着说一说雷雨后天空中的乌云怎么样了？

课件出示：天空中的乌云＿＿＿＿＿＿。

生：天空中的乌云不见了，只有几朵白云飘在天上。

生：天空中的乌云慢慢地散开了。

生：天空中的乌云慢慢散去了，太阳露出来了，阳光投向了大地。

生：天空中的乌云散开了，彩虹挂在了天空中，是那样的美丽。

师：是啊，雷雨前后的景象是不同的，即使同一种事物，也有着不同的表现。我请两位同学读雷雨前写云的句子，两位同学读自己刚刚说到的句子。

生1：满天的乌云，黑沉沉地压下来。

生2：天空中的乌云慢慢散去了，太阳露出来了，阳光投向了大地。

生3：满天的乌云，黑沉沉地压下来。

生4：天空中的乌云散开了，彩虹挂在了天空中，是那样的美丽。

【赏析：这一部分的两个活动，其实就是课后第1题：说说雷雨前、雷雨中和雷雨后景色的变化。课后题融入课堂教学是我们普通教师都能够做到的，大多数教师是严格遵照课后作业要求来进行课堂教学的。这样的理解是没有错的，但是又忽视了学情的差异化。课后作业其实是保底工程，所以王老师在完成课后作业的基础上又往前走了一步：引导学生一方面发现文章的篇章结构，另外一方面品味作者精准的遣

词造句，提高学生的语言欣赏和运用能力。】

任务三：聚焦关键字词，品析表达效果

学习活动一：抓住"压"字，体会用词的精准

师：雷雨前，"满天的乌云，黑沉沉地压下来"。同学们看下面这幅图片，这是这句话中的一个字，大家猜猜是哪个字？

课件出示：

生：黑沉沉的"黑"字，这张图片跟黑字有些像。底下烧着火，烟囱里就冒出了烟。

师：看老师怎么来写它，烟囱里边飘出了烟尘，左边烟尘，右边烟尘，就像是这里的点和撇。接下来的"土"就是图片上烧火的地方，最底下的火千万别忘了，让我们写好这个四点底。

（教师示范写"黑"后，学生练习书写。）

师：我们再来看这句话中的"压"字，这个动作谁做过？

生：我叠被子的时候，先把被子叠好，然后会压一压。

师："压"这个动作挺用力的，看到天空中的乌云黑沉沉地压下来，你有什么感觉？

生：不敢抬头，害怕碰上了乌云。

生：感觉到很压抑。

师：带着这样的感觉我们再读一读这句话。

生（齐）：满天的乌云，黑沉沉地压下来。

师：写"压"字时千万别忘了最后一点。抄写这句话，有两个字要特别留意，一个是"压"，一个是"黑"，一定要写正确了。现在，请同学们拿出笔，把这句话抄写在自己的

启示：依据每一个生字的特点，选择恰当的学习方式。

本子上。

（学生抄写句子，教师巡视指导。）

【赏析：这个环节主要教学两个生字——"黑""压"，这是教材的规定动作。两个生字的教学，各具特色："黑"字的学习，回归汉字起源，渗透汉字文化，由图到字，形象生动，一目了然，引发学生由形象思维走向理性思维，增加学生对汉字的亲近感与兴趣。"压"字的教学，则是勾连学生生活，"这个动作谁做过"，一下子就勾起学生对这个字形象具体的理解。两个生字的学习，一个理性，一个形象；一个训练学生理性思维，一个张扬孩子形象思维。有张有弛，各具特色。】

学习活动二：紧扣"逃"字，感受紧张的气氛

师：同学们，我们继续读下面这句话——

课件出示：忽然一阵大风，吹得树枝乱摆。一只蜘蛛从网上垂下来，逃走了。

（指名多人读。）

师：我听出了这几位同学的紧张，感觉到了当时的情况不妙，读得很好。大家看这里有一个"摆"字，"摆"是什么意思？拿出你的手，我们来做做动作，大家听我的口令：左右摆——前后摆——乱摆。

（学生根据教师的口令用手臂做出相应的动作。）

师：假如此刻你就是那只蝉，正在树上叫，突然，树枝开始乱摆，你会是什么感觉？

生：特别紧张，很害怕。

师：我请一位同学试着读一读，读出自己的紧张来。

生：忽然一阵大风，吹得树枝乱摆。一只蜘蛛从网上垂下来，逃走了。

师：注意，这可是一阵大风啊！谁再来读，让我们感受感受当时的紧张？

生：忽然一阵大风，吹得树枝乱摆。一只蜘蛛从网上垂下来，逃走了。

师：我感受到紧张了，但是还不够，大家注意这里的"逃"字。你们在什么情况下才会逃？

启示：联系现实生活，是感受课文营造的气氛的绝佳方式。

生：着火的时候。

生：发生地震的时候。

生：特别恐怖的时候。

师：这时候蜘蛛不逃行吗？

生：不行。

师：大家想想，蜘蛛会怎样跑？

生：飞快地跑。

生：直接跳下去。

【赏析：这个环节主要是带领学生感受紧张的气氛。在学生感受不充分的情况下，王老师适时抓住"逃"字，引领学生联系生活实际进行感受，轻松地完成了教学任务。】

学习活动三：抓住关键笔画，指导写好"垂"字

师：蜘蛛可不是一般的昆虫，虽然慌乱，但处境并不危险，因为它不是从网上掉下来的，也不是从网上摔下来的，而是从网上垂下来的。它有一种特殊本领，谁知道？

生：它有喷丝器，可以顺着丝垂下来。

师：一根丝垂下来，很安全。如果是掉下来或者是摔下来，你能想象那个情景吗？你仿佛听到了什么声音？

生：啪的一声，蜘蛛摔了下来。

生：会听到蜘蛛惨叫的声音。

师：这只蜘蛛并不惨，虽然情况危急，但还是很安全的。

因为它是从网上垂下来的。这个"垂"笔画很多,不容易写好。大家来观察观察,这里的横有什么特点?

生:几个横之间的距离差不多。

生:横很多,但是长短不一样。

师:找到最长的横没有?

生:找到了,中间的那个横最长。

师:现在我来写,大家来提醒我笔画顺序,特别是横的长短。

(教师在学生的提醒下写好了"垂",学生开始练习书写,教师巡视,强调坐姿和握笔姿势。)

【赏析:识字写字不分家,更是低年级学生学习的重点内容。识字不是孤立进行的,可适当铺垫写字。在写好生字的同时,理解这个字的含义。】

学习活动四:想象雨前景象,运用"越来越"表达

师:这时候,闪电开始了,雷声也来了。谁来读读课文中的句子?

生:闪电越来越亮,雷声越来越响。

师:我知道咱们班有人会模仿雷声,有没有人能模仿出越来越响的雷声?我来读句子,他来模仿雷声,怎么样?

(教师读句子,读到后半句时,学生模拟越来越响的雷声。)

师:非常好,如果大家朗读这句话时能够读出雷声越来越响,再配合上这位同学模拟的雷声,那就更好了。(请多位学生分别朗读,读出雷声越来越响。一人模拟雷声。)

师:这里的"越来越"用得很好!同学们,大家想象一下下雨前的情景,想想看还有哪些景象也可以用上"越来越"来说。

启示:结合文本内容进行写字训练,生动又形象。

启示:重视文本特殊语言现象的挖掘与运用,实现文本价值最大化。

13

课件出示：风　蝉　天空　行人　门窗　汽车

生：街道上的行人越来越少。

生：风越来越大。

生：汽车越来越少。

生：门窗越来越响。

生：汽车跑得越来越快。

生：天空变得越来越黑。

师：用上"越来越"，我们更能感受到下雷雨前的情景了。真好！

【赏析：基于文本，挖掘其独具的语言现象（越来越），形成学生语言素养，是这个教学片段给人留下的印象。核心素养下的语文教学，语文要素的落实仍然是目前教学的重点与中心。但是，语文要素不是课堂教学的唯一，每篇文本所具有的特殊语言素养，也是必不可少的学习内容。】

任务四：落实语言运用，积累表达经验

学习活动一：多种方式，练习朗读

师：雨下起来了，我请一位同学来读一读这个句子。

课件出示：哗，哗，哗，雨下起来了。

（指名读句子。）

师：这里有一个标点很重要，是什么？

生：逗号。

师：作者没有用顿号，而是用了逗号，所以读的时候要注意什么？

生：停顿的时间长一些，"哗"字也拖长一些。

师：你试着读一读，怎么样？

生：哗，哗，哗，雨下起来了。

启示：朗读的指导必不可少。

师：非常好，谁再来试试？

（指名多位学生朗读，教师指导。）

师：雨应该是越下越大，大家看大屏幕（课件上三个"哗"字逐渐放大），谁再来读一读？

生：哗，哗，哗，雨下起来了。

师：很好，下面你读第一个"哗"，这边同学读第二个"哗"，全班同学读最后一个"哗"。我们试试效果。

（学生合作朗读，体会雨越下越大。）

师：这句话大家读得很好，同样的方法，下面这句话我们该怎么读更好呢？

课件出示：渐渐地，渐渐地，雷声小了，雨声也小了。

生：第一个"渐渐地"全班来读，第二个"渐渐地"所有男生来读，后面的"雷声小了，雨声也小了"请一位同学来读。

师：这位同学的主意不错，我们试试吧。

（学生多次合作朗读。）

【赏析：几乎每一篇课文都要求朗读，低年级课文后面的课后题里还专门设有单项训练项目与要求。但是绝大多数教师对于朗读环节都采取选择性失明，或者让学生自己体会朗读，这可能与教师本身对于如何指导朗读的策略方法缺失有关。这里特别出现朗读指导，也是向一线教师传递一种正面引导信息，重视朗读的指导作用，提高学生对语言的感悟力。】

学习活动二：聚焦写法，尝试表达

师：同学们，雨越下越大了，课文中是怎么写的？

生（齐）：雨越下越大。往窗外望去，树啊，房子啊，都看不清了。

启示：重视语言表达积累，发展学生语言能力。	师：作者并没有直接写雨，却写出了雨的大，真好。我们也来试试吧！ 课件出示：雨越下越大。往窗外望去，_____啊，_____啊，都看不清了。 生：雨越下越大。往窗外望去，路灯啊，店铺啊，都看不清了。 生：雨越下越大。往窗外望去，人啊，汽车啊，都看不清了。 生：雨越下越大。往窗外望去，花啊，草啊，都看不清了。 生：雨越下越大。往窗外望去，学校啊，小卖部啊，都看不清了。 师：非常好。如果直接来写雨点，我们也能写出雨的大来。试试吧！ 课件出示下大雨的图片及下面的文字： 雨越下越大。雨点_____。 （学生试着写句子。） 师：写好了吧，我们来交流交流。 生：雨越下越大。雨点打在房檐上，噼里啪啦地响。 生：雨越下越大。雨点打在树叶上，发出哗哗哗的声音。 生：雨越下越大。雨点像子弹一样打在汽车上，发出啪啪的响声。 生：雨越下越大。雨点打在小草上，小草在雨中疯狂地点着头。 生：雨越下越大。雨点打在地面上，溅起一朵朵水花。 师：真好！我们写雨大，既可以借助其他事物来写，也可以直接写雨点的大。这节课我们不仅感受到了雨大，还学

会了怎样写出雨大。同学们,我们知道作者是按照雷雨前、雷雨中、雷雨后的景象来写的,雷雨后会是怎样的景象呢?我们下节课继续学习。最后留给同学们的作业是,大家可以写一写本课学到的生字,也可以背一背雷雨前、雷雨中的段落,把好的语言积累下来。下课!

【赏析:依托文本,建立丰富的语言表达经验,是我们追求的目标。如何形容"雨越下越大"?教师首先引导学生从文本中挖掘作家的表达样本,接着让学生模仿表达——"作者并没有直接写雨,却写出了雨的大,真好。我们也来试试吧",进而创新——"如果直接来写雨点,我们也能写出雨的大来。试试吧"。这样,由学到仿最后到创,学生经历了一个语言实践活动,建立起关于描写下大雨的语言表达模型,为今后描写下雪、起雾、刮风等自然现象,建构起可借鉴、可移植、可创新的路径。】

【总评】

本课作为语言文字积累与梳理学习任务群的教学范本,给了我们许多启示:

首先,积累与梳理建立在对教材文本的学习、借鉴、吸纳方面,也就是说教师要对教材进行深度解读,挖掘其中值得学生积累的语言材料。

其次,积累与梳理的内容可以是识字写字方面,也可以是阅读理解,或者是表达方式等。(比如本课主要体现在识字写字、朗读与文本特殊表达上。)

再次,积累与梳理可以像本课这样随课文进行,也可以集中进行。梳理形式多种多样,可以师生共同完成梳理,也可以以作业、游戏等形式完成梳理。

最后,语言文字的积累与梳理,不能只是知识的原始积累、数量上的叠加,应指向运用,在积累中运用,在运用中梳理,最终形成能力,形成素养。

【思维导图】

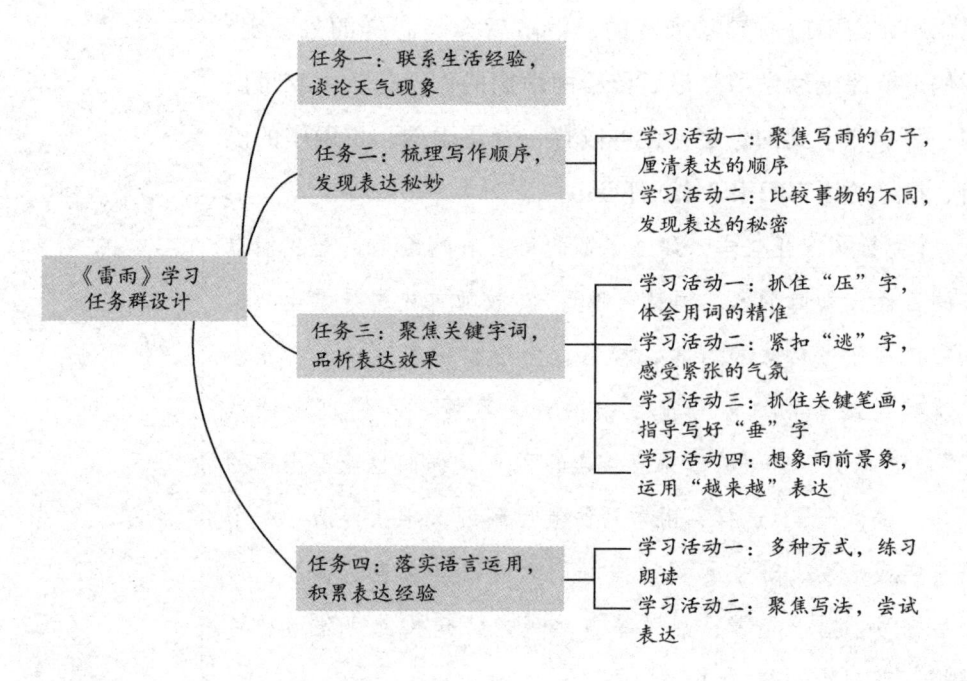

```
《雷雨》学习任务群设计
├── 任务一：联系生活经验，谈论天气现象
├── 任务二：梳理写作顺序，发现表达秘妙
│   ├── 学习活动一：聚焦写雨的句子，厘清表达的顺序
│   └── 学习活动二：比较事物的不同，发现表达的秘密
├── 任务三：聚焦关键字词，品析表达效果
│   ├── 学习活动一：抓住"压"字，体会用词的精准
│   ├── 学习活动二：紧扣"逃"字，感受紧张的气氛
│   ├── 学习活动三：抓住关键笔画，指导写好"垂"字
│   └── 学习活动四：想象雨前景象，运用"越来越"表达
└── 任务四：落实语言运用，积累表达经验
    ├── 学习活动一：多种方式，练习朗读
    └── 学习活动二：聚焦写法，尝试表达
```

主编谈教学写作启示

教学实录怎样写更容易获得编辑的青睐

作为语言文字积累与梳理任务群的实录，在写作方面也给我们许多思考：

一、实录的呈现方式，符合任务群架构

实录分为四个相互关联的学习任务，每个学习任务再根据需要，设置相应学习活动，每个学习活动围绕主题，分层次、分角度娓娓道

来。这种教学实录的呈现方式，既符合2022年版课标关于学习任务的格式要求，又显得板块清晰明了，一目了然，方便阅读理解。

二、实录字数适宜，语言通俗

整篇实录字数控制在6000左右，阅读时间大约十几分钟，适合目前快生活节奏和碎片化阅读方式。事实上，原生课堂的师生语言远远高于实录，这就需要作者进行有选择的呈现。实录来自课堂，又高于课堂，它不是课堂的照搬复制，是经过作者精心挑选的有目的的课堂内容的呈现。

实录以师生对话形式呈现，语言通俗，一问一答（或者多答），阅读方便，理解轻松。实录展示的是教学过程，呈现教者的教学思想与教学思路，不进行理论阐述。必要的理论思考，可以通过课后反思、教学意图或者借专家名师点评之口陈述出来。

三、实录内容紧贴任务群主题，不蔓不枝

因2022年版课标与目前统编版教材不完全匹配，故一篇教材，可以以多种任务群形式呈现，一篇课文教学中也会出现几种任务群融合现象。从发表角度看，相对独特或者说不常见的视角更容易受到编辑青睐。因此，作者在教学实践中可以尝试从多种角度进行探索，但是以文章呈现时，应选择自己比较满意或者角度相对比较独特的方式呈现。

感受生动的表达，积累优美的词句
——《大自然的声音》教学实录

（统编版三年级上册第七单元第 21 课）

任务一：听听音乐家的声音

学习活动一：借助游戏猜一猜

师：同学们，今天让我们一起走进奇妙的大自然，认识一位神奇的音乐家。嘘，保持安静，让我们听听这是什么声音。

（利用课件先后播放小溪、大河、下雨、刮风、打雷等的声音，学生猜一猜是什么发出的声音。）

师：刚刚我们是听音频来猜测是什么发出的声音的，下面我们换个游戏方式，还是这些事物，谁来说拟声词，让大家来猜你说的是哪种事物？

（课件出示小溪、大河、下雨、刮风、打雷等的相关图片，学生选择其中一个，说出相应的拟声词，其他学生猜是哪种事物发出的声音。）

师：好像有些简单了，我们提高一下难度，同学们继续说拟声词，大家猜是哪种事物发出来的声音。

生1：呼哧呼哧。

生2：人喘气的声音。

启示：由生活现象，迅速进入语言实践。

生1：呱呱呱。

生2：青蛙叫的声音。

生1：呜呜呜。

生2：小女孩哭的声音。

生1：叽叽喳喳。

生2：小鸟叫的声音。

师：我们生活中的声音是多么丰富、多么奇妙啊！今天，就让我们走进大自然，感受大自然的奇妙，看老师写课题。

（板书课题，学生齐读。）

【赏析：导入简洁，而且有层次。

首先播放学生熟悉的"小溪、大河、下雨、刮风、打雷"等的声音，让学生猜是什么发出的声音，激起学生听觉兴趣，属于勾连学生生活；接着请个别学生说出以上事物的拟声词，其余学生猜是哪种事物发出来的声音，这就进入了语言实践；最后放开束缚，展示学生平常积累的拟声词，这其实考验的是学生对生活的观察能力与语言积累的丰厚。

整个教学活动，充满语言游戏味道，让学生在轻松活泼的气氛中，既丰厚了拟声词的积累，又无痕导入课文。一举两得！】

学习活动二：认读词语学摘录

1. 聚焦拟声词，读中积累

师：大自然中的声音有很多很多，而且非常奇妙，现在请大家打开课本，自由读课文，注意读准字音，读通句子，同时勾画出课文中写到的描写声音的词语。

（学生自由读课文，勾画词语，教师巡视。）

师：我们来交流交流吧，说说看，你勾画出了哪些描写声音的词语？

启示：学习目标明确。

21

生：我勾画的有滴滴答答、叮叮咚咚。

生：还有淙淙、潺潺、哗哗。

生：我勾画的是叽叽喳喳、唧哩哩。

师：非常好。王老师也从课文中找到了一些描写声音的词语，我们来读一读这些词语吧！

课件出示：

滴滴答答　叮叮咚咚

叽叽喳喳　唧哩哩唧哩哩

小溪淙淙　河流潺潺　大海哗哗

（指名读后学生齐读词语。）

师：这些都是跟声音相关的词语，大家读了好几遍，有的都积累下来了。我问问大家，滴滴答答是什么发出的声音？

生：小雨滴。

师：那叽叽喳喳呢？

生：小鸟。

师：唧哩哩唧哩哩呢？这个声音有些特别。

生：虫子。

师：大家发现没有，前两行词语跟最后一行不一样。

生：最后一行不仅写出了声音，还写出了谁发出的声音。

启示：善于发现语言现象及表达规律。

师：我们一起读读最后一行词语。

生（齐）：小溪淙淙、河流潺潺、大海哗哗。

师：非常好，我们能不能在前两行描写声音的词语前面加上事物的名称，像第三行那样表达？

生：小雨滴滴答答。

启示：模仿是很好的积累方式。

生：河水叮叮咚咚。

生：小鸟叽叽喳喳。

生：虫子唧哩哩唧哩哩。

师：这就是大自然的声音，听到这么多声音，你能不能用一句话说说自己的感受？

生：大自然的声音很美妙。

生：大自然的声音太奇妙了。

师：课文中也有一句话，表达了这个意思，找找看。

生：在第1自然段，是"大自然有许多美妙的声音"。

师："妙"是这一课的生字，注意看老师写"妙"字。左边先写撇点，再写撇，第三笔横变成提，向右上来写，注意不要出头；右边是一个"少"字。大家也试着写一写这个字吧。

（学生练习书写"妙"字。）

2. 学习多音字，读好词串

师：我们再来读读第二组词语。

课件出示：

呢喃细语　　乐曲　　　　声音

音乐会　　　山中小曲　　海洋大合唱

（指名读词语。）

师：读得特别好，这两行词语中有好几个多音字，大家都读得很准确，值得表扬。"乐"和"曲"都是多音字，除了课文中的读音，还可以怎么读？

生："快乐"的"乐（lè）"。

生："弯曲"的"曲（qū）"。

师：很好，"呢喃"的"呢"也是多音字，我们也经常会用到。

生："你干什么呢？"读 ne 的时候，"呢"字经常在句子末尾。

师：多音字可要读准了，否则就要闹笑话了。青海的一位校长发微信给我，一开始，我就差点儿闹出笑话来，我们看看这段微信对话，我请两位同学来读读。

课件出示：

陕西的王老师：孙校长，下周我去咱们青海，你们那儿最近冷不冷？

青海的孙校长：王老师好，欢迎你来，我们这儿挺冷呢，最近穿毛呢！

[学生错将"毛呢（ní）"读作"毛呢（ne）"，全班笑。]

师：我当时也是这么读的，觉得好奇怪啊！为什么他们喜欢穿毛呢（ne）？难道不穿毛衣或者羊绒衫吗？

生：不是穿毛呢（ne），而是穿毛呢（ní）。

师：发现了吧，读准多音字的读音是很重要的，现在会读了吧？我们男女生合作着读一读。

（男女生合作读。）

师：还是刚刚我们读的这些词语，我们再来读一读，不过，这次，我在它们的前面加上了一些内容，谁来试着读一读？

课件出示：

轻轻柔柔的呢喃细语　雄伟的乐曲　充满力量的声音

热闹的音乐会　轻快的山中小曲　波澜壮阔的海洋大合唱

师：大家都会读了，但是这样读还不够好，因为没有变化。比如某些词语，在读的时候就应该声音小一点儿，你觉得哪个词语读的时候声音要小一点儿？

生：轻轻柔柔的呢喃细语。

师：哪些读的时候声音可以稍微大一些？

生：轻快的山中小曲。

启示：引入生活小事例，加深学生印象。

师：哪些需要放出声音大声读？

生：雄伟的乐曲、充满力量的声音。

生：热闹的音乐会、波澜壮阔的海洋大合唱。

师：我们再来读一读这些词串，注意读出声音的变化来。

（学生根据词串的不同，用不同的声音来读。）

启示：用不同语气读出对语言的理解。

3. 指导分类摘抄，渗透方法

师：现在为止，我们已经认识了不少描写声音的词语或者词串了，学习课文的时候，遇到特别好的词语我们应该怎么做？

生：多读一读，积累下来。

师：是啊！不仅要读一读，记下来，还可以进行摘抄。你看，有好的拟声词，我们就可以摘抄。大家拿出摘抄本，先写上"拟声词"，然后另起一行，把刚刚学到的拟声词摘抄在下面。

（教师示范摘抄词语"滴滴答答"，并指导"滴"字的书写。）

启示：摘抄是积累的重要途径之一。

师：这个"滴"字是本课要求书写的生字，谁能提醒大家，同字框里面是什么字？

生：古。

师：刚才还有很多非常好的词串，我们也可以把它们摘录下来，我们另翻一页来写，先写上"词串"二字，然后在后面摘抄，比如：轻快的山中小曲。

（教师示范摘抄"轻快的山中小曲"，学生进行摘抄。）

师：原来，做摘抄也是有方法的，谁发现了？

生：我们要分类摘抄，这样更清楚，更好找。

启示：点拨方法，科学摘抄。

师：是啊，我们在学习课文的时候要善于发现好的词语，摘抄的时候要分类进行，方便以后查找。

25

【赏析：这个学习活动，基本是围绕落实本单元的语文要素"感受课文生动的语言，积累喜欢的语句"来进行的。这里的"生动的语言"主要指文章中的拟声词及相关词串。

感受的方法，首先是朗读。读文本，读教师精心挑选出来的词语，这是直观感受生动的语言最基本的方法。其次是找对应。让学生明白这些拟声词特定的形容对象，如"滴滴答答"是形容小雨滴的声音，"叽叽喳喳"是形容小鸟的叫声等。接着是探寻作者建构生动词语的秘密——描写声音的词语前面加上事物的名称，像"小雨滴滴答答""河水叮叮咚咚""小鸟叽叽喳喳""虫子唧哩哩唧哩哩"。最后进行科学摘抄，加强记忆。】

任务二：填写音乐家的档案

师：同学们，大自然的声音真的是非常美妙，课文第1自然段就写到了，一起读——

生（齐）：大自然有许多美妙的声音。

生：我发现这篇课文就是围绕这句话来写的。

启示：了不起的发现！具有全局意识。

师：非常好！同学们，大自然这位音乐家的本领可真不小呢，它的声音那么美妙，现在就让我们走近它，了解它。怎么更好地了解它呢？让我们来填一填它的档案吧。下面，请同学们默读课文，填写大自然这位音乐家的档案。

启示：思维导图的嵌入，对于学生整体感知文本，厘清作者写作思路有很大帮助。

大自然有许多美妙的声音。

（学生默读课文，填写音乐家的档案，教师巡视指导。）

师：来，我们交流一下，说说看，你是怎么填写大自然这位音乐家的档案的？

生：我分别填写的是"风，是大自然的音乐家""水，也是大自然的音乐家""动物是大自然的歌手"。

师：非常好！大家在填写大自然这位音乐家的档案时，在梳理信息、勾画重点句的时候，有什么发现吗？

生：我找到的这三句话分别是第2、3、4自然段的第一句话。

生：这三个自然段就是分别围绕这三句话来写的。

师：能具体说说吗？

生：第2自然段是围绕"风，是大自然的音乐家"这句话来写的。第3自然段是围绕"水，也是大自然的音乐家"这句话来写的。第4自然段是围绕"动物是大自然的歌手"这句话来写的。

师：非常好。这种方法我们之前是学过的，还记得吗？

生：我们在第六单元学的。《富饶的西沙群岛》和《海滨小城》用的都是这样的写法。

师：是啊，说得很对。现在，通过梳理，大家一定了解了课文内容，通过填写音乐家的档案，大家对大自然这位音乐家也更加了解了。大自然有许多美妙的声音——

生（齐）：风，是大自然的音乐家。水，也是大自然的音乐家。动物是大自然的歌手。

【赏析：这个环节中信息提取的方法，一是运用了思维导图这个支架，一是对前面单元所学语文要素的复习巩固。信息提取的过程，是学生感知文本的过程，也是探究作者写作思路的过程。】

启示：回顾旧知，复习巩固，很好地贯彻了教材编写者的意图。

任务三：欣赏音乐家的作品

学习活动一：欣赏风的琴声

1. 紧扣关键词，指导朗读

师：风，是大自然的音乐家。他会在森林里演奏他的手风琴。他会弹奏出怎样的乐曲呢？让我们赶快去读读课文，欣赏欣赏风的琴声吧。

课件出示：

当微风拂过，那声音轻轻柔柔的，好像呢喃细语，让人感受到大自然的温柔；当狂风吹起，整座森林都激动起来，合奏出一首雄伟的乐曲，那声音充满力量，令人感受到大自然的威力。

（指名读。）

师：刚刚几位同学朗读了这段话，正确、流畅，但是还不够好。要想读好这段话，大家得关注这段话中的几个词，你觉得应该关注哪几个词语呢？

生：我觉得应该关注写微风时的"轻轻柔柔""呢喃细语""温柔"。

师：非常好！知道什么是呢喃细语吗？谁到前面来，跟我呢喃细语一番。

（一学生到台上，跟教师耳语。）

师：同学们，你们听到他说话了吗？

生：听到了。

师：这能算是呢喃细语吗？

生（齐）：不能。

师：谁再来试试？

（一学生到台上，跟教师耳语。）

启示：课件出示相关片段，便于重点指导。

师：这次，你们听到了吗？

生（齐）：没有。

师：不过，我听到了，这就是呢喃细语。大家现在知道什么是呢喃细语了吗？

生：就是小声说话。

师：是啊！这句话该怎么读，大家也都清楚了吧？这句话后面还有个词也在提醒我们该怎么读，是哪个词呢？

生：温柔。

师：对，就是这个温柔。你们家谁说话很温柔？是怎么说的？

（一学生模仿妈妈温柔说话的样子。）

师：现在大家会读这句话了吧？谁来试试？

（多人朗读"当微风拂过，那声音轻轻柔柔的，好像呢喃细语，让人感受到大自然的温柔"。教师点评指导。）

师：大家能把这句话读好，后面这句话肯定也没问题。先来说说，要读好后面这句话，我们要关注哪几个词？

生：激动、雄伟的乐曲、充满力量、威力。

师：很好，谁来读一读？

（多人朗读"当狂风吹起，整座森林都激动起来，合奏出一首雄伟的乐曲，那声音充满力量，令人感受到大自然的威力"。教师点评指导。）

师：我们把这两句话一起来读一读，看谁能读出区别来。

（多人朗读这段话，教师相机点评。）

2. 体会表达效果，背诵摘抄佳句

师：读了这么多遍，谁能说说风这位音乐家怎么样？

生：风好像一个人，他还有情绪呢！心情不同，演奏的琴声就不一样。

启示：这样的朗读指导形象生动，学生会印象深刻。

启示：处处留心皆语文。

启示：前面细心的指导，为后面放手朗读奠定了基础。

29

生：风是有情绪的，他演奏的琴声是随着心情变化而变化的。

师：作者的描写多么生动啊！这样好的句子应该积累下来，读了这么多遍了，谁背诵下来了？

（指名多人试着背诵，然后全班齐声背诵。）

师：好的句子不仅要背诵下来，还要摘抄下来。下面我们把这句话摘抄下来吧。谁先来提醒提醒大家，摘抄时要注意什么？

生：摘抄句子时要注意开头空两格。

生：这次摘抄的是句子，刚才摘抄的是词语，所以要另翻一页来摘抄，做到分类摘抄。

生：摘抄时还要注明出处，这样以后再读时就知道当时是从哪里摘抄的了。

师：说得非常好，现在，咱们就开始摘抄吧。

（学生进行句子的摘抄，教师巡视指导。）

【赏析：这个环节的优美词语，学生抓住了"轻轻柔柔""呢喃细语""温柔"等。王老师重点抓住"呢喃细语""温柔"两个词语，借助表演的方式，十分形象生动地帮助学生理解了这两个词语的意思。】

学习活动二：品味水的合奏

1. 引导创意朗读，感受合奏的热闹

师：同学们，刚刚我们欣赏了风的琴声，下面就让我们去品味品味水的合奏吧。请同学们自己读一读课文，看看你们都找到了哪些写声音的词语或者句子。

（学生默读思考，勾画相关的词语、句子，教师巡视指导。）

师：大家都读完了，也勾画出了相关的词语、句子，我

启示：背诵是最基础也是最必要的积累方式。

启示：前面是教师在引导，这里就让学生自己展示，有扶有放。

们来交流交流吧。

生：我勾画的句子是："下雨的时候，他喜欢玩打击乐器。小雨滴敲敲打打，一场热闹的音乐会便开始了。滴滴答答……叮叮咚咚……"

师：读得正确、流利，不过，这段话还可以读得更有创意。想想看，在这场热闹的音乐会上，音乐可是很丰富的，在水的合奏里，除了滴滴答答、叮叮咚咚，还可能有什么样的节奏呢？

启示：调动学生思维，引导发现表达的多样性。

生：滴答滴答，滴滴滴答答答，滴——答——滴——答。

生：叮咚叮咚，叮叮叮叮叮咚咚咚咚咚，叮咚叮咚叮叮咚。

启示：形式多样的朗读，无形之中进行了语感的积累。

师：是啊，多有意思的声音啊！谁能再有创意地读一读？

生：下雨的时候，他喜欢玩打击乐器。小雨滴敲敲打打，一场热闹的音乐会便开始了。滴滴答答，滴滴滴答答答，滴——答——滴——答，叮叮咚咚，叮咚叮咚叮叮咚……

启示：勾连学生生活，让学生用自己的理解、创意去感受作者的表达，将学生融入文本情境之中。这是一种沉浸式的学习方法。

师：多么美妙的合奏啊！大家都按照自己想到的节奏读一读，去感受水的合奏吧！

（学生各自按照自己的方式有创造性地朗读，感受水的合奏的热闹。）

2. 发现表达方法，丰富言语经验

师：我们继续交流，你还勾画出了哪句话？

生：我勾画的句子是："当小雨滴汇聚起来，他们便一起唱着歌：小溪淙淙，流向河流；河流潺潺，流向大海；大海哗哗，汹涌澎湃。从一首轻快的山中小曲，唱到波澜壮阔的海洋大合唱。"

师：非常好，我们来聚焦后半部分，大家一起读一读——

课件出示：

小溪淙淙，流向河流；河流潺潺，流向大海；大海哗哗，汹涌澎湃。从一首轻快的山中小曲，唱到波澜壮阔的海洋大合唱。

（学生齐读。）

师：这段话写得多么生动啊，有那么多的声音：小溪——

生（齐）：淙淙。

师：河流——

生（齐）：潺潺。

师：大海——

生（齐）：哗哗。

师：这段话写得真好，我读小溪淙淙，你可以对——

生（齐）：河流潺潺、大海哗哗。

师：我读轻快的山中小曲，你可以对——

生（齐）：波澜壮阔的海洋大合唱。

师：作者的表达就是这样独特，我们再来读一读这段话，感受感受。

（学生齐读这段话。）

师：同学们，这段话大家读了很多遍了，刚刚我们也发现了作者在表达上的一个小秘密了，请同学们再读读这段话，看看你还有没有其他发现。

（学生默读，思考。）

生：我发现第一个句子结尾的词语，就是下一句开头的词语，前面是"流向河流"，后面开头就是"河流潺潺"，前面是"流向大海"，后面开头就是"大海哗哗"。

启示：发现作者构词方式，是2022年版课标的理念与要求，也是学生重要的语言学习方式之一。

感觉还可以深挖一下：形容小溪、河流、大海的词语也十分具有特色。

师：确实很有意思，像是接龙一样，很好玩。我们再读读这段话，感受感受这种表达方式吧。

（学生齐读这段话。）

师：这段话语言精练，表达方式特别，很值得积累，读了这么多遍，应该能背诵了吧？谁来试试？

（指名背诵后，全班齐声背诵。）

师：好的句子不仅要背诵，还应该怎么样？

生：摘抄下来。我觉得可以跟刚才摘抄的句子写到一起，它们都是句子，是一类的。

师：非常好，归类摘抄，很合理。大家开始摘抄吧，注意把咱们前面学到的方法用上。

（学生进行摘抄，教师巡视指导。）

师：大自然的声音可真美妙，作者描写得可真生动，这节课我们聆听了风和水带来的美妙乐曲，积累了不少好的词句，下节课我们去听听大自然的歌手是怎样唱歌的，看看作者是怎样生动地描写的。快要下课了，王老师留给大家的作业是，请同学们背诵第2~3自然段，同时进一步完善自己的摘抄，另外，大家还可以读一读叶圣陶先生的诗歌《瀑布》。这节课就上到这里，下课。

【赏析：相对而言，对于水的学习，王老师更多采取放手的方式进行教学：一是让学生发现作者表达水的拟声词的规律；一是让学生有创意地读一读描写水的声音，充分发挥学生学习的主动性，让学生做一次"作者"，感受表达的快乐与享受。

与此同时，最基本的积累方式不能丢。加强对优美词句的背诵与摘抄，符合这个年龄段学生的记忆特点，也是建构最佳语言模式的最重要、最直接的方式。】

启示：不断地提醒，不断地巩固，分类摘抄的方式深深印入学生脑海中。

【总评】

2022年版课标在"语言文字积累与梳理"学习任务群第二学段中提出："诵读、积累成语典故、中华文化名言、短小的古诗词和新鲜词语、精彩句段等，丰富自己的语汇，分类整理、交流……发现、感受语言的表现力和创造力。"本课的教学基本按照2022年版课标与单元语文要素"感受课文生动的语言，积累喜欢的语句"的要求来进行的。在教学方式上，突出体现在以下几个方面：

1. 这篇实录的三个任务紧紧围绕"音乐家"展开：任务一从生活中的声音导入，奠定本课学习基调，然后让学生初步感知拟声词；任务二勾连旧知，完成课后作业的同时，让学生对课文行文结构有了整体了解；任务三聚焦风与水的声音，让学生细细品味作者语言的生动形象，通过朗读、表演、创意读、摘抄等语言实践活动，积累丰富的语言表达词汇与表达方式，建构属于自己的语言库。三个任务环环相扣，各有侧重，体现了学习任务群的实践性与综合性。

2. 本课教学的主要抓手是描写风声、水声、鸟声等大自然的拟声词。如"呢喃细语""滴滴答答""叮叮咚咚""叽叽喳喳""唧哩哩唧哩哩"等。

3. 感知生动的词语或者句子的方式多种多样，综合进行运用。首先是方式多样的朗读，尤其是鼓励学生有创意地读一读，令人印象最为深刻；其次是情境表演理解词语，主要体现在对"呢喃细语""温柔"的识记上；再次是分析拟声词构词规律，如"小溪淙淙""河流潺潺""大海哗哗"等；最后是背诵及科学摘抄。

【思维导图】

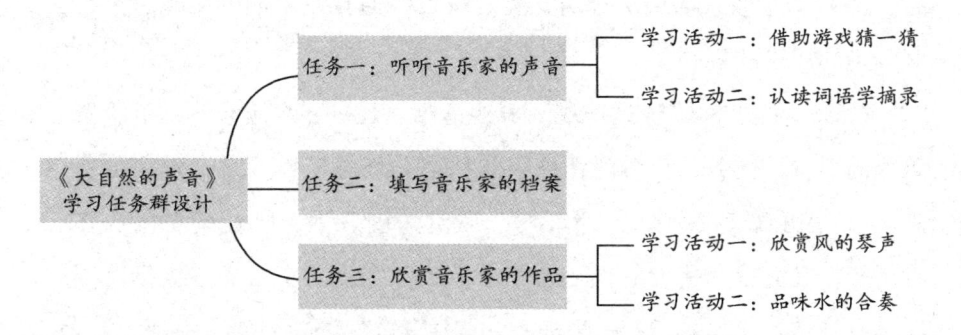

```
《大自然的声音》     ├── 任务一：听听音乐家的声音 ─┬── 学习活动一：借助游戏猜一猜
学习任务群设计       │                          └── 学习活动二：认读词语学摘录
                    ├── 任务二：填写音乐家的档案
                    └── 任务三：欣赏音乐家的作品 ─┬── 学习活动一：欣赏风的琴声
                                                └── 学习活动二：品味水的合奏
```

[主编谈教学写作启示]

文章标题的制作及其要求

王老师呈现这篇实录的标题值得我们学习与借鉴。

1. 文章大标题直指单元语文要素，让读者一看大标题就知道实录的主要内容。所以我们在写文章的时候，一定要关注题目的提炼。在大标题的草拟及呈现时要注意几点：

（1）高度凝练，突出主题。标题可以直截了当地揭示文章主题，但一般不超过 20 个字。

（2）文章标题一律空两格，大多也放在中间位置。

（3）标题后的排文一般另起一行。

（4）标题转行时应保持词语的完整性，尽可能将虚词留在行末。

（5）标题中尽可能不用或少用标点符号，标题末不用标点符号。

（6）标题不得排在页末而无接文，即避免背题。

（7）为了版式的层次分明、美观醒目，通常以不同的字体、字号区分不同层次的标题。

2. 文章的小标题格式一致，表达清晰。比如："任务一：听听音乐家的声音　任务二：填写音乐家的档案　任务三：欣赏音乐家的作品"。以音乐家为中心，从听、写、欣赏角度入手，既让读者明白作者意图，又显得表达规范，三位一体，服务全篇。实录的三级标题同样具有特色。比如："聚焦拟声词，读中积累"，前半句是任务，后半句是目的，方便读者阅读。实录类稿件，通俗易懂、清晰明白的语言风格，更贴合读者阅读习惯。

3. 文章标题的序号形式。一篇文章由不同部分组成，每一部分下面还会有进一步的说明，这就需要分级叙述。一般情况下，一篇文章最多有五级标题就可以了，各级序号形式是这样的：一级标题序号是"一、"，二级标题序号是"（一）"，三级标题序号是"1."，四级标题序号是"（1）"，五级标题序号是"①"。

阵阵桂花雨，浓浓故乡情
——《桂花雨》教学实录

（统编版五年级上册第一单元第 3 课）

任务一：着眼整个单元内容，温顾学习的方法

师：同学们，前几天我们学习了著名作家郭沫若和许地山的作品，还记得是哪两篇文章吗？

生：郭沫若的作品是《白鹭》。

师：很好，通过学习《白鹭》这篇课文，大家一定感受到了作者对白鹭的一种情感——

生：作者非常喜欢白鹭，课文里写道："白鹭是一首精巧的诗。"

生：还有这句话："白鹭实在是一首诗，一首韵在骨子里的散文诗。"

师：通过一种事物，作者表达出了自己的情感，来，我们再读读这两句话。

（学生齐读句子。）

师：许地山的作品是——

生：《落花生》。

师：这篇课文中让你印象深刻的是哪句话？

生：人要做有用的人，不要做只讲体面，而对别人没有

启示：总结提炼前面课文，体现单元整体视野。

这也是对"语文园地"中"交流平台"内容的灵活运用。

好处的人。

师：非常好！通过一种具体事物，既可以抒发自己的情感，也可以阐述一个道理。

师：今天我们还将认识一位著名的作家，她又会通过一种具体的事物表达怎样的情感呢？我们先来看看这位作家是谁吧。

（课件出示作家照片。）

生：这位作家是琦君，她很有名，是我国台湾省的大学教授，也是散文家。

师：很好，我们再来看看这段资料吧。

课件出示：

> 琦君（1917年7月24日—2006年6月7日），原名潘希真，浙江温州市瓯海区人，1949年赴台湾。我国台湾省当代女作家、散文家。
>
> 她从小在温州、杭州两地学习生活，毕业于杭州之江大学中文系。

师：说说看，你有哪些新的了解？

生：她的原名是潘希真。

生：她的故乡在温州，后来她搬到了台湾。

师：很好，能够汲取有效信息，值得表扬！同学们留意一下，这段资料中有一个很重要的数字——1949。琦君1949年赴台湾，大家运用数学知识来计算一下，看看你都有哪些计算结果。

启示：数字的运用十分吸人眼球。

生：琦君1917年出生，1949年赴台湾，她在温州和杭州生活了32年，32岁时去了台湾。

生：琦君1917年出生，2006年去世，她总共活了89岁。

生：琦君1949年赴台湾，2006年去世，她在台湾生活了

57年。

师：非常好，大家的数学学得很好，用得也很好，得出了很多重要的信息。琦君32岁就去了台湾，她一生中的大部分时间生活在台湾，对于故乡温州和杭州，她一定会——

生：很怀念。

师：我们继续来看琦君的资料——

课件出示：

她著有散文集、小说集及儿童文学作品40余本，主要著作有《水是故乡甜》《桂花雨》《细雨灯花落》等。

师：看到琦君的主要作品，你有什么新的发现？

生：她很怀念故乡，我从《水是故乡甜》一下子就看出来了。

师：今天我们要学习的课文是《桂花雨》，大家预测一下，这篇课文可能会表达作者怎样的情感？

生：对故乡的思念之情。

【赏析：①数字的巧妙呈现与运用，是这个片段给我留下的深刻印象。从学习任务群角度出发，可以说是跨学科学习的融合。

现代社会对现在的孩子来说，已经没有时空距离了。远离家乡的思乡之情，孩子很难体会到。借助数字计算，明晰课文的写作背景及作者的写作目的，比较巧妙。

②开头的回顾、总结、提炼，体现了教师单元教学的整体性。一个单元的几篇课文围绕不同侧面，落实单元语文要素或单元任务（大概念、大主题）。教师在教学前要胸中有数，知道各篇承担的任务与扮演的角色；教学中要提供各类支架，落实目标；教学后还要及时总结、提炼、梳理，将"语文园地"中"交流平台"的内容无痕融入教学过程中。】

启示：其他作品佐证，加深理解。

启示：1. 挖掘作品背后故事或者资料，有机融入教学环节，提高教学的融化度与亲和力，促进学生快速进入作者情境场。

2. 及时提炼、梳理所学内容，建构新的知识结构，灵活运用"语言文字积累与梳理"任务群理念。

任务二：感知课文整体内容，初步体会思乡情

师：同学们，现在请大家打开语文书，快速地读一读课文，你读到哪些句子的时候能感受到作者对故乡的思念之情了，就把它勾画下来。

（学生默读课文，思考，勾画。）

师：咱们班同学的习惯非常好，边读边勾画，坐姿端正，值得表扬。来，跟大家分享一下，你读到哪句话的时候感受到了作者对故乡的思念之情了？

生：可是母亲说："这里的桂花再香，也比不上家乡院子里的桂花。"

生：于是，我又想起了在故乡童年时代的"摇花乐"，还有那摇落的阵阵桂花雨。

师：表扬同学们，这篇课文挺长，但是大家能够很快找到表达作者思乡之情的句子，汲取信息的效率非常高！来，咱们再来读一读这两句话。

（学生齐读句子。）

师：大家读得很正确，也很流畅，但是还不够好。谁来读一读？

（指名多位学生朗读，引导学生不要读得太快了。）

师：读得越来越好了，我们也感受到作者对故乡的思念之情了。故乡的桂花很香，刚才读课文的时候，你读到哪些句子时感受到桂花的香了？

生：可是桂花的香气，太迷人了。

师：非常好，让我们记住这迷人的桂花香。

生：桂花盛开的时候，不说香飘十里，至少前后左右十几家邻居，没有不浸在桂花香里的。

启示：正确快速提取关键信息，是学生的一种重要能力。这是对三年级"了解课文是怎么围绕一个意思把一段话写清楚的""借助关键语句理解一段话的意思"等语文要素的巩固与运用。

启示：用学生交流汇报代替教师的讲授，学生是学习的主人公。

生：全年，整个村子都浸在桂花的香气里。

师：桂花真是太香了，这句话中的哪个字让你印象深刻？

生：浸。

（教师板书"浸"字，指导学生进行书写。）

师：这个"浸"还可以组什么词？

生：沉浸。

生：浸水，就是把一个东西放到水里面，它的四周都是水。

师：是啊，现在，整个村子都浸在桂花的香气里，你来到村东头，什么感觉？

生：四周都是桂花香。

师：你来到了村西头——

生：四周都是桂花香。

师：你来到了村南头、村北头，或者是站在村子中央，什么感觉？

生：四周都是桂花香。

师：这就是"浸"，全年，整个村子都浸在桂花的香气里。桂花实在是太香了。还有哪句话，也让你感受到了桂花香？

生：杭州有一处小山，全是桂花树，花开时那才是香飘十里。

师：香飘十里，可真香啊！来，我们再来读一读这四句话，感受感受这桂花香。

（学生齐读句子。）

师：同学们，如果以后要写桂花香，你就可以用到刚才这四句话中的哪些词句？

生：香飘十里。

启示：抓住重点词，体会作者情感与表达的智慧。其实这也是在学习中积累词语。

对于"浸"，大家都会重视。如果勾连学生生活理解作者用词的精妙，比如下雨时的"雨"，刮风时的"风"等，也许学生理解会更深刻。

生：太迷人了。

生：浸在桂花的香气里。

师：同学们很善于积累好的词句，非常好。这些词句都是作者写出来的，如果让你用一个词形容桂花的香气，你能想出来用哪个词吗？

启示：及时归纳，学以致用。

生：沁人心脾。

生：令人陶醉。

生：香味扑鼻。

师：同学们想到的这些形容花香的词语可真好，这故乡的桂花可真香啊！

启示：教学过程的呈现，依据学生学习的进程。

【赏析：感知文本是基础。默读、交流、品味、总结与运用，五个层次依次递进，环环相扣，展示了学习进程。】

任务三：探究中了解桂花树，学习对比的写法

师：能开出如此香的花的桂花树到底是什么样的呢？请同学们自由读课文第2自然段，勾画出相关的语句。

（学生读课文，勾画语句。）

师：我们来交流交流，你勾画出的句子是——

生：桂花树的样子笨笨的，不像梅树那样有姿态。不开花时，只见到满树的叶子；开花时，仔细地在树丛里寻找，才能看到那些小花。

启示：笨笨的桂花树是什么样子的？北方孩子估计很少能够理解，如果用图片展示一下是否会好一些？

师：桂花那么香，它的树竟然笨笨的，太特别了！我们再来读一读这段话。

（课件出示句子，指名多位学生朗读。）

师：这段话读了好多遍了，桂花树的样子记住了没有？它的样子怎么样？

生：桂花树的样子笨笨的，不像梅树那样有姿态。

师：它不开花的时候什么样？

生：只见到满树的叶子。

师：开花的时候什么样？

生：仔细地在树丛里寻找，才能看到那些小花。

师：这段话读了几遍之后，同学们就差不多要背过了。一方面，可能因为大家的记性真的好；另一方面，作者巧妙的写法也起到了一定的作用。请大家关注表达方法，看看你有什么发现。

生：作者运用了对比的方法。作者写的是桂花树，还写了梅树进行对比。

师：这个方法我们其实特别熟悉，在《落花生》一课我们学过，还记得吗？

生：作者写的是落花生，但是拿桃子、石榴、苹果进行了对比。

师：谁来读读那段话？

生：花生的好处很多，有一样最可贵。它的果实埋在地里，不像桃子、石榴、苹果那样，把鲜红嫩绿的果实高高地挂在枝上，使人一见就生爱慕之心。你们看它矮矮地长在地上，等到成熟了，也不能立刻分辨出来它有没有果实，必须挖起来才知道。

师：大家看，通过对比，事物的特点就更加鲜明了。桂花树的样子笨笨的，不像梅树那样有姿态。桂花树不开花时，只见到满树的叶子。那么梅树呢？或者其他树呢？桂花树开花时，仔细地在树丛里寻找，才能看到那些小花。那么梅树呢？或者其他树呢？我们能不能把这部分的对比写得更鲜明一些？

课件出示：

　　_____树不开花时，_____；

启示：知识建构活动是通过新信息与原有知识经验之间双向的反复的作用而完成。回忆上篇课文中对比的写法，加深对这种写作方法的印象。如果将两种对比写法再详细解读一下，帮学生明晰作者相同手法的不同表述，是否有价值？这也许也是一种语言积累。

开花时，_____。（学生思考，动笔表达。）

师：我们来交流交流吧，读一读你是怎么写的。

生：梅树很有姿态，不开花时，即使只是树干，看上去也很有艺术感；开花时，颜色非常夺目，远远地你就能看到。

生：樱花树不开花时只是光秃秃的一个枝干，但是开花时远远地就能看到粉粉的一大片花。

生：桃树不开花时树干光秃秃的，一点儿也不好看，但是开花时娇艳欲滴的粉色花瓣特别漂亮，就像一只只美丽的蝴蝶在翩翩起舞。

师：说得太好了！相比之下，桂花显得很朴素，就是开花了，还得找半天才能看到。但是就是这么小的花，味道却特别香。

【赏析：本单元的语文要素是"初步了解课文借助具体事物抒发感情的方法"。任务三抓住重点词句来体会，这个环节聚焦作者对比的写法，各有侧重，但都服务于单元学习任务。】

任务四：表达中感受桂花香，丰富表达的经验

师：桂花很香，成熟时人们就会摇桂花，下面请同学们读一读课文第4自然段，勾画出摇桂花的句子。

（学生默读，勾画句子。）

师：我们来交流一下。你勾画出的句子是——

生：桂花成熟时，就应当"摇"。摇下来的桂花，朵朵完整、新鲜。如果让它开过了，落在泥土里，尤其是被风吹落，比摇下来的香味就差多了。

师：同学们，我们再来读一读这段话。

启示：这也是一种对比：小与香；张扬与低调。

启示：学习活动的设置，可以层层递进，也可以平行推进。

（学生自由读这段话。）

师：同学们，这段话大家读了很多遍了，有没有发现这段话中也暗藏着对比呢？

生：发现了，作者写了摇下来的桂花，还有被风吹落的桂花，两种桂花香味是不一样的。

师：我请两位同学来读一读，对比着读，读出不同来。

生1：桂花成熟时，就应当"摇"。摇下来的桂花，朵朵完整、新鲜。

生2：如果让它开过了，落在泥土里，尤其是被风吹落，比摇下来的香味就差多了。

师：很好！桂花成熟时，就应当"摇"。摇下来的桂花，朵朵完整、新鲜。香味会是怎样的呢？谁能在后面加上一个词来形容它的味道？刚才我们可积累了不少呢。

生：摇下来的桂花，朵朵完整、新鲜，并且香味扑鼻。

师：真好！他用到了自己想到的词来形容，值得表扬。

生：摇下来的桂花，朵朵完整、新鲜，沁人心脾。

师：太棒了！已经有两位同学说了不同的词语，而且都是自己想到的，值得表扬，还有吗？

生：摇下来的桂花，朵朵完整、新鲜，香气四溢。

生：摇下来的桂花，朵朵完整、新鲜，简直太迷人了！

生：摇下来的桂花，朵朵完整、新鲜，香飘十里。

师：这就是摇下来的桂花，跟风吹落下来的可不一样。同学们，谁能在后面加上"不像……"，形成对比，让表达更加清楚？

课件出示：

摇下来的桂花，朵朵完整、新鲜，_____。不像_____。

启示： 加深对对比写法内涵的理解。

生：摇下来的桂花，朵朵完整、新鲜，香气四溢。不像被风吹落的，香味要差很多呢。

师：你说得挺好，但是很可惜，读得不太好。如果内容很好，还能读得好，大家就更能感受到桂花的魅力了。来，你再试试看，老师相信你，一定会读得更好的。

（该学生再读，读得不错。）

师：不错，进步很大，值得表扬！谁继续来分享？

生：摇下来的桂花，朵朵完整、新鲜，并且香味扑鼻。不像被风吹落的桂花，和摇下来的桂花比，香味就差多了。

师：意思表达得很清楚，不过这个句子有点儿啰唆，尤其是后半句，能不能更简洁地进行表达？我们已经五年级了，要学会用简洁的语言来表达。

生：摇下来的桂花，朵朵完整、新鲜，并且香味扑鼻。不像被风吹落的桂花，香味差多了。

师：掌声送给他，进步很大！就这样，谁继续来交流？

生：摇下来的桂花，朵朵完整、新鲜，简直太迷人了！不像那些落在泥土里的，香味差多了。

生：摇下来的桂花，朵朵完整、新鲜，香气四溢。不像被风吹落的桂花，香味不能相提并论。

师：特别好！同学们，你们看，我们在学习课文的过程中，不仅仅要读懂内容，还要做什么？

生：还要学习作者的写法。

师：是啊！我们不仅要发现作者的写法，还要尝试着运用，就像刚才那样，我们不仅发现了对比的写法，还运用对比的写法来表达桂花的魅力，特别好。

【赏析：借助"摇"桂花，让学生进一步加深对作者对比写法的理解。这几个学习活动，由"浸"字的味觉对比，到

启示：运用是另外一种积累方式，也是积累的目的。

"小与香"的视角对比,再到"摇"的动作对比,让学生在品味作者描绘桂花盛开的状况中,感受作者对家乡的爱。】

任务五:朗读中体验摇花乐,升华思乡的情感

师:桂花香飘十里,确实非常迷人,难怪"我们"要摇桂花呢!第5自然段中有一个词就在说"我"太想摇桂花了,你发现了吗?

生:"缠着"。课文中写了"我"总是缠着母亲问怎么还不摇桂花呢。

师:谁知道"缠着"是什么意思?大家有没有缠着爸爸妈妈做过什么事?

生:我暑假的时候总是缠着爸爸妈妈,让他们陪着我出去玩。

师:如果他们不肯去,你是怎么做的?

生:我就抱着我爸妈的大腿。

师:你是在摇妈妈吗?

生:我一般都摇爸爸。

师:课文中是摇桂花,你是摇爸爸啊!

(全班大笑。)

师:你这是用动作来缠着爸爸妈妈,其实用语言也是可以缠着他们的。

生:我小的时候,爸爸说要带我去旅行,快到旅行时间的时候,我就开始缠着他说:"爸爸,怎么还不去旅行呢?"

师:现在,我就来当你的爸爸,咱们现场演绎一下当时的情景吧。开始缠着爸爸吧!

生:爸爸,怎么还不带我去旅行?

师:过两天好不好?

启示:从不同纬度对知识进行建构。在学习品味中建构,在建构中运用,最终形成新的知识框架。

启示:"缠"字的教学十分到位。

生：再过两天我们就要开学了。

师：那过一天好不好？

生：不行，我今天就要出发。

师：你看，这样反反复复地提这个要求，就是——

生：缠着。

师：课文中作者缠着母亲要摇桂花，她跟母亲之间会有怎样的对话呢？我们找两个同学再现一下当时的场景吧。

生1：妈，怎么还不摇桂花呢？

生2：还早呢，现在摇不下来。

生1：妈，那现在可以摇桂花了吧？怎么还不摇呢？

生2：现在花开的时间还不够，摇不下来。

生1：妈，又过了几天了，总该可以摇桂花了吧！

师：你们两个表现非常好，把"缠着"表现得淋漓尽致。可是，不管"我"怎样缠着，母亲目前还是不答应。不过呢，这个目前有些多变，刚刚还说的是不摇桂花，可是一转眼，又要摇桂花了，怎么回事呢？

生：本来母亲说桂花开的时间太短，摇不下来，就先不摇，但是因为台风要来，所以母亲又让"我"摇桂花了。

师：同学们，要想真正理解母亲的用心，不能只看这一自然段，还得联系上文来读。大家读一读课文第3自然段，看看你有什么发现。

生：第3自然段写道："只要不来台风，我就可以收几大箩。"来台风的话，就收得少了。

生：课文中说："送一箩给胡家老爷爷，送一箩给毛家老婆婆。"如果收得少了，送给胡家老爷爷、毛家老婆婆的就少了。

生：课文中还说他们两家糕饼做得多，可见母亲是很关心邻居的。看来他们邻里之间情谊深厚。

师：是啊，这桂花的背后是邻居之间的情谊，作者写桂花雨不仅仅是在思念故乡，还在思念——

生：故乡的人。

师：同学们，说到摇桂花，小孩儿摇桂花跟大人可不一样，小孩儿摇桂花最大的特点就是劲儿不大，但声音大。你们觉得是不是这样的？现在，你就来到了这桂花树旁，你仿佛听到了什么样的声音？

生：终于可以摇桂花喽！大家赶快来啊！

生：加油啊！使劲摇！

生：赶快啦！大家使劲儿啊！

生：下桂花雨了！这雨好香啊！

师：挺好！难道孩子们就这么站着喊吗？那么激动，没点儿动作吗？来，你来演一演。

（一学生上台表演用双手接桂花。）

师：好香的雨啊，瞧他多么兴奋啊。有不同的动作吗？

（一学生上台表演仰着头，用脸接桂花。）

师：你这是在干什么？

生：我要感受这场桂花雨，用桂花雨来洗脸。

师：洗完脸什么都不用抹，脸上都是香喷喷的，也许会招来蝴蝶和蜜蜂呢！同学们想想看，如果这位同学不仅仰起了脸，还张开了嘴，会是什么景象？

生：她满嘴都是桂花。

师：课文中是"满头满身都是桂花"，她是"满嘴都是桂花"，口吐芬芳啊。还有其他不同的动作吗？

生：我会低下头，这样我的辫子上就会有很多花，会很漂亮。

启示：合理想象，丰满摇花乐。	**师**：爱美的女生可以试试这个方法。男生呢，你们会怎么做？ **生**：我会弯着腰，把箩筐放到背上，接满了桂花，直接就背走了。 **师**：摇桂花真的是充满了乐趣啊，来，这段话我请几位同学再来读一读，让我们感受一下这种乐趣。 （指名多人读后，全班齐读。） **师**：大家读得真好！这摇桂花的情景太让人难忘了。这是作者小时候摇桂花的情景，作者是什么时候写的这篇文章呢？我们来看一段资料—— 课件出示：
启示：资料的运用十分用心。	琦君和母亲原先住在浙江温州的瞿溪，家里有个大院子，种满了桂花。12岁迁居杭州。杭州有个叫"满觉陇"的地方，种满了桂花，香气浓郁。琦君1949年离开家乡，写这篇文章时已经是一个60多岁的老人了，其间，她一直没有回生她养她的故乡。 **生**：作者写这篇文章的时候已经60多岁了。 **师**：是啊，一位60多岁的老人，即使有机会摇桂花，还有可能像刚才那位同学一样用嘴去接桂花，还有可能低着头让桂花落满头，还有可能喊着"下桂花雨了！这雨好香啊"吗？ **生**：不会了。 **师**：同学们，你们发现其实作者思念的不仅仅是故乡，她还在怀念什么呢？ **生**：她还在怀念自己的童年。 **师**：是啊，作者通过一种事物——桂花，表达出了自己的情感，对故乡的思念，对童年的怀念。同学们，这篇文章

的作者琦君一直思念着故乡，所以她的很多作品都表达着对故乡的思念之情。这节课的最后，王老师推荐大家阅读三本书——《桂花雨》《青灯有味似儿时》《烟愁》。同时，请同学们朗读课文，体会课文中蕴含的浓浓情感。这节课就上到这儿，下课。

【赏析："缠"字的教学，有深度、有广度、有力度。借助"缠"字，让学生品味作者对摇桂花的期盼，然后勾连学生生活理解"缠"，接着再表演"缠"，最后回归文本感悟"缠"。在理解"缠"字意思的同时，一方面体会作者精准的遣词造句，另外一方面学习作者借物传情的表达方法。

王老师将表演融入教学，增加了课堂亮度。王老师设计了两次表演：一次是"缠"字教学，一次是感悟摇桂花场面。虽然出现时机不同，但对于活跃课堂，理解文本，感受作者摇花乐，做了很好的铺垫。】

启示：对于服务全文思想情感的重点词语的教学，可以不惜时间。

【总评】

一、关于学习任务群的分类的思考

这篇实录，王老师把它归在"语言文字积累与梳理"学习任务群，可能有教师会心存疑虑。其实，我对照2022年版课标"课程内容"之"内容组织与呈现方式"中关于学习任务群的分类，仔细阅读几遍后，也没找到它究竟符合哪个学习任务群。

由于《桂花雨》散文的本性，加之与《白鹭》《落花生》《珍珠鸟》的系列学习，以及它们与习作《我的心爱之物》共同构成一个完整的学习链，因此，我直觉这一课属于"文学阅读与创意表达"学习任务群。但语文要素却指向写作方法的渗透与运用——"初步了解课文借助具体事物抒发感情的方法。写一种事物，表达自己的感情"，似乎与"实用性阅读与交流"学习任务群更接近。

出现这种现象，是因为 2022 年版课标与统编教材不匹配（统编教材早于 2022 年版课标出现，而符合课标精神的最新教材还没出版）。所以，关于某一课适合于哪一个任务群进行教学，我的理解是这样的：

1. 学习任务群，既是教学组织与呈现的方式，也是一种教学理念。有适合的单元或者文本进行相应的学习任务群教学，那是最好。但是如果没有精准的对应，我们可以用学习任务群的理念进行教学，只不过我们培养孩子的核心素养的角度不一样而已。因此，某一篇的教学，或者某一个单元的教学，不一定必须以某种任务群来命名，但是我们在具体的教学中，以学习任务群的理念来落实。

2. 学习任务群具有相容性。一个单元或者一篇课文的学习任务教学中，可能会出现两种或者两种以上的学习任务群，我们在教学呈现时，以其中的某一种为主。

二、《桂花雨》学习任务群教学的探索

在这一课的教学中，王老师侧重"语言文字积累与梳理"学习任务群，我们从下面几个方面可以体会到：

1. 学习任务群的架构

（1）总任务：

作家通过一种具体的事物表达怎样的情感。

（2）学习任务：

任务一：着眼整个单元内容，温顾学习的方法。学习活动：回顾写法，介绍作者。

任务二：感知课文整体内容，初步体会思乡情。学习活动：提取信息，紧扣"浸"字教学。

任务三：探究中了解桂花树，学习对比的写法。学习活动：感知对比，活学活用。

任务四：表达中感受桂花香，丰富表达的经验。学习活动：品味"摇"花，汲取写法。

任务五：朗读中体验摇花乐，升华思乡的情感。学习活动：合理想象，具身体验。

(3) 学习策略（支架建设）：

勾连旧知：在任务一中回顾前两篇课文中作者的写法；在任务三中回顾、运用对比的手法等。

联系生活：任务五中"缠"字的教学。

资料介入：任务一、五中作家相关资料的引入。

积累运用：任务二中写桂花香的词语运用，任务三中桂花树描写的衍伸。

2. 积累与梳理的内容

(1) 生字词：浸、缠、摇等。

(2) 成语及四字词语：朵朵完整、香气四溢、翩翩起舞、沁人心脾等。

(3) 写作手法：对比、借物抒情等。

【思维导图】

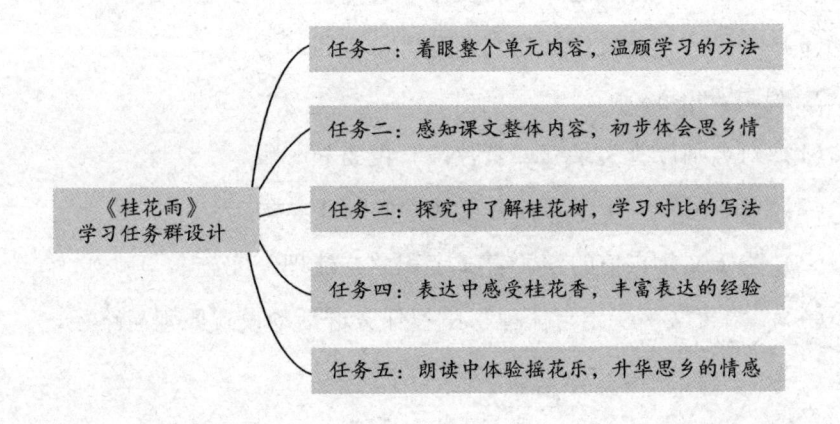

```
                    ┌── 任务一：着眼整个单元内容，温顾学习的方法
                    │
                    ├── 任务二：感知课文整体内容，初步体会思乡情
                    │
《桂花雨》──────────┼── 任务三：探究中了解桂花树，学习对比的写法
学习任务群设计      │
                    ├── 任务四：表达中感受桂花香，丰富表达的经验
                    │
                    └── 任务五：朗读中体验摇花乐，升华思乡的情感
```

主编谈教学写作启示

教育教学写作的思考

《桂花雨》这一节课的教学过程，本文是通过实录展示出来的。针对这一篇课文，还可以从哪些角度入手进行教育教学论文写作呢？

1. 上课者角度：

（1）写教学反思。

（2）写磨课历程。

（3）结合课例，谈高段"语言文字积累与梳理"学习任务群的内涵与实施策略。

（4）基于单篇课文的学习任务群设计原则。

（5）侧重某一方面的"语言文字积累与梳理"实施方案。

（6）高段"语言文字积累与梳理"作业设计。

2. 观课者角度：

（1）对名师课堂实录（或者片段）的赏析。

（2）基于另外一个学习任务群教学的同课异构。

（3）基于文化自信的"语言文字积累与梳理"实施。

（4）"语言文字积累与梳理"学习任务群活动设置原则与路径。

以重点词语为抓手，在拓展中丰富积累
——《富饶的西沙群岛》教学实录

（统编版三年级上册第六单元第18课）

任务一：发现字词特点，丰富语言的积累

学习活动一：玩转生字魔术，辨析形近字

师：同学们，我们中国的很多汉字都特别有意思，就像魔术师一样，会变。你们看看这个字（课件出示"尧"字），加个偏旁就能变成新字，谁来试着给它加一下偏旁？

生：加上三点水，组成"浇"，可以组词"浇水"。

生：加个火字旁，组成"烧"，"烧菜"的"烧"。

生：加上绞丝旁，可以组成"绕"，"围绕"的"绕"。

师：我们还可以加上食字旁，变成这样（课件出示"饶"字），谁会读？怎么组词呢？

生：这个字读 ráo，可以组词"富饶"。

师：（出示中国地图）在我国南海上有一群岛屿，是我国的海防前哨，叫西沙群岛，那里美丽富饶。来，我们在地图上找一找。

生：找到了，西沙群岛在海南省的东南部。

师：今天，就让我们一起来了解《富饶的西沙群岛》。

（教师板书课题，学生齐读课题。）

启示：生字拓展，以一字拓多字，其实也是一种积累与梳理。

启示：利用地图进行语文教学，形象直观，给学生一种亲切真实的感觉。

【赏析：整个导入环节，灵动自然。组字游戏中拓展了学生汉字思维，开阔了学生汉字视野，又巧妙引至关键字，教学流畅自然；地图的介入，又从汉字学习的理性思维进入形象世界，拉近学生与文本、与西沙群岛的距离。】

学习活动二：发现构词特点，拓展运用

师：富饶的西沙群岛到底有些什么呢？让我们打开课本，自己读一读，找一找，注意读准字音，读通句子，勾画出自己的发现。

（学生自由读课文，思考，勾画，教师巡视指导。）

师：课文读完了，谁来告诉大家西沙群岛给你留下的印象是什么？

生：这里非常好，很漂亮。

生：这里物产丰富。

师：真好，谁还能用四字词语来形容一下？

生：景色优美。

师：如果连成一句话，可以怎么说？

生：这是景色优美的西沙群岛，是物产丰富的西沙群岛。

生：西沙群岛景色优美，物产丰富。

师：非常好！刚刚同学们读了课文，我来考考大家词语认读的情况，这组词语，谁来读？

课件出示：

深蓝　淡青　浅绿　杏黄

（学生认读。）

师：这四个词语有什么共同点？

生：它们都是写颜色的。

师：大家看前三个词语，作者在写颜色的时候不是直接写成蓝、青、绿，前面用到了形容词，表达得很清楚，谁会

启示：关注四字词语，丰富言语仓储。同时也是用关键词语总结一段话的意思，照应单元语文要素。一举两得！

创造出类似于"淡青"这样描述颜色的词语来？

生：淡黄。

生：淡绿。

生：淡蓝。

生：浅蓝。

生：浅红。

生：深紫。

生：深红。

师：大家说到的颜色词可真多，刚刚我们是在颜色词前面加上"深、浅、淡"，于是就构成了一个个新词。其实，构成颜色词的方式有很多，我们看看第四个词语"杏黄"，谁发现它的构词方式了？

生：这个词前面是一种水果名，后面是一个颜色词。

师：你的发现很有价值，大家能用水果名加上颜色词来构成一个词语吗？谁来试试？

生：西瓜红。

生：西瓜绿。

生：樱桃红。

生：葡萄紫。

生：柠檬黄。

【赏析：如果说汉字是一幅画，那么表示颜色的词语，就是画上的色彩部分。三年级上册第一单元要求学生关注"有新鲜感的词语"，这里，教师不仅引导学生关注、品味这些有"新鲜感"的词语，还重新建构这一类词语的规律，盘活学生的语言积累经验。】

学习活动三：体会修饰效果，丰富积累

师：真好，一会儿工夫，我们就积累了很多表示颜色的

启示：发现词语构词规律进行记忆，胜过死记硬背。

词语。我们继续来认读一组词语——

课件出示：

海参　大龙虾　鱼　海鸟　珊瑚

（学生认读词语。）

师：刚刚大家读出了这些动物的名字，但是缺乏画面感。我把这些词语变一下，你再读，就有画面感了，我们来试试。

课件出示：

懒洋洋的海参、威武的大龙虾、成群结队的鱼、各种海鸟、各种各样的珊瑚

（学生认读，教师相机指导，引导学生在读的时候想象画面，读出它们的特点来。）

启示：画面感强烈！

师：我们来读第三组词语——

课件出示：

风景优美　物产丰富　五光十色　瑰丽无比

高低不平　祖祖辈辈

（学生认读词语。）

师：我们需要积累下来好的词语，更要把它们运用起来。刚刚读的这些词语中有两个就可以用来形容西沙群岛，是哪两个呢？

生：风景优美、物产丰富。

师：连起来就是——

生：风景优美、物产丰富的西沙群岛。

启示：能积累，更要学会迁移。

师：很好，这一组词语中有两个词可以用来形容西沙群岛这一带的海水，是——

生：五光十色、瑰丽无比。

【赏析：任务一集中展示了"语言文字积累与梳理"学习任务群的教学特色：在学习中积累，在积累中运用。

积累内容：形近字、表示颜色的词语、四字词语和有画面感的词语。

积累方式：每个学习活动围绕一个字或一组词语进行拓展。比如活动一的"尧"字加偏旁组成一组形近字；活动二由"深蓝"等引申的"淡黄、淡绿、淡蓝、浅蓝"以及"西瓜红、西瓜绿、樱桃红"等；活动三的"海参"等延伸到有画面感的"懒洋洋的海参"等。

教学呈现方式：每个语文学习活动分工合作，各负其责。环环相扣，逐渐提升。]

任务二：感受海水之美，体会用词的简洁

学习活动一：运用积累的词语，尝试表达

师：西沙群岛的海水五光十色，瑰丽无比，真美啊！课文哪一段写到了这瑰丽的海水？赶快来读一读吧！

（学生自由读课文第2自然段，感受海水的美。）

师：同学们也都见过水，比如湖水，说说看，你见到的湖水什么颜色？

生：我见过南湖，那里的湖水是青的。

生：我家附近的雁鸣湖湖水是绿色的。

师：是呀，这都是我们常见的水的颜色，可西沙群岛水的颜色却不同，非常漂亮，大家想看看吗？

生（齐）：想。

（教师播放西沙群岛海水颜色的图片，学生欣赏时惊叹声连连。）

师：现在谁再来读读这段话？

课件出示：

西沙群岛一带海水五光十色，瑰丽无比：有深蓝的，淡

启示：勾连学生生活，图片介入，激发学生形象感受，为学生理解文本奠定基础。

59

青的，浅绿的，杏黄的。

（多位学生朗读句子，教师相机指导朗读的语速。）

启示：前后关联，温故知新。

师：同学们，刚刚我们积累了不少描写颜色的词语，还记得吗？再读这句话时，谁能把自己积累的写颜色的词语加进去，让西沙群岛海水的颜色更加五光十色？

生：西沙群岛一带海水五光十色，瑰丽无比：有深蓝的，淡青的，浅绿的，杏黄的，葡萄紫的，柠檬黄的。

启示：运用是最好的积累。

生：西沙群岛一带海水五光十色，瑰丽无比：有深蓝的，有淡青的，有浅绿的，有淡黄的，有浅蓝的，有深紫的。

生：西沙群岛一带海水五光十色，瑰丽无比：有深蓝的，有淡青的，有浅绿的，有杏黄的，有西瓜绿的，有樱桃红的，有葡萄紫的。

【赏析：这个环节的语言积累十分有特色。首先，让学生朗读文本——"课文哪一段写到了这瑰丽的海水？赶快来读一读吧"，找到学习的目标；其次，链接学生生活，用图片直观呈现西沙群岛的海水，引起认知反差；再次，回顾前面刚刚积累的描写颜色的词语，朗读品鉴，加强记忆；最后，运用积累的词语，描绘西沙群岛海水的颜色，达到学以致用的目的。】

学习活动二：比较表达的方式，体会效果

师：同学们说得真好！听了你们的表达，我眼前出现的颜色更丰富了，谢谢大家！西沙群岛海水的颜色很多，但作者却只用了一个"有"字，刚刚有的同学在表达的时候用到了好几个"有"字，咱们比较着读一读，看看表达效果有什么不同。

课件出示：

西沙群岛一带海水五光十色，瑰丽无比：有深蓝的，淡

60

青的，浅绿的，杏黄的。

西沙群岛一带海水五光十色，瑰丽无比：有深蓝的，有淡青的，有浅绿的，有杏黄的。

（学生自读，比较。）

师：谁来说说你比较着读了之后的感觉？

生：意思没有变，但是第二句"有"字太多了，感觉有点儿重复。

生：我也有这样的感觉，有点儿啰唆了。

师：非常好，那我们把刚刚说的句子修改修改，更简洁地来说，怎么样？

生：西沙群岛一带海水五光十色，瑰丽无比：有深蓝的，淡青的，浅绿的，淡黄的，浅蓝的，深紫的。

生：西沙群岛一带海水五光十色，瑰丽无比：有深蓝的，淡青的，浅绿的，杏黄的，西瓜绿的，樱桃红的，葡萄紫的。

师：真好，这次不仅让我们看到了更多的颜色，而且语言更简洁了，值得表扬！同学们，西沙群岛的海水为什么会有这么多的颜色，为什么我们家附近的湖水颜色就很单一呢？刚刚读了这一段，谁能给大家解释解释？王老师建议大家用上"因为……所以……"的句式来说一说。

生：因为海底高低不平，有山崖，有峡谷，海水有深有浅，所以从海面看，色彩就不同了。

生：西沙群岛的海水之所以颜色很多，是因为海底高低不平，有山崖，有峡谷，海水有深有浅。

师：非常好，这两位同学的介绍非常清楚，谢谢你们！

【赏析：通过比较的方式，学习作者的表达方式，积累语言表达经验，是这个环节教给学生的内容，也是王老师带给我们的启示。】

启示：比较是建立理性思维的基石。哪些表达方式更为大家赞同，比较教学是一种不可或缺的方法。

任务三：感受物产丰富，体会用词的精准

学习活动一：紧扣重点词，在表达中促进理解

师：欣赏完了五光十色、瑰丽无比的海水，下面我们就去西沙群岛的海底看一看，大家读一读课文第3自然段，看看海底的什么最有意思。一会儿分享给大家。

（学生自由读第3自然段，勾画词句。）

师：说说看，你觉得海底的什么最有意思？

生：珊瑚，因为它有好多样子。

师：课文中是怎么说的？

生：海底的岩石上生长着各种各样的珊瑚，有的像绽开的花朵，有的像分枝的鹿角。

师：同学们，课文中说岩石上的珊瑚是"各种各样"的，知道什么是各种各样吗？

生：就是种类很多，样子也很多。

师：大家大胆想象一下，珊瑚还会有什么样子的？

生：有的像弯曲的小路。

生：有的像手掌一样分着叉。

师：我们来看看珊瑚的图片，谁来继续说说？

（课件出示珊瑚图片。）

生：有的像毛茸茸的谷穗。

生：有的像春天里的杨絮。

师：大家说得很好，如果能连成一段话来说就更好了，大家根据王老师的提示，试试吧！

课件出示：

海底的岩石上生长着各种各样的珊瑚，有的像绽开的花朵，有的像分枝的鹿角，有的像_____，有的像

启示：放飞想象，理解"各种各样"。

启示：图片支架，引导学生精准描述。

_____。

生：海底的岩石上生长着各种各样的珊瑚，有的像绽开的花朵，有的像分枝的鹿角，有的像弯弯曲曲的小河流，有的像一枝美丽的小花。

生：海底的岩石上生长着各种各样的珊瑚，有的像绽开的花朵，有的像分枝的鹿角，有的像飘扬的马尾，有的像伸出的手掌。

生：海底的岩石上生长着各种各样的珊瑚，有的像绽开的花朵，有的像分枝的鹿角，有的像毛茸茸的谷穗，有的像春天里的杨絮。

【赏析：珊瑚像什么？让学生先阅读作者的表达，再放飞想象，然后借助图片支架精准描述，最后连句成段。整个教学，有学习借鉴，有模仿运用，教学层次清晰，学生学习目标明确专一，仿中学，创中学，学生在运用中理解词语内涵，在描述事物中感知词语温度。】

学习活动二：抓住修饰词，在朗读中深入理解

师：说得很好，我们继续分享交流，你觉得海底的什么最有意思？

生：我觉得大龙虾很好玩，它划过来划过去的样子很威武，感觉像个将军。

生：我喜欢海参，因为它在海底懒洋洋地蠕动，感觉像刚睡醒一样。

师：请这个同学以海参的速度到老师这儿来！

（学生缓慢走上讲台。）

师：大家明白海参的速度是怎样的了吗？

生：特别慢地蠕动。

师：所以大家在读的时候也要放慢速度，可是大龙虾就

启示：借助表演支架，加深学生对词语的理解。

不同了，很威武。什么是"威武"呢？

生： 就是很厉害，很威风。我说一个很威武的人物，三国的吕布，我觉得就很威武。

师： 说得很好，谁来读读这段话，读出海参与大龙虾的不同来？

课件出示：

海参到处都是，在海底懒洋洋地蠕动。大龙虾全身披甲，划过来，划过去，样子挺威武。

（多位学生朗读，读得很好。）

师： 同学们，在这段话中作者写到大龙虾的样子挺威武，这个"挺"字是本课要求书写的生字，而且还很容易写错，大家有没有什么好办法记住它？

生： 这个字左边是提手旁，右边是"廷"，读作 tǐng，是个形声字。

生： 写"挺"字的时候要注意右边先写"壬"，再写"廴"，不要把"廴"写成"辶"。

师： （教师范写"挺"）写右边的部分就像坐车一样，让"壬"先上车坐稳当了，然后再开车，出"廴"。注意，"廴"两笔写成，最后的捺要平一些，长一些，托住上面的"壬"。

（学生练习书写，教师巡视指导，相机评价。）

【赏析：通过懒洋洋蠕动的海参与威武的大龙虾的对比，学生进行了修饰词的积累。而对于难写生字的指导，仍是中学段课堂教学不可或缺的一部分。】

学习活动三：紧扣比喻句，在比较中发现写法

师： 同学们，除了懒洋洋的海参、威武的大龙虾，海底肯定还会有鱼，你在读课文的时候发现了吧？这里的鱼多不多？

启示：随文写字指导，不可或缺。

生：西沙群岛的鱼非常多。

师：谁能把相关的句子读给大家听听？

生：各种各样的鱼多得数不清。正像人们说的那样，西沙群岛的海里一半是水，一半是鱼。

师：这一段不仅写到了鱼多，还写到了鱼很漂亮。鱼都有什么样子的？谁读给大家听听？

生：有的全身布满彩色的条纹；有的头上长着一簇红缨；有的周身像插着好些扇子，游动的时候飘飘摇摇；有的眼睛圆溜溜的，身上长满了刺，鼓起气来像皮球一样圆。

师：读了这段话，西沙群岛海底的鱼什么样子，大家清楚了吧？

生：清楚了。

师：实际上你们没有到过西沙群岛，没有见过那里种类丰富的鱼，但是读了这段话，一下子就知道了那里的鱼长什么样子，为什么呢？

（学生沉默。）

师：想想看，虽然我们没有见过西沙群岛的鱼，但是说到红缨、扇子、皮球，大家能想到它们的样子吗？

生：能，皮球我们经常玩呢。

生：红缨我熟悉。我有一顶帽子，上面就带有红缨。

生：扇子我们到了夏天都会用。

师：大家发现了什么？

生：我知道了，作者比喻的时候用的都是我们熟悉的东西。

师：原来作者在比喻的时候，是把我们不熟悉的事物用熟悉的来比喻的。这样写有什么好处？

生：这样能够让我们一下子就清楚了本来没见过的东西。

启示：读书，读书，首先要读。

启示：指向写作的阅读。

生：我们见过扇子，我们在读这句话的时候就会想到扇子的样子，这样就可以想象这个鱼的样子了。

师：非常好，看来以后我们在写作文的时候，如果要写出不熟悉的事物，就可以用大家都熟悉的事物来比喻，这样大家就更容易理解了。最后，我们来写一写这段话中的生字"鼓"，谁有好办法记住它？

生：这个字右边是"支"。

生：可以编个顺口溜来记：十豆十又。

师：这个方法挺有意思的，很容易就记住了，真不错。我们来写一写这个字吧。（教师范写并讲解）这个"鼓"字左右两边的上半部分都是"十"，下半部分不同，"豆"的最后一笔提向上，"又"的撇捺要舒展。因为笔画数较多，因此左右两部分都要"瘦"一些。

（学生练习书写，教师指导并相机点评。）

师：西沙群岛的景色优美，物产丰富。今天我们看到了五光十色的海水，看到了珊瑚、海参、龙虾和鱼，下节课我们继续学习，去看看西沙群岛的海鸟。今天留给大家的作业有两个：一是读自己喜欢的部分，二是积累优美的词语和句子。这节课就上到这里。同学们再见。

【总评】

基于"语言文字积累与梳理"学习任务群的思考

一、语言文字积累的策略探索

这是一篇典型的"语言文字积累与梳理"学习任务群教学。对于我们理解语言文字的积累概念与策略，具有一定的启发意义。

1. 语言文字的积累，是在落实单元语文要素或者课后作业的过程中实现的。《富饶的西沙群岛》的课后作业有两道：一是说说从哪些地方可以看出西沙群岛风景优美、物产丰富；二是选择你喜欢的部分，向别人介绍西沙群岛。实录以三个任务的形式，从学生喜欢的角度，介绍了西沙群岛的海水、珊瑚和鱼等，较好地完成了教材布置的课程任务。与此同时，还进行了大量的语言积累与迁移：形近字辨析、颜色词语的建构、修饰词语、四字词语、对比、比喻手法等。由字到词，由词到造词规律的梳理，并在语言活动中实现新的生成，达成迁移运用的目的。

2. 语言文字的积累，是在感知文本的过程中实现的。单元课文里面的积累与"语文园地"的积累不同，前者积累的内容是融于教材文本中的，后者积累的内容是直接呈现的，没有语言背景。比如，"风景优美、物产丰富、五光十色、瑰丽无比、高低不平、祖祖辈辈"等，都是教材中出现的词语。它们出现的时机，有一定的语境；它们的使用，有一定的目标。像形容西沙群岛的词语是"风景优美、物产丰富"，而不是"五光十色、高低不平"。学生在理解文本过程中，明确了四字词语的意思，明白了四字词语的用法，积累了这些词语的相关知识。

3. 语言文字的积累，是在模仿创新中实现迁移的。死记硬背的语言文字的积累不是真正的积累，学会运用，灵活迁移，进而创新才是最有效的积累策略。在这一节课的每一个学习任务中，都体现了这样的思想。比如，对于珊瑚的样子，教材上是这样表述的："有的像绽开的花朵，有的像分枝的鹿角。"教师先让学生想象，接着出示珊瑚图片，最后让学生模仿课文句式进行创意表达，学生说出"海底的岩石上生长着各种各样的珊瑚，有的像绽开的花朵，有的像分枝的鹿角，有的像弯弯曲曲的小河流，有的像一枝美丽的小花"等句子。这样的教学，在实录中处处可见，是一种高效的积累策略。

二、本课"语言文字积累与梳理"学习任务群积累的内容

生字：

以"尧"为基础字的形近字及其组字规律。

词语：

"深蓝、淡青、浅绿、杏黄"等教材中的表示颜色的词语及拓展词语"淡黄、淡绿、淡蓝、浅蓝、浅红、深紫、深红"以及"西瓜红、西瓜绿、樱桃红、葡萄紫、柠檬黄"等。

四字词语：风景优美、物产丰富、五光十色、瑰丽无比、高低不平、祖祖辈辈等。

句子及句式：

有的……有的……

有的像绽开的花朵，有的像分枝的鹿角。

三、本课"语言文字积累与梳理"学习任务群教学策略

1. 各个击破。本课积累的内容丰富，但从实录上看又眉目清晰，每一个任务围绕一个内容展开，从阅读教材，到抓住积累素材，再到拓展迁移，环环相扣，步步深入。每一个任务有重点，分层次，但又服务于整篇教学目标。

2. 学以致用。活学活用、及时迁移是王老师教学的最大特点。他课堂上的每一个学习活动，都是从学习作者语言表达开始，到学生模仿运用结束，形成一个学习闭环。

3. 学生中心。一方面，所有的教学活动都围绕着提升学生的语言能力来开展，包括教学目标、教学支架、教学过程、教学方法等。比如，在提供学习支架方面，绝大多数孩子对西沙群岛都是感到陌生的，于是王老师提供地图，让学生大体感知西沙群岛的地理位置。西沙群岛的珊瑚是什么样子的，光看教材上的比喻句，孩子再放飞想象也是枉然，于是王老师呈现西沙群岛珊瑚的图片，方便学生表达。资料的介入，为学生深入学习提供了有力的支架。另外一方面，教学是师生双方共同探究的过程，而不是教师的个人秀。比如，"鼓"字的写字教学，既有学生的经验融入，更有教师的提炼总结。

【思维导图】

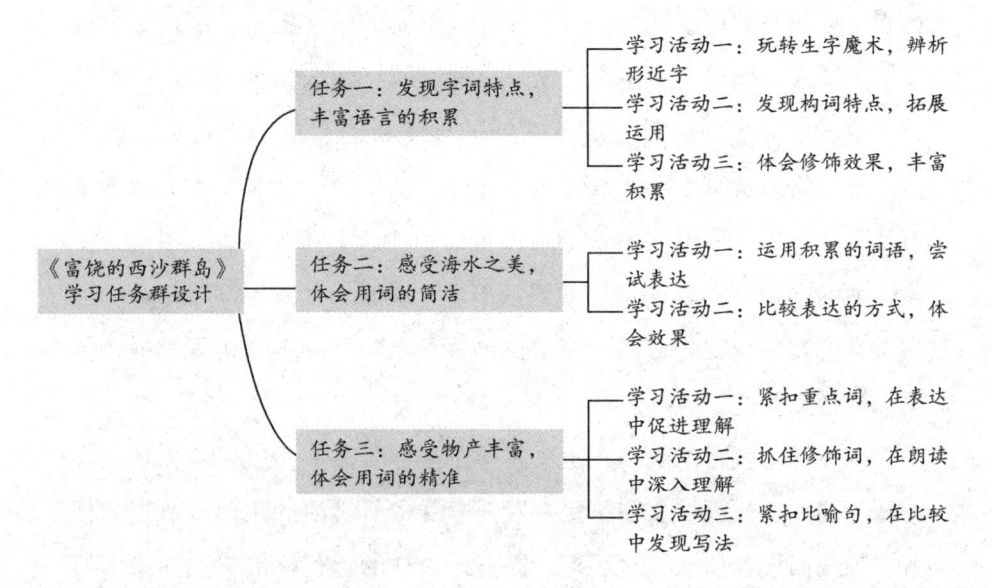

```
《富饶的西沙群岛》    ├─ 任务一：发现字词特点，    ├─ 学习活动一：玩转生字魔术，辨析形近字
学习任务群设计         │    丰富语言的积累          ├─ 学习活动二：发现构词特点，拓展运用
                      │                             └─ 学习活动三：体会修饰效果，丰富积累
                      │
                      ├─ 任务二：感受海水之美，    ├─ 学习活动一：运用积累的词语，尝试表达
                      │    体会用词的简洁          └─ 学习活动二：比较表达的方式，体会效果
                      │
                      └─ 任务三：感受物产丰富，    ├─ 学习活动一：紧扣重点词，在表达中促进理解
                           体会用词的精准          ├─ 学习活动二：抓住修饰词，在朗读中深入理解
                                                   └─ 学习活动三：紧扣比喻句，在比较中发现写法
```

[主编谈教学写作启示]

从一堂课到一篇论文的路径（路有多长）

许多老师上完公开课或者比赛课、研讨课，获得大家的认可后，都想把教学成果变成科研成果。有没有可借鉴的方法呢？大家不妨从以下角度入手试试：

一、研究教材，进行深度解读

教材解读类文章，是期刊的主要内容之一。

2022年版课标下的教材解读，要与2022年版课标颁布前有所

69

区别。以前拿到一篇课文，首先要关联单元的语文要素，剖析文本落实语文要素的抓手有哪些，看这一篇课文属于什么文体，看这一类文体在教材中的数量，教材赋予它们的教学指向，总结教材编排的特点、教材编写者赋予它的教学任务。可以撰写《散文类文本的教学价值及教学策略——以〈富饶的西沙群岛〉为例》《散文类文本语文要素落地的路径——以〈富饶的西沙群岛〉为例》《基于读写结合的散文类文本教学探究——以〈富饶的西沙群岛〉为例》《统编教材小练笔编排特点及教学策略》等。

现在针对教材的解读，主要落脚在文本所在单元可以建构什么学习任务群，这一篇课文在单元学习任务群中所扮演的角色、承当的任务，因此而设置什么学习活动，提出什么样的评价标准等。如果本篇课文与单元教材匹配度不高，是单独设计学习任务群还是补充相关资料，构建新的学习任务群。比如《富饶的西沙群岛》，这个单元的几篇精读课文可以和习作整合起来，建立"文学阅读与创意表达"学习任务群，也可以像王老师这样侧重于"语言文字积累与梳理"学习任务群。至于以哪个学习任务群的形式呈现，其实不重要。因为我们的教学目的，都是指向培养孩子的核心素养，只不过侧重点不同而已。然后结合确定的学习任务群，设置学习情境与任务，提出评价标准与路径，重点介绍学习活动的建构。那么可以撰写这样的文章：《单篇课文在单元教材中的地位——以〈富饶的西沙群岛〉为例》《单元教材的任务群建设——以三年级上册第六单元为例》《学习任务群支架的建设——以〈富饶的西沙群岛〉为例》《"语言文字积累与梳理"学习任务群的建构——以〈富饶的西沙群岛〉为例》等。

二、回眸教学实践，提炼教学策略

这是属于教学策略类文章，也会受到期刊编辑的欢迎。

这类文章主要是对落实语文要素或者实施学习任务群策略的一个探究。比如《富饶的西沙群岛》，我们发现王老师在以"语言文字积累与梳理"学习任务群呈现教学的过程中，他对于语言文字的积累，有独到之处（如上面赏析部分）。我们就可以以此为基础，撰写一篇关于"语言文字积累与梳理"学习任务群实施策略的文章。在学习借鉴他人关于"语言文字积累与梳理"学习任务群的实施策略（如《小学教学设计》2023年第7期，北京教育学院吕俐敏的文章《引领学生步入传统文化的世界——统编教材"精华语料"的梳理与教学研究》）基础上，结合自己的教学实践，提出个性化的教学策略或者路径。可以撰写《"语言文字积累与梳理"学习任务群的教学策略——以〈富饶的西沙群岛〉为例》《基于语言文字积累的路径探索——以〈富饶的西沙群岛〉为例》等。

三、注重过程评价，探索学业质量评价标准

2022年版课标提出："教师应树立'教—学—评'一体化的意识，科学选择评价方式，合理使用评价工具，妥善运用评价语言，注重鼓励学生，激发学习积极性。"因此，我们可以从以下几个角度入手进行写作："语言文字积累与梳理"学习任务群的评价方式有哪些？使用的评价工具是什么？课标还提出过程性评价的要求，因此，我们还可以从这个角度入手进行写作：在落实"语言文字积累与梳理"学习任务群的过程中，都可以进行哪些过程性评价？评价的标准和路径是什么？

落实语言实践，丰富语言积累
——"语文园地"教学实录

（统编版五年级上册第一单元"语文园地"）

任务一：梳理单元课文，积累学习方法

师：同学们，最近我们学完了第一单元，今天我们来回顾总结一下。大家先来看一幅图片，你想到了这个单元的哪篇文章？

生：《白鹭》。

师：谁来说说白鹭给你留下的印象？

生：白鹭的颜色和身段，一切都刚刚好。

师：抓住了要点，表达很清楚，我们再来看这幅图片，你想到了哪篇课文？

生：我想到了《落花生》。这一课让我印象深刻的是花生默默无闻、无私奉献的品质。

师：很好，我们继续看图片，这是——

生：这是《桂花雨》。桂花不仅很香，还可以用来做美食。

师：第四张图片，这是哪篇文章？

生：是第四篇课文《珍珠鸟》，珍珠鸟胖乎乎的，看起来特别可爱。

启示：先回顾单元课文留给学生的表征印象。

师：学习这个单元的四篇文章时，我相信大家都关注到了单元导语页中的这句话——

（课件出示单元导语页。）

生（齐）：一花一鸟总关情。

师：是啊，作者所写的这些事物都表达着自己的情感，就像这个单元的语文要素所说的——

生：初步了解课文借助具体事物抒发感情的方法。写一种事物，表达自己的感情。

启示：关联单元语文要素。

师：通过本单元的学习，大家对四篇课文中所写到的事物以及表达的情感一定印象深刻，我们来回顾回顾。

生：第一课写的是白鹭，表达的是作者对白鹭的喜爱和赞美之情。

师：课文中的哪几句话让你深深地感受到了这种情感呢？

生：第1自然段的"白鹭是一首精巧的诗"，还有最后一个自然段的"白鹭实在是一首诗，一首韵在骨子里的散文诗"。

师：是啊，白鹭就像是一首诗，我们一起来读读这两句话。

（学生齐读句子。）

师：借助事物，作者不仅可以表达某种情感，还可以说明某个道理，学习了第二课，你懂得了什么道理？

启示：有理有据，总结归纳。

生：学习了《落花生》一课，我明白了：人要做有用的人，不要做只讲体面，而对别人没有好处的人。

师：咱们一起来读一读这句话。

（学生齐读句子。）

师：我们继续回顾交流。

生：《桂花雨》这篇课文写的桂花很美，很香，课文其实还表达了作者对故乡的思念之情。

师：你是从哪句话感受到的？

生：可是母亲说："这里的桂花再香，也比不上家乡院子里的桂花。"

生：于是，我又想起了在故乡童年时代的"摇花乐"，还有那摇落的阵阵桂花雨。

师：特别好！同学们你们发现没有，作者就是通过某一种事物在表达着自己的某种情感，我们在写文章的时候也可以用这样的方法。我们再说说《珍珠鸟》这一课。

师：这一课中也有一句话，你应该把它记下来。

生：《珍珠鸟》这一课，作者借珍珠鸟表达了一种感悟：信赖，往往创造出美好的境界。

师：我们一起读一读。

（学生齐读句子。）

【赏析："语文园地"的"交流平台"是对单元语文要素落地的高度总结或者教学路径提示。这样的内容是在课堂上直接告知学生，还是与学生一起归纳提炼，让学生经历一个思考的过程，锤炼学生的理性思维能力？王老师的教学指向培养学生的思维能力这个核心素养。

教学思路大体如此：先谈课文留给自己的印象，再有理有据回顾印象背后作者想表达的内容，最后归纳这一类文章的写作特色，供今后写作学习借鉴。

这是一种关于语言表达方式的梳理。】

任务二：发现表达方法，积累表达经验

师：同学们，刚刚我们回顾的是本单元学到的内容，在"语文园地"的"交流平台"中也特别回顾了这些非常重要的

知识点。我想，同学们不仅体会到了这几篇课文所表达的情感或者揭示的道理，也一定从这几篇课文中领悟到了一些写作的方法。比如下面这几句话的写法就对我们很有启示，我们来读一读。

生：色素的配合，身段的大小，一切都很适宜。

生：花生的好处很多，有一样最可贵。它的果实埋在地里。

生：桂花树的样子笨笨的。

师：说说看，从这几句话中，你感受到了事物什么样的特点？

生：白鹭的大小特别适宜。

生：花生跟别的植物不一样，它的果实埋在地下。

生：桂花看着是很可爱的样子。

师：同学们，这三样事物给我们留下了很深刻的印象，但是这样的句子只是写出了它们的特点，缺乏画面感，让人印象不那么深刻。课文的作者有什么特别的方法吗？让我们再来读一读课文中的原句，对照一下，看看你能不能发现作者是用什么样的方法，让写出来的句子令人印象深刻的。

课件出示：

色素的配合，身段的大小，一切都很适宜。白鹤太大而嫌生硬，即使如粉红的朱鹭或灰色的苍鹭，也觉得大了一些，而且太不寻常了。

花生的好处很多，有一样最可贵。它的果实埋在地里，不像桃子、石榴、苹果那样，把鲜红嫩绿的果实高高地挂在枝上，使人一见就生爱慕之心。

桂花树的样子笨笨的，不像梅树那样有姿态。

（学生读，思考。）

生：这些句子中，作者都运用了对比的写法。

师：说得很正确。我们对比着读一读，一位同学读改后的句子，一位同学读原句，关注对比的写法，看看你有什么发现。

生1：色素的配合，身段的大小，一切都很适宜。

生2：色素的配合，身段的大小，一切都很适宜。白鹤太大而嫌生硬，即使如粉红的朱鹭或灰色的苍鹭，也觉得大了一些，而且太不寻常了。

师：我们交流交流，说说你的发现。

生：这句话作者其实要写的是白鹭，不过，他还写到了其他的事物：白鹤、朱鹭和苍鹭。

师：跟白鹭相比，它们都显得怎么样？

生：太大，太不寻常了，白鹭的身段刚刚好。

师：同学们，在学习的时候我们一定要学会比较，通过比较，我们就会有更多的发现。后面两个句子，我们也这样对比着学习学习。

生：第二个句子写的是花生，不过作者还写到了桃子、石榴和苹果，作者通过对比就写出了花生的特点。

生：第三句写的是桂花树，作者是用梅树来做对比的，写出了桂花树笨笨的、可爱的样子。

师：是啊，我们写一种事物，就可以通过和其他事物的对比，写出这种事物的特点来，对比这个方法可真不错。我们在四年级学过的《乡下人家》一课中也运用到了这种方法，我们来读读这个句子。

课件出示：青、红的瓜，碧绿的藤和叶，构成了一道别有风趣的装饰，比那高楼门前蹲着一对石狮子或是竖着两根大旗杆，可爱多了。

启示：对比教学，直观形象。

启示：回顾旧知，前后关联。

（学生齐读句子。）

生：我发现了，作者要写的是乡下人家门口青、红的瓜，碧绿的藤和叶，作者还写到了高楼门前蹲着的石狮子和竖着的两根大旗杆，将它们进行了对比。

师：是啊，这么一对比，青、红的瓜，碧绿的藤和叶就显得更加可爱了，充满了生机。对比这个写法很常用，你看，刚刚我表扬了那些坐姿端正、听讲专心的同学，实际上就是通过对比，提醒了表现不够好的同学。这个方法，大家一定也会用。我们校园里有一棵大树，要写出它的大，你可以怎么对比？

生：可以把大树和旁边的灌木丛进行对比，还可以和旁边的景观树进行对比。

生：我觉得还可以跟教学楼进行对比。

师：不只是这棵大树，我们身边的很多事物都可以通过对比的方法来写。下面，就请同学们选取你想写的一种事物，然后想一想你准备和哪些事物形成对比，从而写出它的特点来。大家先想一想，和同桌说一说，然后写下来。

（学生思考、交流、动笔写句子。）

师：谁来跟大家分享分享？

生：乡村的晚霞五彩斑斓，可比城市里五光十色的灯光可爱多了。

师：掌声送给他，五彩斑斓的彩霞是大自然的杰作，确实很美。还有谁来分享？

生：虽然梅花不像玫瑰那样芬芳，但是它傲然挺立在风雪中，精神非常可贵。

生：牵牛花不像牡丹那样娇艳欲滴，不像桂花那样香气扑鼻，但它非常顽强，永远向上。

启示：学用结合。

生：虽然梧桐树没有桂花树那样香，也不像樱花树那样多姿多彩，但是它高大挺拔，在我们的校园中如同灯塔一样照亮我们前行的路。

师：掌声送给这几位同学，对比的方法用得特别好！让我们再来读读课文中的这几个句子，体会体会对比手法的妙用。

生：色素的配合，身段的大小，一切都很适宜。白鹤太大而嫌生硬，即使如粉红的朱鹭或灰色的苍鹭，也觉得大了一些，而且太不寻常了。

生：花生的好处很多，有一样最可贵。它的果实埋在地里，不像桃子、石榴、苹果那样，把鲜红嫩绿的果实高高地挂在枝上，使人一见就生爱慕之心。

生：桂花树的样子笨笨的，不像梅树那样有姿态。

【赏析：这个任务，训练的是"语文园地"的"词句段运用"板块。首先要找出三个句子的相同部分，然后再模仿迁移，最后梳理积累，力求让此写法成为学生今后语言表达的有机组成部分。

完成这个任务，所采取的方法是对比教学。首先是教师特意准备的材料与教材材料的对比教学，其次是前后年级课文的对比学习，最后是学生模仿片段与教材、与其他同学片段的对比分享。让学生在对比中发现表达的秘密，在对比中积累表达的方式。】

任务三：掌握一词多义，积累多义词汇

师：刚刚我们读的这句话"桂花树的样子笨笨的，不像梅树那样有姿态"中有一个词语——姿态，大家知道"姿态"是什么意思吗？

启示：分享是最好的学习检测，是丰富学生思维的催化剂，也是学生积累语感的一种方式。

启示：灵活使用教材，这个过渡衔接自然！

生：就是它的样子。

师：对，这里的"姿态"指的就是它的样子，但有时候"姿态"并不表达这个意思，咱们读一读这个句子。

生：我们以全新的姿态迎接新年的到来。

师：这儿的"姿态"你觉得是什么意思？

生：我们以全新的精神面貌迎接新年。

师：说得太好了！一词多义，我们要联系句子来准确理解。下面这两句话，大家自己来读一读，想一想"开辟"是什么意思。有了答案之后，大家可以跟同桌交流交流。

课件出示：

让它荒着怪可惜的，你们那么爱吃花生，就开辟出来种花生吧。

人工智能的出现为人类的生活开辟了一片新天地。

（学生读句子，思考后跟同桌交流。）

师：我们来交流交流。

生：这两句话中"开辟"的意思可不一样。"让它荒着怪可惜的，你们那么爱吃花生，就开辟出来种花生吧"，这句话中肯定说的是开荒、开垦的意思，而第二个句子中的"开辟"指的是开创的意思。

师：说得很好。同学们，我们在学习语文的过程中，一定要善用比较，在比较的过程中，我们会有新的发现，不仅能发现句子的写法，还能发现同一词语不同的意思。我们再来读读这两句话，体会体会"开辟"的不同意思。

（学生读句子，体会。）

师：我们再来看看"温和"这个词，你能想到它的什么意思？

生：天气好，不冷不热。

启示：一词多义是汉语特色。探寻词语使用的不同语境，是语言积累的重要内容。

启示："姿态"的教学属于示范帮扶，这里就放开，属于运用，展示的是学生的学习能力。

启示：学习方法的随时渗透。

生：脾气温和。

师：谁的脾气很温和？你能不能说一个句子？

生：妈妈的脾气很温和。

师：这是"温和"的一个意思，谁能用"温和"的另一个意思也来说一句话？

生：今天下着大雨，天气不像春天刚来时那样温和了。

生：与北方的天气相比，南方就显得格外温和。

启示：立足教材，但不局限于教材。

师：很好！我们再来看几个词语：骄傲、成熟、头疼、便宜、算账。你可以选择其中一个词语，用它的不同意思来说句子。大家可以先练习练习。

（学生思考、练习，教师巡视指导。）

师：我们来分享分享。"骄傲"这个词，可以怎么说句子？

生：袁隆平是中国的骄傲。

生：我为我是中国人而感到骄傲。

师：特别棒，这两句话中的"骄傲"表示的都是自豪的意思。"骄傲"还有自满的意思，可以怎么说句子？

生：小明这次考了一百分，他有点儿骄傲了。

师：骄傲使人退步，这次一骄傲，下次可能成绩就下滑了。我们继续交流其他的词语。我请同桌两人来读句子，一人用这个词语的一个意思来说。

生：我们俩用的词语是"便宜"，我说的句子是：现在很多东西的价钱都非常便宜。

生：这次的事情就算是便宜你了。

师：非常好！我们继续。

生：小明最近总是生病，妈妈为他的身体状况感到头疼。

生：我最近感冒了，很是头疼。

师：这两句话都跟生病有关，都让人头疼，大家能明白吗？

生：第二句是感冒头疼，是生病后的头疼；第一句是妈妈没办法，很为难。

师：很好！其他词语，我们继续请同桌进行交流。

生：秋天来了，果实都成熟了。

生：他说话跟大人一样成熟。

生：小明吃完饭，服务员给他算账。

生：我的笔被小明摔坏了，我找到他要跟他好好算账。

师：说得很好，看来大家都理解了。

【赏析：一字多义多音、一词多义是汉语中常见的现象。教材编写者从一年级开始就在"语文园地"专门编排"字词句运用"与"词句段运用"栏目，目的就是帮助学生不断梳理学习过程中遇到的相关字、词、句，感受汉语深厚的内涵，深化学生的语言表达，树立文化自信。

这类教学，教师示范、方法的渗透是基础，学生自己细细体会、慢慢吸纳、积极迁移是关键。】

任务四：落实诗文背诵，积累经典名句

师：最后，我们来读一读"语文园地"中的这首诗，谁来读给大家听听？

（课件出示《蝉》。）

生：垂緌饮清露，流响出疏桐。居高声自远，非是藉秋风。

师：这个同学声音响亮，特别值得表扬。这位同学，最后一行的第三个字，你是怎么读的？

生：藉（jiè）。

启示：发挥注释作用，教给学生理解方法。

师：为什么要这样读呢？王老师给大家带来了一段注释——

课件出示：

注释：

垂绥：在本诗中指的是蝉的触须，因为古人结在颌下的帽带下垂部分叫"绥"，跟蝉头部伸出的触须很像。

流响：指的是蝉连续不断的鸣叫声。

藉：就是凭借的意思。

生："藉"的意思就是凭借，根据意思我就知道了它的读音。

师：看着注释，你还知道了什么？

生："流响"的意思是蝉连续不断的鸣叫声。

生："垂绥"指的是蝉的触须。

师：意思理解了，下面我们来读读这首诗，大家按照老师的提示来读。蝉生性高洁，栖高饮露——

生：垂绥饮清露，流响出疏桐。

师：蝉叫声很有特点，非常响亮——

生：流响出疏桐。

师：大家看，诗人写蝉，也是抓住蝉的特点来写的，读了第一行诗，我们知道了蝉饮的是——

生：清露。

师：蝉的叫声很有特点，很是响亮——

生：流响出疏桐。

师：作者不仅写出了蝉的特点，还表达出了自己的感受和体会：品格高洁的人，并不需要某种外在的凭借，自能声名远播。一起读——

生：居高声自远，非是藉秋风。

师：背诵这首诗并不难，一方面我们可以借助插图，一方面我们可以根据作者的写作顺序，大家试试吧！

（学生练习背诵后指名背诵。）

师：这首诗中有两行诗堪称千古名句，经常会被后人写文章的时候引用，你觉得是哪两行？

生：居高声自远，非是藉秋风。

师：我们来看看这则新闻是怎样引用的。

（课件出示新闻：摘自中国山东网的《居高声自远，非是藉秋风！郓城两同学结伴冲进北大清华》。）

（学生默读新闻，体会诗句的引用效果。）

师：大家看用得多好，借用诗句，能够为我们的文章增光添彩。我们积累了不少古诗，大家在理解的前提下就可以尝试着引用一些名句。这节课就要下课了，最后，王老师留给大家两个作业：一是修改完善自己在课堂上写的句子，二是背诵虞世南的这首《蝉》。今天这节课我们就上到这儿，下课。

【赏析："日积月累"是"语文园地"重要组成板块，也是文化自信的重要阵地。是让学生背一背记住就行了，还是适当指导？效果会大不一样。

这个板块的古诗词，不用像《古诗二首》或《古诗三首》讲解得那么深入仔细，甚至勾连单元语文要素，进行整体教学；但也不能放任自流，让学生自学自悟。王老师这个度的把握十分到位：既让学生知道古诗大体意思，又不停留在记忆层面，借助案例，引导学生学会使用，在运用中积累，在积累中运用。】

启示：渗透背诵方法，科学记忆。

启示：积累不是目的，活学活用才是关键。

【总评】

"语文园地"是教材重要的组成部分，也是学生核心素养提升的重要通道。"语文园地"的教学如何进行？通常有两种形式：一种是统筹安排，与单元教材融合起来。比如五年级上册第三单元"语文园地"的"词句段运用"第2题："仿照下面的例子，把牛郎织女初次见面的情节说得更具体。"这个训练其实指向单元语文要素——了解课文内容，创造性地复述故事。教学课文时，可以在适当时候，融入其中，为学生进行创造性复述提供示范。另外一种教学方式就像王老师这样，独立进行。教无定法。"语文园地"的教学如何进行，需要教师根据学情、个人特长等实际情况来定，没有统一标准。

王老师在这里是以"语言文字积累与梳理"学习任务群来组织教学的。为什么由这个学习任务群呈现教学过程？这主要由"语文园地"的性质决定。"交流平台"主要梳理单元语文要素落地的路径，"词句段运用"指向词语、句子甚至段落的积累，"日积月累"主要是古诗词的拓展积累，所有板块都体现"梳理与探究"要求，与"语言文字积累与梳理"学习任务群要求相一致。

每个板块的任务来自教材的要求。任务一对应"交流平台"，任务二、三呼应"词句段运用"，任务四指向"日积月累"。

情境的设置随任务而变化，在真实的学习情境中进行语言实践活动。比如任务一的情境是回顾总结："最近我们学完了第一单元，今天我们来回顾总结一下。"任务二的情境体现比较："同学们不仅体会到了这几篇课文所表达的情感或者揭示的道理，也一定从这几篇课文中领悟到了一些写作的方法。比如下面这几句话的写法就对我们很有启示，我们来读一读。"这些任务情境来自教材的学习材料，是为解读具体任务服务的。

学习活动紧紧围绕学习任务进行。任务一中，对四篇课文内容写法的总结，是在完成"梳理单元课文，积累学习方法"的任务。

教学过程体现"教—学—评"一致性。比如任务三中，在学生学会了区别"姿态""开辟"等词语一词多义的方法后，王老师又出示了"骄傲、成熟、头疼、便宜、算账"等词语，请学生"选择其中一个词语，用它的不同意思来说句子"。这既是作业，又是检测前面学习理解效果的试金石。测试的内容与前面所教内容相一致。

【思维导图】

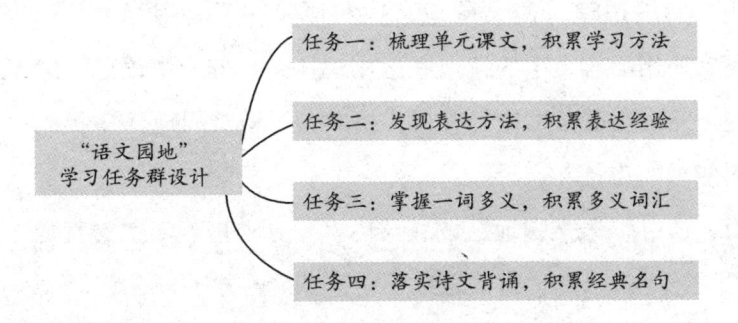

"语文园地"学习任务群设计
- 任务一：梳理单元课文，积累学习方法
- 任务二：发现表达方法，积累表达经验
- 任务三：掌握一词多义，积累多义词汇
- 任务四：落实诗文背诵，积累经典名句

主编谈教学写作启示

2022年版课标视域下"语文园地"的教学价值与教学策略

统编教材"语文园地"的编排特点和教学策略，前几年大家研究得比较多，也有许多比较成熟的成果，在当前情况下再去研究，已经没有多大的意义了。目前写作的思维要发生变化，那就是用2022年版课标的理念来看"语文园地"，或者说如何用"语文园地"来落实2022年版课标的理念。2022年版课标最大的变化是：核心素养、学习任务群和学业质量评价。写作的时候可以从这些角度入手，谈解读，谈理解，谈策略。

一、2022年版课标下"语文园地"的教学价值追求

文化自信。统观统编教材所有"语文园地"内容，寻找中华优秀传统文化、革命文化和社会主义先进文化的抓手,从"感受与热爱、继承与弘扬、关注与参与、了解与借鉴"等方面进行解读。

语言运用。归纳整理"语文园地"中与语言积累运用相关的内容,从了解国家通用语言文字的特点和运用规律,培养学生语感,感受语言文字的丰富内涵等角度进行分析,找准在"语文园地"中提高学生语言运用能力的路径。

思维能力。通过"语文园地"的相关内容,寻求培养学生的直觉思维、形象思维、逻辑思维、辩证思维和创造思维的方法与策略。

审美创造。挖掘"语文园地"中培养学生审美经验、审美能力、审美观念的内容,让学生具有初步的感受美、发现美和运用语言文字表现美、创造美的能力。

二、2022 年版课标下"语文园地"的教学策略

1. 宏观介绍教学策略

立足学习任务群理念,介绍某一个单元的"语文园地"如何实施。从教材的解读、学习任务群的建立、学习评价的确定、学习情境的设置、学习活动的实施等几个方面,描述"语文园地"学习任务群的实施。

2. 结合某一板块谈策略

针对"语文园地"的某一个板块,如"识字加油站""日积月累",进行单独的任务群设计。

针对"语文园地"的某一个板块,如"交流平台""词句段运用",从 12 册的角度来谈课标理念下教学实施的策略。

第二辑

实用性阅读与交流学习任务群的教学

条理地表达，有效地倾听
——《推荐一部动画片》教学实录
（统编版二年级下册第八单元"口语交际"）

任务一：明确推荐任务，初探推荐经验

学习活动一：听歌辨析，猜动画片名称

（播放《黑猫警长》歌曲。）

师：同学们，你们听过这首歌曲吗？在哪部动画片中听过？

生：《黑猫警长》。

师：谁会唱这首歌曲？来，咱们一起唱一唱！

（学生跟唱《黑猫警长》。）

师：下面这首歌你们有没有听过？会唱吗？猜猜是哪部动画片。

（播放《葫芦娃》歌曲。）

生：《葫芦娃》。

师：非常好！（课件出示《葫芦娃》图片），大家数一数，有几个葫芦娃？

生：7个。这个动画片里还有爷爷、蛇妖和穿山甲。

师：下一首歌很多人一定会唱，我来播放歌曲，会唱的同学可以跟着唱一唱。

启示：《黑猫警长》对于当下的孩子来说比较陌生，播放《黑猫警长》歌曲，可以激发他们观看的欲望。

启示：声画一体，引发孩子回忆。

（播放《西游记》歌曲，学生跟唱。）

师：这部动画片是——

生：《西游记》。

师：这部动画片里面你印象最深的是谁？

生：孙悟空。

师：刚才歌曲里把他叫什么？

生：猴哥。

师：再回想一下这首歌怎么唱的？

生：猴哥猴哥，你真了不得。

师：唱得不错！掌声送给他。刚刚谈到的都是动画片，大家喜欢看动画片吗？

生（齐）：喜欢！

学习活动二：联系生活，交流推荐经验

师：我们都非常喜欢动画片，如果你身边有人不太了解动画片，或者还没有喜欢上动画片，你想让他喜欢，可以怎么做？

生：带他一起看动画片。

生：可以推荐他看一看动画片。

师："推荐"这个词用得特别专业，是的，我们可以把这个动画片推荐给别人。看老师写这两个字：推荐。

（教师板书后学生齐读。）

师：谁知道"推荐"是什么意思？你在哪儿听过推荐？

生：在电视上听过推荐，广告里面推荐护肤品。

生：我跟妈妈去逛街，商场里面的导购员给我妈妈推荐化妆品。

师：你还记得导购员是怎么说的吗？

生：导购员姐姐说这些化妆品是国际名牌产品，很适合妈妈用，我妈妈如果用了，会更漂亮。

启示：孩子对动画片的音乐十分熟悉，依托主题曲导入课堂。

启示：让学生解读"推荐"胜于老师的喋喋不休。

师：这个理由有吸引力，估计妈妈会考虑。还有谁来说说？

生：有一次我去玩具店，店员说这个玩具特别好玩，而且有很特别的功能。还现场展示了新功能新玩法。

师：对，这就是推荐，有时依靠语言，有时依托表演展示，有时二者结合起来，其实都是希望人们关注，希望别人能够喜欢。那么，如果我们要向同学推荐一部动画片，该如何推荐呢？

（教师板书完整题目，学生齐读。）

【赏析：依托教材暗示（插图），进行情境导入。表面看这种方法中规中矩，相对比较常规。细心品味，就会发现教者精妙之处：

1. 选材忠于教材。课堂中提到的动画片皆来自教材提供的素材，这是向学习者暗示立足教材，依托教材，应是常规教学遵循的最基本原则。

2. 数量讲究。两个部分举例都是3个，符合中国传统文化审美要求。而且3个之间不是平行站位，它们承担的任务都不相同，各有侧重，层层递进。比如第一部分列举的动画片是3部，《黑猫警长》男孩女孩都喜欢，熟识度高，第一个出现，要求学生跟唱；《葫芦娃》在跟唱基础上，让学生回忆动画片中的人物；《西游记》不仅提到人物，还回想其中的歌词。第二部分推荐举例是3例，第一则是电视广告，最为常见；第二则举妈妈的例子，形象感性，以导购员语言切入；第三则提到玩具，侧重新功能的展示。

3. 辨识度高。相比较情节、人物与内容，动画片的歌曲辨识度相对比较高，容易引起学生情感的共鸣。所以教者以歌曲作为抓手，符合学生接受心理。

4. 支架建设。整体教学，环环相扣，支架层层铺设。动

启示：再现课堂，需要选取最佳方式、理想内容，展示过程需要加工提炼升华，举例的数量与层次要有讲究。

画歌曲支架、推荐理由支架等，随机而用，恰到好处。】

任务二：借助游戏活动，完成推荐任务

学习活动一：动画歌曲我会唱

师：要推荐一部动画片，让别人也喜欢，大家有什么好办法吗？

生：我们可以唱一唱动画片的歌曲，别人一听，觉得很好听，我们就可以推荐他们观看这部动画片了。

师：这个主意不错！我请两位同学到前面来，你们在路上相遇了——

（两位同学上台表演路上相遇的情景。）

生1：（边走边唱）白龙马，蹄朝西，驮着唐三藏跟着仨徒弟。西天取经上大路，一走就是几万里。什么妖魔鬼怪，什么美女画皮，什么刀山火海，什么陷阱诡计……

生2：这首歌还挺好听的，是什么歌曲啊？

生1：是动画片《西游记》的主题曲，你喜欢的话，可以看看这部动画片。

生2：好的。

师：看来，推荐一部动画片，有一个很重要的方法，那就是——

生：可以唱一唱动画片的歌曲。

师：对，我们可以通过唱动画片的歌曲，让人去了解这个动画片。

学习活动二：经典台词我来说

1. 看动画图片，说经典台词

师：唱动画片的主题曲或者片头片尾曲，是推荐动画片

启示：表演是不错的交流形式。

的一种方法，其实还有一种方法是说一说动画片的经典台词。

（课件出示喜羊羊与灰太狼的图片。）

师：这是谁呀？

生：喜羊羊与灰太狼。

师：有没有同学立刻想到一句经典的台词？一听到这句话，就知道这是《喜羊羊与灰太狼》这部动画片。

生：我一定会回来的！

师：这句台词是谁说的？

生：灰太狼。喜羊羊打败了灰太狼之后，灰太狼就会这样说。

师：好的，你能不能加上灰太狼的动作，再来说一遍这句台词？

（学生模拟动作，说台词。）

师：特别好，我们把掌声送给她！《喜羊羊与灰太狼》中，除了这一句经典台词，还有没有其他台词也让你印象深刻呢？

生：老婆，我回来了！

师：谁能来表演一下这两段经典的台词，一个是"我一定会回来的"，一个是"老婆，我回来了"。

（学生声情并茂地表演。）

师：掌声送给他。听到这么好玩的动画片台词，如果你没有看过这个动画片，当时你最想问什么？

生：这部动画片叫什么？

师：来，你告诉这位同学。

生：《喜羊羊与灰太狼》。

师：你看，这就推荐出去了。来，我们再看一张照片，这部动画片里也有经典的台词，谁知道？

启示：经典台词也能迅速抓住孩子的心理。

启示：模拟对话，激情表演，加深学生印象。

（课件出示《熊出没》的图片。）

生：这是动画片《熊出没》，我觉得很有意思的台词是："保护森林，熊熊有关。"

生：最吸引我的是光头强说的，"小熊熊，你给我站住"。

师：这句台词你说得特别好，如果再加一点儿动作就更完美了。

生：还有"光头强，别砍树了！"。

生：还有"我不会放过你们的！"。

师：看来，大家特别喜欢动画片。我从网上也搜到了几句，大家来看看。

课件出示：

臭狗熊，终于让我逮到你们了！

惹我光头强，熊熊变绵羊。

熊二，别睡了，光头强又开始砍树了！

师：这几句台词，谁来说说？

（指名说台词，教师引导学生认真听后进行点评。）

师：大家看，唱动画片的歌曲，说动画片中的经典台词，都能帮助我们推荐动画片，多有意思啊！

2. 看经典台词，猜动画人物

师：下面，我们根据台词，来猜猜动画片里面的人物，我们来看第一句，看看这是哪部动画片中的谁说的话。

启示：又一种推荐方式。

课件出示：

妖精，快放了我爷爷！

师：谁先来表演一下这句台词？

生：妖精，快放了我爷爷！

师：这确实是一段很经典的台词，猜猜看，这是谁说的？

生：这是动画片《葫芦娃》里面的葫芦娃说的。

94

师：他为什么要这么说呢？想了解故事情节，那就去看看这部动画片吧！你看，这就推荐成功了。好了，我们继续看——

课件出示：

妖怪，哪里走！吃俺老孙一棒。

生：我知道，这是《西游记》中的台词，孙悟空说的。

师：谁来表演一下？

（学生表演"妖怪，哪里走！吃俺老孙一棒"。）

师：这个孙悟空不怎么厉害，（慢节奏模仿）"妖怪，哪里走"，那你不如这样，"妖——怪——，哪——里——走——"妖怪都快把你师父吃了，你还不着急吗？来，再来一遍。

（该学生再次表演。）

师：非常好，进步很大！掌声鼓励！

学习活动三：角色印象我来谈

师：大家看，唱歌、说台词都能吸引别人来看这部动画片，还有其他办法吗？

生：介绍一下动画片里面的人物。

师：是的，我们还可以说一说你对这个角色的印象，谈角色也是一个很好的办法，我们看这两个角色，大家熟悉吗？

（课件出示喜羊羊、灰太狼图片。）

生：这是喜羊羊和灰太狼。喜羊羊很聪明，遇到困难的时候，喜羊羊总能想到办法来解决。喜羊羊还很勇敢，它不怕灰太狼。

启示：从人物形象入手，也是孩子熟悉与喜爱的内容。

师：说得很好，谁来说说灰太狼？

生：灰太狼老爱干坏事，非常讨厌。它总是在搞破坏，或者在抓羊。

生：灰太狼最怕红太狼，红太狼让它干什么，它就赶快去，比如抓羊。

师：刚刚我们讲了喜羊羊和灰太狼，除了这两个角色，你还想跟大家讲哪部动画片里面的哪个角色呢？大家可以自己选择，先跟同桌讲一讲，然后讲给大家听。

（同桌互相交流。）

生：我要讲的是《西游记》里面的猪八戒，我觉得他太有意思了。猪八戒很懒，啥也不想干，总是偷懒。猪八戒还很贪吃，总是在找好吃的，而且吃得特别多。猪八戒总想找个媳妇。

生：我要讲的是唐僧，唐僧很善良，很好，但是他特别啰唆，还总是把妖怪当成好人。

生：我说的是葫芦娃，他们几个的本领是不同的，有的力大无穷，有的刀枪不入，有的能够喷火，有的能够喷水，特别厉害。

师：说得很好，听到这样的介绍，没有看过的人肯定很想看看猪八戒到底有多懒，唐僧到底有多啰唆，葫芦娃到底有多厉害。看来介绍角色的方法也很不错啊！

【赏析：借助游戏活动这座桥梁，向学生渗透推荐表达的路径，在探索如何推荐的过程中，学习推荐方法，提高学生的参与率，激发学生表达的欲望。

知识的教授，以板块呈现：动画歌曲我会唱、经典台词我来说、角色印象我来谈，三个板块之间彼此独立，但都是围绕本板块主题进行，不涉及别的内容，显得主题集中，内容精练，目标明确。各个板块内部，教学由浅入深，由简单到复杂，显示学习的递进性。三个板块的教学，从不同角度解读推荐方法，服务于整体目标——习得推荐的方法。】

启示： 1. 情境任务的设置。于完成情境任务之中，习得方法，改变素养硬着陆，知识灌输的弊端。

2. 教学板块的呈现。教学以板块方式呈现，层层深入，直观明了，方便读者阅读，也利于作者整理。

任务三：讲述故事片段，评议优化表达

师：其实，讲一小段故事情节，也是能够让别人喜欢上这部动画片的。接下来咱们就来讲故事片段，你喜欢哪部动画片，你就可以选一个片段讲给大家听。同桌之间先练一练。

（同桌练习讲故事片段。）

师：下面我们请几位同学来讲，注意了，讲的时候要注意表达清楚，语速适中。这是对讲的同学的要求，对于其他同学，我们听也有听的要求：听讲要认真，要了解主要内容。

生：我讲的是动画片《猫和老鼠》。有一次猫在墙上画了一个假老鼠洞，老鼠以为是真的，"啪"的一声撞到墙上了，直接撞晕了。这只猫很聪明，抓老鼠都不用自己去追，老鼠撞晕了，它直接去捡。

师：怎么样？谁来评价一下？

生：她讲得不快不慢，刚好，很清楚，我也听明白了。

师：大家有没有好的建议呢？

生：我觉得讲得太短了，可以再长一点儿，我还没听够呢！

师：这个建议不错，你再多讲些内容就更好了，行吗？

生：还有一次，猫把老鼠夹到面包里面准备吃掉，结果咬了一大口，都没有吃到，因为老鼠躲到了边上。第二次，猫把所有的面包都塞进了嘴里，但还是没有吃到老鼠，原来老鼠从它的手指缝里逃走了。

师：听取了同学的建议，补充上这些内容，就更好了！我们继续分享。

生：我推荐的是《大头儿子和小头爸爸》。大头儿子想学服装设计，开始时他跟着妈妈学。有一次他把妈妈心爱的连

启示：评价标准的嵌入，有利于学生讲清楚明白。

启示：学生评价，更符合实情。

启示：及时修改，及时展示。这个示范作用做到位。

衣裙剪成一截一截的，开始妈妈很生气，后来爸爸妈妈商量开一个服装设计展。爸爸和妈妈把这个消息告诉大头儿子，把他吓了一跳。展会上，大头儿子邀请了幼儿园的好朋友，妈妈穿着大头儿子剪得难看的裙子，嘴里还叼了一枝玫瑰。

师：怎么样？大家听清楚了吧？

生：听清楚了，她讲得很清楚，语速合适，表达清楚。

生：不过，我还想知道，后来怎么样了？

师：建议很好，可以再补充一下，那就更好了！同学们，大家能够提出建议，说明大家听得很专心，值得表扬。我们听的时候要专心，了解故事的情节，说的同学呢，要表达清楚，语速适中，讲完之后可以请听的同学评价评价。下面，同桌两个人互相讲一讲，一定记得，讲完后请同桌评价评价。

（同桌互相讲故事片段，进行评价。）

启示：同桌互讲，让交际真正发生。

师：同学们，今天我们学习了如何推荐一部动画片，这节课你感觉怎么样？

生：特别有意思。

师：我相信大家不仅感受到了学习的乐趣，还学到了推荐一部动画片的方法，例如我们可以唱歌曲、说台词、谈角色、讲情节。当然讲的时候还要注意——

生：说话的速度要适中，要说清楚。

师：听的时候呢？

启示：梳理，让知识系统化。

生：听的时候一定要认真，专心听才能听明白，了解故事情节。

师：非常好！同学们，今天这节课就要结束了，最后王老师留给同学们的作业是：回家后试着向家人推荐一部你认为最有趣的动画片，就像今天这样，你可以唱歌曲、说台词、谈角色，还可以讲情节，如果还能加上动作，那就更好了。

下课。

【赏析：这一板块其实还是第二板块的延伸，学习由角度向深度发展，内容由浅尝辄止向生动具体进军，力求打动对方，完成观看动画片的目的。】

启示：进阶性的教学设计，体现学习的渐进性。

【总评】

本课作为统编教材向他人介绍某项东西的口语训练，对于孩子来说是第一次（后续教材还设置了"春游去哪儿玩""推荐一本书"等）。但作为当代小朋友，动画片可以说陪伴着他们的童年时期，每个孩子都或多或少看过一些动画片，交流起来，应当有言说的内容与激情，基于个体差异，每个人表达起来，或感性、直接、简单，或丰富、生动、引人。教材这样的安排，符合学生表达心理。教者意识到这一点，于是由简单到复杂，由浅到深，设置了一系列环环相扣、层层递进、符合学生接受心理的学习活动，让学生在勾连生活中，建构推荐表达的样式。整个设计，精巧、简洁、明了，指向明确，训练到位，显示了教者高超的教学构思能力。

1. 体现了教者的教学设计力。"双减"课堂要求提质增效，需要提高课堂教学效率，作为课堂教学的引领者，教师就必须精心设计教学环节，达到教学程序的最优化。本设计，从游戏导入，到借游戏传递推荐角度，再到展示推荐深度与评价内容，三部分内容，自成体系，又浑然一体。另外，导入的抓手（歌曲）、推进的方式（游戏），到最后的深度介绍，都贴近学生的接受能力与心理，显示了教者缜密的思考、独具的匠心、严谨的构思，体现了教者的教学设计全局观、整体性、设计力。

2. 板块式表达，利于读者阅读。许多教师的课堂教学十分出彩，但整理出来的设计或者实录显得平淡无奇，其中一个原因就是缺乏提炼、加工、整合。实录（设计）来源于课堂，又高于课堂，不是课堂的简单复制粘贴。作者的巧妙就在于借助教学板块，集中火力，有层次地展示某一方面知识习得或运用的过程。作者写作时目标明确，读者阅读时轻松，易于理解、乐于接受。

王老师这堂口语教学，可以说是经典版。我们可以在这个基础上，根据自己的理解，进行广阔的构思。

1. 项目化活动设置。项目化学习注重任务的设置，那么我们是否也可以设置类似这样的任务情境，以调动学生言语的积极性。比如，"六一"儿童节快到了，学校大队部想组织大家观看一部动画片，现在征求大家意见，班级先进行一次推荐一部动画片活动。

2. 个性化表达。口语交际的目的就是训练学生的口语表达能力，那么，我们是否可以在此基础上多设置几层关隘，让学生在过关斩将中，提升自己的口头表达能力。比如，在目前这个训练基础上，再给学生提出要求：男（女）同学向女（男）同学推荐自己喜欢的动画片；向低年级弟弟妹妹或者高年级哥哥姐姐推荐一部动画片；向大人推荐动画片。对象不同，推荐理由会不同，对孩子的要求也会不同。

【思维导图】

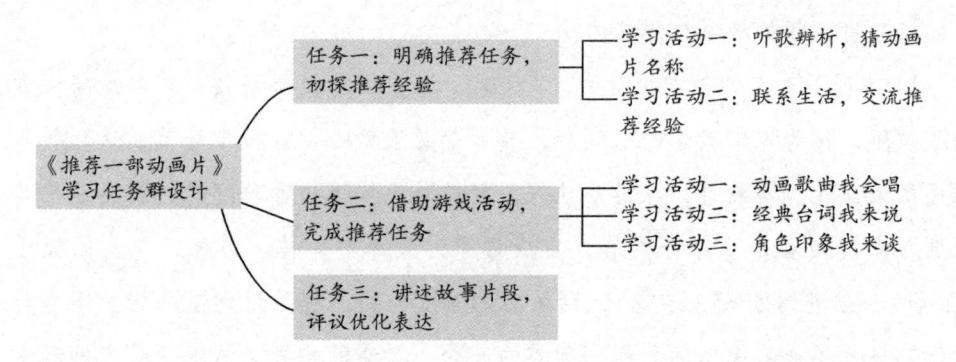

《推荐一部动画片》学习任务群设计
- 任务一：明确推荐任务，初探推荐经验
  - 学习活动一：听歌辨析，猜动画片名称
  - 学习活动二：联系生活，交流推荐经验
- 任务二：借助游戏活动，完成推荐任务
  - 学习活动一：动画歌曲我会唱
  - 学习活动二：经典台词我来说
  - 学习活动三：角色印象我来谈
- 任务三：讲述故事片段，评议优化表达

[主编谈教学写作启示]

独白型口语交际教学策略

　　小学阶段的口语交际，大体可以划分为独白型、对话型和演出型三种类型。教学时要区别对待。

　　统编教材中的"讲故事、介绍、推荐、描述、讲解、演讲、即兴发言"等属于独白型口语交际。这样看来，我们可以把"推荐一部动画片"归属独白型口语交际之列。

　　独白型口语交际在统编教材中占有一定的比例。这类课型如何进行教学需要研究。

　　我们首先需要系统梳理独白型口语交际表达的特点，从课标中寻找独白型口语交际学段的要求，然后提出我们的教学建议。

　　我们可以以这一课为例，谈独白型口语交际教学的策略。

　　我们还可以从评价的角度，探索独白型口语交际评价的依据、标准、路径等。

用真实任务促成真实学习
——《图书借阅公约》教学实录

（统编版二年级下册第五单元"口语交际"）

任务一：从生活聊起，引发真实需求

师：我知道咱们班有很多人都特别喜欢看书，谁告诉大家，你喜欢看的书叫什么名字？

生：我喜欢看的书是英文的，名字叫《冰雪奇缘》。

生：我喜欢看四大名著中的《西游记》。

生：我爱看的是《安徒生童话》。

生：我爱看《宝葫芦的秘密》。

生：我喜欢看的是《中国民间故事》。

师：你们一般是在什么时间看书的？

生：我写完作业就看书。

生：我早上起来得早就看书。

生：我下课没事干的时候看书，总之，只要有时间，我就看看书。

师：只要有点儿时间就去看书，利用零星的时间看书，这位同学的做法很值得表扬！大家一般都是在哪里看书的呢？

生：周末我会到书店去看书。

生：我周末到图书馆去看书。

生：我经常在家里看书。写完作业，坐在床上看书很舒服。

生：下课了，我在教室里看书。

师：大家看，书店、图书馆里的书摆得整整齐齐的，那是有工作人员在整理。我们家里的书架也整整齐齐的，是谁整理的？

生：有时候我跟妈妈一起整理，有时候是妈妈打扫房间时一个人整理的。

师：你整理图书有哪些经验呢？

生：我是分类摆放的，最上面一层摆的是经典名著，中间的那一层摆的是文学类的书籍，最底下的那一层是我喜欢看的英语或者漫画一类的书。

师：我们来看一张图片，应该很熟悉吧？

生：这是班级的图书角。

师：图书角是大家一起建设起来的，里面可能还有你的书呢！

生：我贡献的书是《伊索寓言》和《海的女儿》。

生：这里面的《十万个为什么》《稻草人》是我贡献的。

师：是啊，班级图书角与我们每个人都有着密切的关系，我们一起建成了它，一起使用着它，爱护班级图书角，是我们每个人的义务。为了管理好班级图书角，我们有必要制定一个《图书借阅公约》。

【赏析：真实的学习情境，能激发学生学习兴趣与深度探究的愿望。这里的真实，缘于教师创设了一个整本书阅读交流分享的真实情境。交流的情境是真实的，交流的内容是真实的，最后指向《图书借阅公约》的制定也是真实的。

情境、内容、方式的真实性，体现学习任务群设计的情

启示：真实的交流情境与交流内容。

启示：将图书与学生生活进行关联，激发学生主人翁意识。

境性特征；体现了2022年版课标在"整本书阅读"学习任务群中提到的，"借助多种方式分享阅读心得，交流研讨阅读中的问题，积累整本书阅读经验，养成良好阅读习惯"。】

任务二：从问题谈起，明确真实任务

学习活动一：交流真实的现状，梳理普遍性问题

师：我们每个人每天都会跟班级图书角打交道，班级图书角已经成了我们亲密的朋友。不过，我们的这个朋友——原来漂漂亮亮的图书角，经过一年多的时间，现在已经变了，变成了这样——（课件出示：黑）你有没有这样的发现，有什么感受？来，谁说说？

生：班级图书角刚建好的时候干干净净的，现在确实变黑了。那本《稻草人》上面被画了一道一道的铅笔印，黑乎乎的，擦都擦不掉。

师：被画上了铅笔印，或者滴上了墨水，原本干干净净的图书就变黑了。还有其他情况吗？

生：我的那本书也变黑了，是油手印。咱们周一的午饭经常有鸡腿，肯定那天中午吃完鸡腿，有个同学没把手擦干净，直接打开书看，书页就印上了手印，再蹭上灰尘，就变黑了。

师：是啊，我还见过特殊的书签——米粒书签呢，知道是怎么回事吗？

生：肯定是有人边看书边吃米饭，结果米粒撒了，夹到了书里，后来变干了，就成了米粒书签。

生：这还算好的呢，幸亏这个同学没有使劲按一按，否则书中的这两页很可能就粘到一起了。

生：我上次准备看《我想要一个拥抱》的时候，竟然发

启示：展示真实情境，激发言说兴趣。

现那里面夹了一根粉条。

生：我有一次在看《窗边的小豆豆》时，发现书皮外面都黑了，而且上面还有破损的地方。更有意思的是里面夹了一小粒青豆，原来《窗边的小豆豆》里面真的有小豆豆呢！

（众学生笑。）

师：看到这样的现象，你想给大家提出怎样的意见？

生：吃饭的时候不要看书。

生：看书时不要在上面乱涂乱画。

生：看书前一定要把手洗干净，把桌子擦干净。

师：擦桌子要注意什么，知道吗？

生：不要用太湿的抹布，否则容易把书弄湿，甚至弄破。

生：我觉得用湿抹布擦完后还可以用餐巾纸再擦一遍，这样就放心了。

师：刚才说到第一个关键字——黑，大家特别有感受，我们再来说说第二个关键字——瘦，有感受吗？

生：我贡献的一本书，原来挺厚的，结果现在变成薄的了，肯定有人撕书了。

生：可能这个同学看书的时候看到天空有飞机飞过，于是就撕下一张纸，折纸飞机玩了。

师：这样可不好，我们每个人都应该爱护图书角的每一本图书。

生：还有一种可能，就是他看书的时候习惯使劲从中间一压，结果慢慢地，书里面就有几页掉了。

师：书可不是我们练习铁砂掌的地方，很多书都是胶装的，总是从中间使劲压，很容易就开胶了，这样书页就散落了。唉，我想减肥，但总瘦不下来，可是书不想瘦，却总在变瘦。我们都得爱护书籍才行啊！大家有什么好的建议吗？

启示：呈现存在的问题。

启示：调动表达意识，提出解决方法。

启示：水到渠成，提出交流任务。

生：我们不能随便撕书。

生：看书的时候要轻拿轻放，不要从中间使劲压，以免开胶。

生：不能拿书来打闹，乱扔也很容易让书破损。

师：当然了，也别让书变胖了。你觉得让书变胖，有可能吗？

生：有可能。有的同学把面包屑撒进去了，书就变厚了。

生：还有的同学喜欢看到哪里就折个角，结果书就越变越厚了。

师：这样都不好。书还有可能变"老"呢！我们来看第三个关键词——老。人会变老，书会吗？

生：有的同学喜欢把书卷起来当望远镜，还有的同学把书卷起来当喇叭吹，这样书很容易被弄皱。

生：还有的同学不小心把水洒到书上了，又没有及时擦干，结果书就变皱了。

师：对呀，原来平平整整的书，现在变得皱皱巴巴的，就像一个老人长了好多皱纹似的。如果真的不小心把水洒到书上了，应该怎么办？

生：应该赶快擦干，再及时晒晒太阳，晒干了就好了。

师：如果不巧是阴雨天呢？

生：可以用吹风机吹吹，也可以用餐巾纸吸吸水。

师：我们来看第四个关键词——残，知道是怎么回事吧？

生：有的同学总喜欢撕书角，非常不好。

生：上次我把水洒了，没及时擦干，结果用力一擦，那页纸就被擦破了。

生：还有的同学把书中的好几页都弄没了。

师：是啊，缺了页码，这样的书看起来就太让人着急了。

启示："黑、瘦、老、残"，四个关键词提炼得好。

比如你看的是侦探小说，正要看到凶手是谁了，结果下一页变成了另一个故事，因为中间有好几页都没了，你说这多让人着急啊。面对这样的现象，你有什么好的建议吗？

生：我们要爱护书籍，不要损坏。如果万一发现哪一页掉了，或者破了，应该及时用胶带或者胶水粘一下。

师：同学们，我们图书角的书经过一年多的时间，现在变得黑、瘦、老、残。看来，我们要好好保护这些图书，根据出现的问题，制定《图书借阅公约》。

学习活动二：听取管理员心声，发现典型性问题

师：说到了图书借阅出现的问题，一定得听听班级图书管理员的心声。我们班的图书管理员是谁？

（五位同学举手。）

师：好，五位图书管理员都到前面来。说到班级图书管理的困难，你们五个是最有发言权的，谁先来跟大家说说你在管理图书的时候遇到过哪些困难？

生：我发现有些同学把从这个架子上借的书，还到了另一个架子上，下次再找就很不容易找到了。

生：还有的同学还书后放得不整齐。

生：还有的同学把书拿回家了，结果弄丢了，图书角的书就变少了。《父与子》本来是一套书，现在就少了好几本。

生：我觉得每个人借书、还书都得认真登记，不能偷懒。

师：这样吧，我赶快把大家说的要点记录下来：第一个是乱放，第二个是丢失，第三个是不登记。来，图书管理员们，我们继续交流。

生：还有的同学不还书，有一次，我看到一个同学的桌洞里面有好几本班级图书角的书呢。我们规定借一本看完了

启示：上面是从读者角度看问题，这是从管理者视角看问题。选点好！

启示：及时总结提炼。

就还回来，再借新的一本，他不是这样的。

师：我记录下来，第四个问题就是只借不还。

生：还有人借了一本书，很长时间都不还，都有半学期了，这样别人都看不了这本书。

生：有的同学总是拖拖拉拉的，到了还书的时间还要拖延。

生：有时好几个同学都想借同一本书，结果就开始抢书，最后书都被撕破了。

生：有些同学借书，不经过管理员的同意就拿走了。

师：我们把这些问题都记录下来。制定《图书借阅公约》，我们就根据这些问题来制定。

【赏析：班级《图书借阅公约》的制定，其实分两种情况：一种是已经有公约，但是在实际实施中发现存在问题，需要进行修正补充；另外一种情况就是没有图书借阅制度。教材上设计的情境属于第二种情形。

因为属于空白，所以为什么要制定借阅公约，从哪里入手制定借阅公约，就显得比较重要，也是学生讨论的重点。对于低年级的学生来说，主动发表意见不成问题，说得条理，就比较困难。这里教师引导学生分别从两个方面进行交流：一个是目前被借阅的图书现状——老师从"黑、瘦、老、残"入手，引发学生情感上的共鸣，交流时有针对性，同时，体现口语交际的实用性，指向真实的语文实践活动；另外一个是从图书管理者角度入手，谈目前借阅面临的问题。两个角度谈问题，教师的教学清晰明了，学生交流轻松有条理，也暗示学生制定借阅制度时从这些方面切入。】

任务三：从讨论做起，解决真实问题

学习活动一：聚焦问题，小组商讨并交流

师：现在我们来看黑板，黑板上记录了我们发现的图书借阅中存在的各种问题。接下来我们四人小组合作学习，每个小组认领一个问题，思考讨论解决方法，填写手边的这张"小组金点子汇总表"，小组组长一定要注意让每一个组员都发言，同时做好记录。开始吧！

课件出示：

小组金点子汇总表	
我们小组申领的问题：_____	
组员1	
组员2	
组员3	
组员4	

启示：这样分配任务可让每一个学生参与其中。

（教师巡视指导，了解学情，相机指导。）

师：时间差不多了，同学们交流得很充分，下面我们来交流交流，哪个小组先跟大家分享分享？

（第一小组同学举手发言。）

师：先说说，你们刚才认领到的是哪个问题？有没有好的解决办法？

生：我们认领的问题是不爱护书。我们商量的解决办法有好几个呢！第一个就是在班级图书角旁边贴上一个"温馨提示"：请爱护图书，不要损坏图书。

生：我们还建议，如果有人把书弄坏了，就让他赔两本。

师：其他组员还有补充吗？

启示：先交流再补充，体现发言的主次。	生：我觉得还可以让同学们互相监督。
	师：大家的建议非常好，如果要简单记录下来，可以怎样说呢？
启示：由说最终要落实到写，这是这篇"口语交际"的特色。	生：损坏图书的人得进行赔偿。
	师：能不能表达得更简洁一些？
	生：损坏图书，必须赔偿。
	师：就这样，你还可以怎样说？
	生：爱护图书，人人赞扬。
	生：相互监督，一起护书。
	师：表扬这几位同学，不仅发言积极，而且听得很专心，别人说过的就不再重复了，非常好。我们再请一个小组来分享分享他们的讨论成果。

（一小组四人上台进行交流。）

生：我们选的是不按时归还这个问题，经过讨论，我们想到了一些办法。首先呢，可以规定一下时间，比如每周一、周二、周三是借书的时间，周四、周五是还书的时间。

生：可以规定一下，如果不按时归还的话，接下来的两周内不能再借书。

生：还可以奖励那些总能按时还书的同学。

生：还可以表扬按时还书，并且放到规定的地方的同学。

师：大家的建议非常好，如果用几句话来表达，可以怎样说呢？

生：借书就要按时还。

生：借书还书守时间。

学习活动二：参考样例，完善内容及表达

师：大家说得非常好。怎样才能形成一个《图书借阅公约》呢？我们先来看看下面的这则《图书借阅公约》。

课件出示：

> 图书借阅公约
>
> 1. 爱读书、爱护书，不撕不扯不乱画。
>
> 2. 文明借书有秩序，不推不挤要谦让。
>
> 3. 按时归还要牢记，图书不出教室去。
>
> 4. 人人都当管理员，图书本本展笑颜。

（学生自己读《图书借阅公约》，发现表达特点。）

师：谁发现了，《图书借阅公约》有什么特点？

生：《图书借阅公约》要把图书借阅的要求说清楚。

生：可以分成几条来说，这样条理更清楚。

生：每一行的字数最好一样多。

师：大家的发现非常有价值。这节课我们也梳理了图书借阅中的问题，讨论出了解决问题的方法，还尝试着进行了表达，现在大家再回顾回顾、整理整理，看看能不能形成我们班的《图书借阅公约》。

（学生思考，尝试表达，小组进行讨论交流。）

师：好了，我们交流交流吧。王老师为大家准备了两个背景图片，我们先来选择一个，一会儿现场输入文字，制作我们班的《图书借阅公约》。

生：选择第二个背景。

师：好的。谁来说一句，开个头？

生：图书角，图书多，爱护书，见行动。

师：非常好，三个字一个小分句，特别好。这样吧，后面的同学，我们尽量都用这样的方式来说。这是第一句，我输入到电脑中。

（教师输入文字：1. 图书角，图书多，爱护书，见行动。）

师：我们继续，谁再来说下一句？

启示：示范支架，既是样板，也是评价标准。

启示：进一步明确制定公约的注意事项。

生：借图书，要登记；还图书，要及时。

生：损坏图书得赔偿，爱护图书受表扬。

师：很好，不是三个字也没关系，只要把意思说清楚了，语言也比较简洁就没问题。我们继续——

生：不乱涂，不乱画；不抢书，不撕书。

师：这四句都说得很好，大家再读读这四句，看看怎样调整一下顺序会更好。

课件出示：

图书借阅公约

1. 图书角，图书多，爱护书，见行动。

2. 借图书，要登记；还图书，要及时。

3. 损坏图书得赔偿，爱护图书受表扬。

4. 不乱涂，不乱画；不抢书，不撕书。

（学生思考后引导交流。）

启示：及时引导学生发现问题，解决问题。

生：可以把第四条往前放，把第三条放到最后，这样更好。

师：好的，我来调整一下。来，咱们读一读调整后的《图书借阅公约》——

课件出示：

图书借阅公约

1. 图书角，图书多，爱护书，见行动。

2. 借图书，要登记；还图书，要及时。

3. 不乱涂，不乱画；不抢书，不撕书。

4. 损坏图书得赔偿，爱护图书受表扬。

（学生大声朗读。）

师：非常好，同学们制定的这则《图书借阅公约》非常好，希望每个人都能遵守我们班的《图书借阅公约》，按照公约来借阅图书。这节课就上到这里，下课。

【赏析：学习支架的建设与运用，是这一部分显著的特色。

这次"口语交际"的特殊性在于不仅要进行口头语言训练，包括口头交际习惯的养成（主动发表意见；一个人说完，另一个人再说），同时还要将口头语言转换成书面语言呈现出来。对于二年级的小朋友来说，有一定的难度。教学中，教师分两个角度进行落实：一个是针对图书借阅中存在的问题交流管理办法，并提供语言样本支架引导学生将口头语言转换成书面语言；另外就是借助教师提供的《图书借阅公约》这个标准支架，修改完成班级版的《图书借阅公约》。整个教学流程显得清晰明了，干干净净。】

【总评】

2022年版课标提出："义务教育语文课程内容主要以学习任务群组织与呈现。"在当前统编教材与2022年版课标不相匹配的情况下，学习任务群的建立，可以以单元为单位进行统整，也可以单篇作为一个单位，进行任务群的设计。那么，作为学习任务群理念下的单篇口语教学如何进行？这一堂口语交际课给了我们许多启发。

一、真实的学习情境，是激发学生言说的基础

这一次口语交际的任务是让学生借助制定《图书借阅公约》来培养口头交流的素养。教学一开始，教师就设置了一个与孩子进行图书阅读交流的真实情境。孩子交流分享图书的名称是真实的，交流的感受是真实的，阅读的时间是真实的，阅读的方式是真实的，班级图书角的建成也是真实的。在这样一个真实的环境里面，孩子的表达是发自内心的，表达的思路是顺畅的。

同时，这样的交流，也是2022年版课标之"整本书阅读"学习任务群职责所在，体现了学习任务群的交融性、综合性特点。

二、精准的学习任务，是学生言说的助推器

制定《图书借阅公约》，是基于当前班级图书借阅过程中存在的一些问题而引发的，不是为了制定而制定。因此，学生具有交流的紧迫性、主动性和话语权。

三个学习任务中，任务一"从生活聊起，引发真实需求"是基础，是引子，为任务进行铺垫；任务二"从问题谈起，明确真实任务"是现象，是问题，是任务的起源；任务三"从讨论做起，解决真实问题"是实施，是落实。围绕为什么要制定《图书借阅公约》、如何制定，三个任务环环相扣，层层递进，直至任务落实，属于合格的学习任务群架构。

三、扎实的教学活动，是培养孩子言说的桥梁

围绕三个学习任务，教学中也相应制定了不同层级的学习活动。每个任务下的学习活动之间可以是平行的关系，如任务二：第一个活动是从图书借阅者视角来谈图书借阅存在的问题；第二个活动是从图书管理者的角度来谈图书借阅存在的问题。活动之间也可以是递进关系，如任务三：第一个活动指向图书借阅公约口头交流讨论；第二个活动立足以文字的形式，按照一定的格式，把图书借阅公约的具体内容确定下来。

如果对这堂课进行吹毛求疵，那么这堂课的教学还存在以下两个方面的欠缺。

1. 任务情境的铺垫，是不是还可以再考虑多元一些？或者说教学再有点儿层次感。这次口语表达的训练，是建立在班级图书借阅存在问题的情况下。事实上有的班级有图书角，有的班级是没有图书阅览角的，还有的班级图书阅览角的管理十分成功，这些都是可能出现的情况。所以我们在设计的时候应当把这些情况考虑进去。

2. 评价的制定。2022年版课标专门谈到学业质量评价。所以我们在这个实录里面是不是能够出现相关的评价标准？比如对《图书借阅公约》的评价标准、学生在制定《图书借阅公约》过程中的表现的评价标准等。

【思维导图】

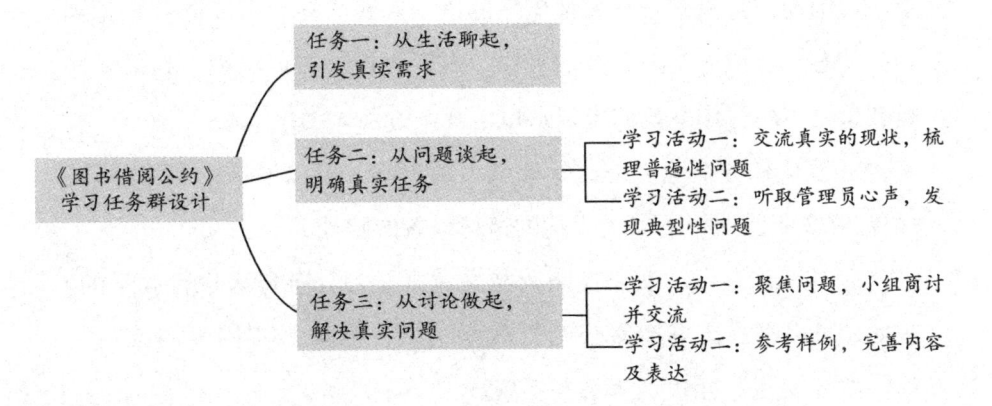

```
《图书借阅公约》          任务一：从生活聊起，
学习任务群设计            引发真实需求

                         任务二：从问题谈起，——— 学习活动一：交流真实的现状，梳
                         明确真实任务              理普遍性问题
                                              ——— 学习活动二：听取管理员心声，发
                                                  现典型性问题

                         任务三：从讨论做起，——— 学习活动一：聚焦问题，小组商讨
                         解决真实问题              并交流
                                              ——— 学习活动二：参考样例，完善内容
                                                  及表达
```

主编谈教学写作启示

真实情境下的真实任务

2022年版课标在"课程性质"中提出："语文课程应引导学生热爱国家通用语言文字，在真实的语言运用情境中，通过积极的语言实践，积累语言经验，体会语言文字的特点和运用规律，培养语言文字运用能力。"什么是真实的语言运用情境？这一篇教学，给了我们很大的启示。

在2022年版课标下，以学习任务群来组织和呈现教学，学习情境的设置就显得十分重要和紧迫。关于真实的学习情境，有专家提出从三方面进行理解：现实中的真实、可能中的真实和虚拟中的真实。这篇口语交际教学应当属于现实中的真实，从学习情境到学习任务以及学习活动，都是基于真实情境下的语言实践活动。所以能够感觉到学生的参与意识非常强，有话可说，有话要说，有话能说。如果要进行教育论文的写作，我们可以从以下几个方面入手：

1. 真实任务情境，是这一课最大的亮点。可以以这一课为基础，探寻2022年版课标下口语表达的情境设置的路径。

2. 这一课是以"实用性阅读与交流"学习任务群来进行教学的。因此，可以以《图书借阅公约》教学为例，侧重"实用性阅读与交流"之"交流"角度谈理解与实施。

3. 以欣赏者的视角，挖掘《图书借阅公约》这一课的亮点。以片段加赏析形式呈现。

4. 《图书借阅公约》这一篇口语交际教学，与其他口语交际有一定的区别。就是在进行口语交际之后，还要进行书面语言的写作。从这一点出发，探索如何由说到写的转化。

5. 在2022年版课标中，没有明显地出现"口语交际"这几个字，而是以"交流""表达""创意表达"代替。没有明显地出现这几个字，并不代表这方面内容的缺失。口语交际作为语文课程的重要组成部分，对于培养学生的口头表达能力，有着至关重要的作用。我们现在要做的事，就是以2022年版课标的理念来谈口语交际的价值及教学转向。

再现玩耍的真实情境，表达内心的真情实感
——《那次玩得真高兴》教学实录
（统编版三年级上册第八单元"习作"）

任务一：借助游戏激趣，置身玩耍场景

学习活动一：到底这是什么？我演你猜

师：同学们，今天上课前我们先来玩一个游戏，想玩的请举手！

（学生纷纷举手，积极性很高。）

师：我这儿有一张卡片，背后藏着一个字，我请一位同学到前面来，看到这个字后不能直接说出来，可以通过表情或者动作等表现出来，大家根据他的表现来猜猜是什么字。

（一学生上台，看到卡片后面的字后开始笑。）

师：会是什么字让这位同学一看到就开始笑了？

生：肯定是"玩"。

师：我知道了，提到玩，你们都非常高兴，于是就笑了。除了笑，大家还会有哪些表现呢？比如会不会做出什么动作来？

（一学生上台，看到"玩"字高兴得跳了起来，大声喊着："耶！耶！"）

师：你看到了什么？

> 启示：猜字游戏，情趣导入。

> 启示：利用好身体语言。

生：这位同学都跳起来了，她太高兴了！

生：她不仅跳了起来，还激动得喊出来"耶"，我觉得她一听说要玩，就很激动。

师：是啊，玩的时候我们很高兴，心情特别好。想想看，如果一回到家，妈妈就说，今天咱们先不写作业，先玩个痛快再说，或者一到学校，老师说第一节语文课不上了，我们到操场去玩一节课，你会是什么表现？我请两位同学到前面来，展现出自己高兴的心情来。

（教师叙述情境，两位同学先后展示出自己高兴的心情。）

师：大家听到了什么声音？

生：他们俩都很高兴，大喊大叫着。

师：再说说你看到的情景。

生：他们俩很高兴，很激动，连蹦带跳的，笑得合不拢嘴。

学习活动二：到底玩的什么？我演你猜

师：看来，玩是一件令人高兴的事情。我们继续玩游戏，这张卡片的背后有一个游戏的名称，我请一位同学上来，同样，不能直接说出游戏名称，但可以通过动作、表情等展示出来，看看谁能猜出来是什么游戏。

（一学生上台，看到卡片背后的游戏名称后开始表演。）

师：你看到了什么？猜猜这是什么游戏。

生：这个同学面部表情狰狞，咬着牙。

生：我看到他的手势就知道是在掰手腕了。我想跟他掰一掰手腕。

启示：现场体验游戏，为习作奠定基础。

师：上来吧。准备，开始！大家可以——

（两位同学掰手腕，大家开始喊"加油"，教室里热闹非凡。）

师：祝贺获得胜利的一方，也感谢两位同学的展示，让我们感受到了激烈的比赛场面，想起来自己跟同学玩掰手腕的情景。游戏继续——

（一学生上台看下一张卡片背后的游戏名称，开始表演，这位同学一跳，直接瘫倒了。）

师：啊，这是什么游戏啊！怎么感觉像是跳楼了！可没有这样的游戏吧，这也太危险了！大家能尝试着猜一猜吗？

生：可能是蹦极吧？

师：不对，这样吧，我再请一位同学上来表演一下。

（一位同学看了看后面的游戏名称后，进行表演。）

生：这个玩的是过山车，忽然上去又忽然下来，肯定是过山车。

生：她闭着眼睛不敢看，肯定是害怕了。我坐过山车也是这样的。

生：我有一次坐过山车，一直闭着眼睛，尖叫声就没停过，特别刺激，很好玩！

师：大家都猜对了，很多同学说自己也坐过过山车，谁能到前面来，给大家展示一下自己坐过山车时的动作、表情等。

（一位学生上台表演。）

师：大家看到了吧，这位同学刚刚嘴巴张得很大，眼睛一直是眯着的，我想问一下，你为什么把眼睛眯起来了？

生：其实我挺害怕的，想把眼睛闭起来，可是闭上眼睛就什么也看不到了，我想偷偷地看看外面是什么样的，但又不敢使劲看，就把眼睛眯起来了。

师：不敢看，但又很想看，挺矛盾的，也挺刺激的。我们再请一位同学来表演一下。

> **启示：表演、游戏，都是习作的支架。**

　　（一位同学上台表演，她的身子使劲向后靠。）

　　师：大家有什么不清楚的，想问的吗？

　　生：过山车不是往前开的吗，你怎么往后靠呢？

　　师：是啊，她不仅往后靠，还发出了"啊"的一声，到底怎么回事呢？你给大家说说。

　　生：就是过山车很快地往前冲时，你会感觉有一双手把你往后推，按在座椅上。突然往下冲的时候，你会有一种失重的感觉，这时你就会不由自主地"啊"一声。

　　师：大家一定明白了，坐过山车很刺激。一定要注意系好安全带，保证玩得既开心又安全。

　　（教师板书：玩得真高兴。）

　　【赏析：这个环节的支架建设，富有层次性、针对性。由猜卡片"玩"字，到玩游戏，再到玩的过程展示，层层深入，慢慢递进，自然和谐。同时又具有针对性，一切围绕"玩"字进行，目标集中，不蔓不枝。

　　这里给大家借鉴的地方是，这种情境支架的设置，首先具有针对性，其次具备层次性，最后富有情趣性。这个环节的教学，力求目的性强、用时短暂。】

任务二：确定写作内容，写清玩耍过程

　　学习活动一：分享玩耍经历，确定写作内容

> **启示：点明习作要求。**

　　师：玩确实是一件令人非常高兴的事情，刚刚我已经感受到大家高兴的心情了。现在我们来回顾回顾，自己曾经玩什么的时候特别高兴，要选出你觉得最高兴的那一次来说，就是一说到玩得高兴，你一下子就想到了那一次，甚至想着想着，你都能笑出声来。

　　生：我有一次坐飞机去珠海长隆玩，特别高兴。

师：你是坐飞机特别高兴，还是在珠海长隆玩得特别高兴？

生：在珠海长隆玩得特别高兴。我坐了过山车，当时特别害怕，我差点儿晕过去了，后来下来的时候还吐了。

师：那是害怕、难受，还是高兴呢？

生：高兴，因为很刺激。

师：那咱们就选择高兴的经历来说，好不好？

生：我当时还玩了"激流勇进"，特别好玩，特别刺激，有一种飞的感觉。

师：很好，听得我们也想去玩了。谁继续来说？

生：我和我的好朋友一起去了白鹿原玩，我们不光坐了过山车，还坐了摩天轮，很好玩，我俩非常开心。

生：放暑假的时候，我和爸爸妈妈去了上海迪士尼乐园，我们玩了雷鸣山漂流。我们穿着雨衣，结果我爸爸的衣服全湿了，我跟妈妈却没事，太有意思了。

生：我上幼儿园大班的时候，和爸爸妈妈还有弟弟一起去未央湖公园玩了，当时玩了卡丁车，可刺激了。我爸爸开得特别快，结果他停不下来了，后来撞到一棵树上才停下来，我们都尖叫着，太刺激了！

启示：充分地分享，类似发散思维。

师：同学们都玩得很高兴，有的人是跟爸爸妈妈一起玩的，有的人是跟小伙伴玩的，都很好。这样吧，后面发言的同学，用一句话来简单说一说，注意说清楚玩的时间、地点，和谁一起玩的，当时玩的是什么。听明白要求了吧？注意，你要说的，一定是你玩得最高兴的那一次，只说一次。

生：我暑假的时候自驾游去了甘肃。

师：小朋友是不能开车的，你怎么都自驾上了？

生：是我妈妈开的车。

启示：教学不会一帆风顺，实录中适当呈现学生表达上的问题，真实可信，更能体现教师的引导能力。

师：要注意把话说清楚啊。

生：暑假的时候，我妈妈开着车带着我和弟弟去了甘肃的方特欢乐世界玩，我们玩了"飞越极限"，看了"生命之光"，特别好玩。我们从开园玩到了闭园，最后都不想回酒店了。

生：去年国庆节的时候我跟爸爸妈妈去了欢乐谷玩，坐的是双脚悬空的过山车，而且这个过山车还会突然来一个360度的翻转，太刺激了！

生：暑假的时候，妈妈带着我和表弟去了我家附近的一个公园，玩了碰碰车，我们玩得非常尽兴，因为这次是我们俩独自开的碰碰车。

生：今年暑假，我们一家人去水上乐园玩了，最开心的是我跟妈妈在水里玩躲猫猫的游戏，发现对方后就用水枪突然射击，我们玩得太开心了！

【赏析：玩是孩子的天性，哪些"玩"才能进入习作，王老师开门见山提出选材支架："一说到玩得高兴，你一下子就想到了那一次，甚至想着想着，你都能笑出声来。"清晰明了，形象直观，容易执行。

其次提出表述支架："说清楚玩的时间、地点，和谁一起玩的，当时玩的是什么。"指向学生对语言的精准运用。

这个环节值得借鉴的是：一是明确的选材及表述支架，让学生做到心中有数。二是教学过程波澜展示。"我暑假的时候自驾游去了甘肃。""小朋友是不能开车的，你怎么都自驾上了？"看似一个可有可无的小插曲，其实反映的是教师对学生语言运用能力的规范。】

学习活动二：学着"过电影"，写清玩耍过程

师：看来同学们玩得很高兴啊！该怎样把这些难忘的瞬

间写出来呢？该怎样写出自己的高兴之情呢？我们要学会"过电影"。一会儿老师给大家一些时间，大家闭上眼睛，回顾你玩得最高兴的那一次是怎么玩的，开始怎么做的，接着呢，后来呢，让曾经的经历就像是电影一样，重现在你的眼前，这样，你就从"电影"中看到了当时玩的过程，听到了当时的声音，看到了当时的动作和表情，看完了"电影"，你就能把整个过程写出来了。

（学生闭上眼睛"过电影"，回顾当时的场景，教师巡视。）

师：刚刚，我们每个人都闭上眼睛过了"电影"，都回顾了自己当时是怎么玩的，看得出来，大家很投入，很认真，有的人想着想着，都露出了笑容，还有人都笑出了声，甚至有人还带上动作了。下面，我们就拿出作文本，把刚刚你从"电影"中看到的内容，特别是你玩的过程，你当时的心情写下来。大家注意，写的过程中一定要保持良好的坐姿，遇到不会写的字，可以先空下来，或者用拼音代替，不要影响自己写作的思路和写作的速度。

启示：回应教材建议，提供方法支架。

（学生动笔写，教师巡视指导，及时肯定坐姿正确的同学。）

【赏析："过电影"，又是一个方法支架。回想有趣的玩的故事方法很多，"过电影"其实是落实教材的要求，体现编辑意图，向读者传递一种尊重教材、依托教材的明确信息。尊重教材，合理使用教材是这个环节的亮点。】

任务三：落实过程评价，提升习作质量

学习活动一：同伴相互评议，不断改进习作

师：很多同学已经写完了，我们来交流交流。个别同学

没有写完也没关系，一会儿交流的时候可以直接把想到的说出来。谁先来跟大家分享一下自己写的？

（一学生举手上台准备交流。）

启示：听的要求、评的要求明确、具体。

师：这位同学在读她写的习作时，大家注意认真听，听一听，她是怎么玩的？把经过写出来没有？如果你有不清楚的地方，可以先把问题记在心里，等她读完后问问她，明白了吗？现在我们就来听听这位同学是怎样写的，开始读吧。

生：那次玩得真高兴。

启示：及时强调说的示范。

师：稍等一下，我要表扬一下这位同学，她的声音多响亮，全班同学都能听到，真好！一会儿其他人读的时候，或者发言的时候，一定要注意声音响亮，让全班同学都能听得清清楚楚。你继续读——

生：大约在我五岁的时候，我和妈妈、爸爸、奶奶坐着飞机去日本，在我大姑姑的家里玩了好多天。其中最开心的一次是去了日本的迪士尼玩，那次我们玩了许多的项目，玩得非常高兴。

师：这位同学读完了，大家有不清楚的地方想问吗？

生：我想问你去日本的迪士尼玩了什么，玩了多久。

生：我想问你是怎么玩的，当时的心情怎么样。

师：同学们问得非常好，你看啊，不远万里，远渡重洋，你终于从中国飞到了日本，结果玩得挺开心的，但玩的是什么，我们都没听出来，怎么玩的也不知道，太可惜了。同学们问得很好，能够带给你很多启示。你觉得自己可以补充哪些内容？

启示：抓住关键处及时点评。

生：可以把玩的是什么，以及玩的经过写出来。

师：是啊，就像一开始上课的时候，大家玩得很高兴的时候的表情、声音，这些都可以写出来。你再想一想，一会儿继续分享给大家听。下面，我们再请另一位同学来交流。

生：我上幼儿园中班的时候，妈妈带着爷爷、奶奶和我去了郑州方特梦幻王国玩，最开心的要算是"水漫金山"了，这是《白蛇传》中最经典的一段，是真人演的，特别逼真，到水漫金山时，果真有许许多多的水柱开始喷水，很震撼，我们大声欢呼着！

师：真好，这位同学的高兴之情，你感受到了没有？

生：他说很震撼，还大声欢呼着。

师：你觉得这位同学写得怎么样？

生：这个同学把心情写出来了，还把自己觉得最好玩的内容写出来了。

师：（面对第一位交流的女生）这位同学，听了刚刚这个同学写的，你一定有收获，想想看，在迪士尼玩的时候，你觉得最有意思的是什么？当时你一定很高兴，是什么表现呢？你也准备一会儿了，现在把你想到的加到你的习作中，读给大家听听。

生：大约在我五岁的时候，我和妈妈、爸爸、奶奶坐着飞机去日本，在我大姑姑的家里玩了好多天。其中最开心的一次是去了日本的迪士尼玩，我坐了过山车，非常刺激。那个过山车非常高，非常陡，我从来都没有见过。等过山车上到顶端的时候，我发现每个人都很紧张，我赶紧抱住坐在我旁边的妈妈。往下冲的时候，所有人都在尖叫，我紧紧地闭着眼睛，只听到尖叫声和风声，太刺激了！我玩了一次，还想玩第二次。

师：大家觉得怎么样？

生：这次我知道她是怎么玩的了。

师：经过她自己的修改，现在真不错！进步非常大，我

启示：前后对比，指明修改方向。

启示：鼓励是最好的评价。

们把掌声送给她。我们再请下一位同学跟大家分享分享。

生：有一次我和妈妈、爸爸、姥姥一起去游泳池打水仗。我们开始打水仗了。我先藏到了水里，当我看到妈妈的身影时，就突然从水中钻出来，拿着水枪向妈妈射击，妈妈吓了一大跳，使劲地尖叫着。我趁机就跑，边跑边笑，还不时地回头看看妈妈狼狈的样子。

师：这位同学写的有特别值得我们学习的地方，刚刚写自己去日本迪士尼玩的那个女生，你说说看，他写得怎么样？

生：他把他和妈妈的心情都写了出来，还写了他是怎么藏在水里的，怎么用水枪射妈妈的。

师：你说得很好，这个男生确实写得不错！我们把掌声送给这两位同学。这个男生，请你继续读下去——

生：我趁机就跑，边跑边笑，还不时地回头看看妈妈狼狈的样子。这些被姥姥看到了，她正准备向我泼水。

师：稍等一下，我请大家来猜猜，如果是你，这时候会怎么做？

生：我就往岸上跑。

生：我就藏到水里。

生：我就向姥姥求饶。

师：我们听听这位同学是怎样写的。

生：我一下子就钻到了水里，姥姥没泼着我！那次，我们玩得真高兴。

师：表扬这位同学，不仅把玩的经过写出来了，还写出了高兴的心情，真好！我们把掌声送给这位同学。现在，王老师给大家一些时间，请大家再读读自己的习作，看看自己有没有把玩的经过写出来，有没有写出自己高兴的心情，如果没有的话可以进行添加完善，我相信通过修改，你的习作会更加优秀，开始吧！

（学生读自己的习作，进行修改。）

【赏析：这一环节，体现了范例支架的作用：由学生本身稚嫩的作品、成熟的作品到修改后的作品，展示了学生学习的过程。学生作品的示范作用，得以体现。

这个环节的启示是：学生自身的示范作用不可忽视；实录举例时以3个例子为佳。第一环节呈现了3个游戏，这个环节呈现3篇学生习作，符合中国人的审美标准。】

学习活动二：聚焦标点使用，不断完善习作

师：同学们修改得非常认真，收获也很大。现在大家看前方，大屏幕上呈现的是咱们班一位同学的习作，大家看，这位同学的书写很工整，每一段的开头都能够空两格，非常好！值得表扬。大家看看自己刚刚写的习作，有没有做到开头空两格？做到的请举手。

（全班同学举起了手。）

师：这位同学还有一个特别值得表扬的地方，他的标点符号写得很规范，你看，他的逗号、顿号、句号，都写在哪里？

生：格子的左下角。

师：是啊，非常好！谁也是这样写的？请举手。（一些同学举起了手。）王老师还要表扬这位同学，你看他在写省略号的时候占的是一整个格子，挺好的，不过，我还有一个小建议，估计你也有，谁来说说？

生：他写的省略号的点都成了条，不好看，要写成圆点。

师：大家看看第一行的末尾，你发现了什么？

生：最后一个字占了最后一格，他把逗号写到格子外面去了。

启示：关注习作格式，从点滴做起。

启示：关注标点符号使用，从小养成良好的习惯。

师：没地方了，怎么办呀？

生：我觉得可以跟最后一个字挤一挤，写到右下角。因为不能把逗号写到格子外面，也不能写到下一行开头的地方。

师：这位同学说得非常好！表扬你！我也希望所有的同学都能写好文章，用对标点符号。现在看一看自己习作中的标点符号，如果哪个不够规范，赶快把它改过来，开始吧。

（学生修改自己习作中的标点符号。）

师：时间过得太快了，这节课就要结束了，课后同学们还可以继续修改习作，注意把玩的经过写出来，把高兴的心情表达出来，同时，我建议大家修改完之后，读给爸爸妈妈听听，让他们也给你提一些修改意见，这样我们的文章会修改得更好。这节课我们就上到这儿，下课。

【赏析：重视对标点符号的使用，照应了教材要求，又让学生懂得使用标点符号的规矩，从开始就养成良好的习惯。】

【总评】

一、活化教材，灵活介入

作者对教材的研读深入，把握住了教材的脉搏。教学基于教材要求，又不局限于教材，尺度权衡适当。对于教材的要求，基本融于学习活动之中，显得自然无痕。比如习作图片，其实是选材范例，或者说是教材呈现的图片思维支架，作者巧妙借助游戏活动无痕介入。另外如"过电影"、标点符号运用等教材的建议，也都以教学活动形式介入。

二、善用支架，高效教学

从开始的情境支架（游戏活动），到表述支架、范例支架、评价支架，到最后的修改支架，全篇学习支架的设置及时而凸显，真正起到了减轻学生认知困难，提高课堂教学效率的目的。

三、继承传统，合理架构

"3"是中国传统故事结构的亮点，作者把传统文化与课堂教学在这里嫁接，十分精妙。比如，开头的3个游戏，3次学生习作，目标清晰，但又聚焦点不同，侧重点不同，这样的情节结构符合中国人的结构审美理念。

【思维导图】

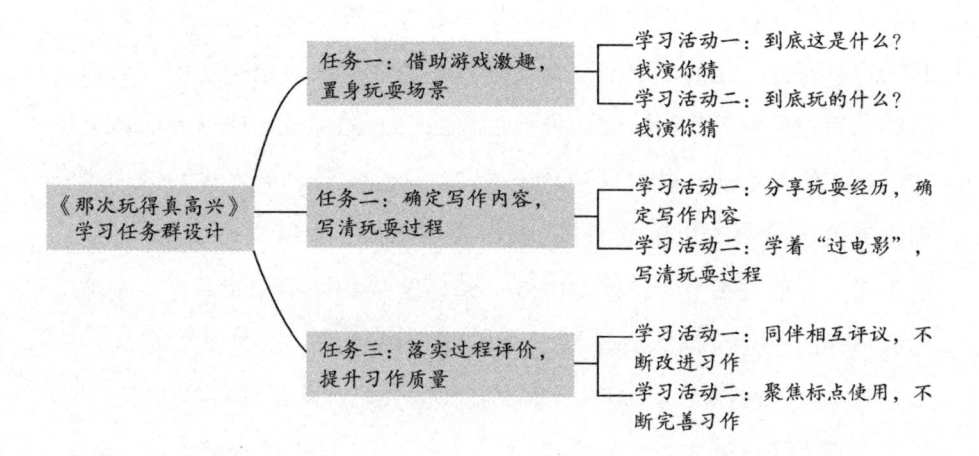

```
                          ┌─ 任务一：借助游戏激趣，    ┌─ 学习活动一：到底这是什么？
                          │   置身玩耍场景            │   我演你猜
                          │                         └─ 学习活动二：到底玩的什么？
                          │                             我演你猜
                          │
《那次玩得真高兴》─────────┼─ 任务二：确定写作内容，    ┌─ 学习活动一：分享玩耍经历，确
学习任务群设计            │   写清玩耍过程            │   定写作内容
                          │                         └─ 学习活动二：学着"过电影"，
                          │                             写清玩耍过程
                          │
                          └─ 任务三：落实过程评价，    ┌─ 学习活动一：同伴相互评议，不
                              提升习作质量            │   断改进习作
                                                    └─ 学习活动二：聚焦标点使用，不
                                                        断完善习作
```

▌主编谈教学写作启示 ▐

一千个读者，就有一千个哈姆莱特。每一个人看课，关注点不同，想法也各异。作为主编，我建议在实录中增加以下内容：

1. 教材解读。对于教材的解读，本是老话题，但是看到许多投给编辑部的设计，许多教师基本局限于对于文本内容的解读，没有涉及基于语文要素落实的解读，没有基于学情实际的解读。

2. 情境设置。目前提倡项目化、任务群、大单元等教学，符合学生心理与接受能力的任务情境的设置，能激发学生探究意识，改变

学生学习方式，指向学生核心素养形成。因此，在这个教学中，是否可以设置类似这样的情境：谁是咱班的"讲故事大王"？出示一幅学生玩的图片，看谁介绍得生动有趣，点赞人数最多。

3. 完善评价。"教—学—评"一体化是目前趋势。实录中涉及了过程性评价，如果再有总结性评价就完美了。目前我们评价主体基本都是文章的选材、习作构架、学生作品等等。很少有人从习作思维的角度进行研究，比如，学生在解读题目、选择材料、结构运用、言语表达、习作习惯等方面检测评价标准与测评方式方法。评价者的研究也不多，比如本课，教材只是笼统说"大声读一读，看看你写的内容有没有表达出当时快乐的心情"。作为当事人，想起那件事都会笑，所以这个标准是否科学？倒是另外一条标准"和同学交流习作，跟他们分享你的快乐。如果有让同学看不明白的地方，可以试着修改一下，让别人更明白"，别人能否感受到你的快乐，才是评价的硬道理。那么，别人评价有主观，也有客观，能否研究出相对比较客观的标准来？

第三辑 文学阅读与创意表达学习任务群的教学

想象中感受美景，朗读中体悟诗情
——《晓出净慈寺送林子方》教学实录
（统编版二年级下册第六单元第15课）

任务一：认识诗人，读好诗句

学习活动一：背诵诗句，认识诗人

师：同学们，刚刚大家在上课前背诵了不少古诗，非常好，看来大家的积累还是挺丰富的。我来考考大家，我说一句诗，看看大家知不知道这是哪首诗。"儿童急走追黄蝶"，谁想起来了，这首诗是——

生：宿新市徐公店。

师：大家会不会背？咱们来试试吧！

（学生齐声背诵《宿新市徐公店》。）

师：我们继续，说到"小荷才露尖尖角"，你想到了哪首诗？

生：小池。

师：我们也来背诵背诵吧。

（学生齐声背诵《小池》。）

师：刚刚我们背诵了两首诗，这两首诗的作者都是谁？

生：杨万里。

师：杨万里可是一个非常厉害的诗人，到底有多厉害呢？

启示：回忆所学古诗，既是在复习巩固旧知，进行知识梳理与积累，又是为学习新课奠定基础。

启示：介绍作者创作生平，增进学生对作者的了解。	我们来看一段资料。 课件出示： 杨万里，南宋著名诗人，他一生写作勤奋，相传有诗20000余首，现存诗4200首。 生：杨万里写过20000余首诗，一般人根本做不到。 生：现存的诗就有4000多首，太厉害了！ 师：让我们记住这位特别能写诗的诗人—— 生（齐）：杨万里。 学习活动二：提取信息，读好诗题 师：今天我们要学习的这首诗就是杨万里写的，大家看看题目——《晓出净慈寺送林子方》，跟刚刚的两首诗的题目比，你发现了什么？ 生：这个题目很长，有9个字。 师：题目太长就不容易读，不过如果掌握了方法，读起来就不难了。大家观察一下这个题目，你从题目中了解到了哪些信息？ 生：地点是净慈寺。 师：非常好，来，看老师写。 （教师板书：净慈寺。学生齐读。）
启示：作者杨万里写的每首诗的题目都与众不同，从题目入手，让学生提取信息，了解作者写作目的，从而学会读古诗的方法。	生：还有人物是林子方。 （教师板书：林子方。学生齐读。） 师：题目中两个非常重要的信息大家都找到了，值得表扬！题目中还有一个字也特别重要，是哪个字？ 生：送。 师：你有送别的经历吗？或者你有没有见过你的父母送别亲友？ 生：我跟妈妈一起送过妹妹去上幼儿园。

生：我和爸爸妈妈一起去机场送姥姥坐飞机。

生：爸爸送过他的朋友去高铁站。

师：你有没有发现，我们一般送的是什么人？

生：关系特别好的人。

生：可能是亲戚，也可能是朋友，总之关系特别好。

师：你们猜，作者杨万里跟林子方是什么关系？

生：可能是好朋友。

师：不只是好朋友，杨万里是林子方的上级兼好友，两人经常聚在一起畅谈强国主张、抗金建议，也曾一同切磋诗词，两人志同道合，互视对方为知己。同学们，题目中还有一个很重要的信息，大家发现了吗？

生：是送别的时间，"晓"就是早上的意思。

师：咱们学过一首诗，我记得叫《春晓》，还会背吗？来，一起试试。

（学生齐声背诵《春晓》。）

师：确实，"晓"就是早上的意思。现在，王老师把题目写完整，确实挺长的，不过，你一定能够读好，因为你已经知道了题目的意思，了解到了题目告诉我们的不少信息了，谁来试试？

（指名多人读诗题。）

师：同学们读得很好，节奏准确，流畅，值得表扬。同学们，送别一般至少得几个人啊？

生：最少得有两个人。

师：诗题中出现了一个人——林子方，还有一个人是谁？虽然诗题中省略了，但是会思考的同学一定知道是谁。

生：另一个人是作者杨万里。

师：如果要把人物补全，这个题目就变成了——

> **启示**：送别诗，是古代人经常写的一种诗。了解送别对象，对于理解古诗内容有一定帮助。

> **启示**：简单的题目，渗透的阅读古诗的方法不少。

生：杨万里晓出净慈寺送林子方。

师：送别时，我们一般会对朋友说什么？

生：祝你一路顺风！

生：再见！一路平安！

生：后会有期！

> 启示：留下问题，引起学生学习古诗的兴趣。

师：是啊，大多会讲一些祝福的话，表达不舍的话，这首诗到底讲了些什么呢？请同学们打开课本，我们来学习这首诗。

学习活动三：学习字词，读通诗句

> 启示：提出朗读古诗的要求，也可以说是古诗朗读的标准。

师：现在请同学们自由练习读这首诗，注意读准字音，读通句子，读准节奏。

（学生自由读古诗，教师巡视指导。）

师：大家都读完了，我们来检查检查。下面四个词语，谁会读？

课件出示：

毕竟　西湖　莲叶　荷花

（指名读词语。）

师：非常棒！同学们把这几个词语读得很准确，值得表扬！大家看这个词——西湖，"湖"是本课的生字，这个字特别好记，左边是什么？

生：三点水。因为湖里有水，所以是三点水。我家附近有一个南湖，湖水很清。

> 启示：随古诗进行识字写字教学，是低年级教学的重要内容。

师：右边是什么？

生："胡"，二胡的"胡"，这是一个形声字，"胡"是声旁。

师：看来大家对形声字很了解啊！书写这个字的时候，要注意什么呢？

生：左边的三点水窄一些，右边"胡"宽一些。

师：对，左窄右宽。拿出手，我们一起来写一写。我们先写三点水，写右边的时候注意"胡"中的"月"要写得瘦一些，长一些。大家来练习练习吧！

（学生练习书写生字，教师点评指导。）

师：西湖是杭州很著名的一处景点，非常漂亮，有人去西湖游览过吗？这样吧，我们来看几张图片，感受感受西湖的美景。

（学生欣赏西湖的图片，不断发出惊叹声。）

生：西湖可真美啊！

生：西湖里面的荷花很漂亮！

师：是啊，西湖的荷花很漂亮，这少不了荷叶的功劳，绿叶衬托着粉红的荷花，多美啊！我们来读读这两个词——

生（齐）：莲叶、荷花。

师：这首诗写到了莲叶，你觉得莲叶跟荷叶是什么关系？

生：我认为莲叶和荷叶是同一种事物。

师：如果把"莲叶"写成"荷叶"，会有什么感觉呢？谁来读读？

生：接天荷叶无穷碧，映日荷花别样红。

师：什么感觉？

生：我感觉"荷"这个字重复了。

师：是啊，有些别扭，我们还是来读读课文中的诗句吧！

生（齐）：接天莲叶无穷碧，映日荷花别样红。

师：大家在课文插图中找到莲叶和荷花了吗？

生：找到了，莲叶是碧绿的，荷花很漂亮。

师：大家看这两个字——莲、荷，你发现了什么？

生：都是草字头，因为它们都是植物。

启示：图片支架，给没去过西湖的孩子展示直观形象的美。

启示：换字（词）对比是一种感受古诗用字（词）精当的好方法。

启示：随时进行生字的归类梳理。

师：这两个字很好记。

生：是的，上面都是草字头，"莲"的下面是我们学过的连线的"连"，"荷"的下面是我们班何子玉的姓。

师：是啊，这两个字光看下面的部分就能判断出它们的读音了。大家再看看草字头，你觉得写的时候要注意什么？

生：草字头要写得大一些，要盖住下面的部分。

师：跟老师来写一写。写草字头的时候，一定要大一点儿，把下面盖住。我们在写"莲"的时候，一定要注意下面"连"字的笔顺，注意先上车，车再跑，千万不能先写走之底，车跑了，那可就追不上了。写"荷"的时候，注意右下方的横写得高一点儿，下面的"口"不要写得太大。写竖钩时，要注意跟"口"字保持一点儿距离，从横靠右边的地方起笔。现在，大家来练习写一写这两个字吧。

（学生动笔练习书写，教师巡视指导。）

师：刚刚同学们在书写生字的时候坐姿端正，书写的笔顺都非常正确，值得表扬。下面，我们再来读读这首诗吧！

（学生齐读古诗。）

【赏析：诗言志，歌永言，声依永，律和声。因此，学习古诗时，有关诗人的背景资料要首先介入，让学生对古诗的写作背景、诗人的理想追求大体有个了解，便于学生理解古诗；题目是文章的眼睛，从题目入手，可以大体知道作者的写作意图；西湖图片的展示，使学生直观领略了西湖的美丽，为学生理解作者笔下的西湖，埋下伏笔。】

任务二：想象情景，朗读诗句

学习活动一：借助图片，想象情景

师：同学们，下面我们重点来看前两行诗，谁来读读？

生：毕竟西湖六月中，风光不与四时同。

师：发现了吗？这两行诗里跟时间相关的词语是哪两个？

生：六月和四时。

师：到了六月，天气怎么样？

生：有点儿热了。

师：植物长得怎么样？

生：很茂盛。

师：四时呢？是指下午四点吗？

生：不是，四时就是四季。

生：就是春、夏、秋、冬。

师：对。四时确实是一年四季。六月是什么季节？

生：夏季。

师：夏季跟其他几个季节景色一样吗？

生：当然不一样了。

师：有多大区别呢？我们来看几张图片就明白了。这是——

生：春天。春天是一派欣欣向荣的景象。

师：这是——

生：秋天。秋天树叶全变黄了，荷叶有的已经枯萎了。

师：这是——

生：冬天。下雪后到处都是白茫茫一片。

师：大家能想象六月的西湖是什么样的景象吗？

生：我有一年夏天去过西湖，放眼望去，满是荷花。

师：“满是”这个词语用得很好。

生：西湖的荷叶碧绿碧绿的，长得很茂盛。

师：我们一起来看看图片吧。

（课件出示西湖六月的图片，学生欣赏。）

启示：用现实中真实的画面，激发学生对六月西湖的认知。

师：欣赏了六月中的西湖，看到了美丽的荷花，碧绿的荷叶，你想用什么词来形容？

生：美丽无比。

生：如诗如画。

生：生机勃勃。

生：与众不同。

师：特别好！诗句中就写到了——

生：风光不与四时同。

师：我们请一位同学读出西湖夏季风光的不同来。

生：毕竟西湖六月中，风光不与四时同。

师：还有谁可以读出不同？

生：毕竟西湖六月中，风光不与四时同。

师：想象刚才的画面，你一定可以读得更好。

生：毕竟西湖六月中，风光不与四时同。

启示：不同形式的读，盘活对古诗的积累。

师：一起读！

生（齐）：毕竟西湖六月中，风光不与四时同。

师：谁背过了？来试着背一背。

生：毕竟西湖六月中，风光不与四时同。

学习活动二：改写诗句，朗读体会

师：真好！同学们，看到景色如此不同，如此美丽，平常你在表达的时候会用到哪个标点符号？

生：感叹号。

师：甚至还会用到一些语气词，比如——

生：啊！

生：呀！

师：你可以把你想到的标点符号和语气词用到这两行诗中，这样你一定会读得更好，试试吧！

生：毕竟西湖六月中啊，风光不与四时同呀！

师：语气词加到后面了，很好。

生：啊！毕竟西湖六月中，风光不与四时同。

师：语气词放到前面也可以，谁还想读？

生：毕竟西湖六月中，风光不与四时同。啊！太美了！

师：你可以把感叹藏在心里，不说出来，你再来读读。

生：毕竟西湖六月中，风光不与四时同。

师：真好！我们一起来背这两行诗。

生（齐）：毕竟西湖六月中，风光不与四时同。

师：同学们，大家看这首诗的题目。题目是《晓出净慈寺送林子方》，可是内容不是在送别，而是在写景，这是为什么呢？

生：作者是想让林子方记住这里的美景。

师：还有呢？

生：作者不想让林子方离开。"林子方，这里如此美丽，你怎么舍得离去呢？"

师：有道理，原来作者是在用美景吸引林子方，挽留林子方啊。现在，你眼前站着的就是林子方，你来读这两行诗，来用美景挽留你的好友林子方吧。

（多位同学朗读诗句、背诵诗句。）

学习活动三：想象画面，朗读背诵

师：我们继续欣赏这里的美景，大家看这张图片，美不美？

（课件出示莲叶一望无际的图片。）

生：美！

师：看到这张图片，你有没有想到后两行中的一个词？

生：无穷碧。

启示：感叹号、语气词的加入，再次丰富学生对诗人描绘的景色的感知。

师：谁来读读这两行诗？

生：接天莲叶无穷碧，映日荷花别样红。

师：一眼望不到边，全是莲叶，谁可以读出"无穷碧"的感觉？

生：接天莲叶无穷碧，映日荷花别样红。

师：在莲叶的映衬下，荷花是那样鲜艳，多美啊！谁还可以读得更好？

生：接天莲叶无穷碧，映日荷花别样红。

师：我们合作读读这两行诗吧！我读"无穷碧"，你读——

生（齐）：别样红。

师：我读"莲叶"，你读——

生（齐）：荷花。

师：我读"接天莲叶"，你读——

生（齐）：映日荷花。

师：我读"接天莲叶无穷碧"，你读——

生（齐）：映日荷花别样红。

师：谁会背这两行诗了？

生：接天莲叶无穷碧，映日荷花别样红。

师：好，我们一起来背一背。

生（齐）：接天莲叶无穷碧，映日荷花别样红。

师：诵读诗句时，我们一定要想象画面。说说看，读着"接天莲叶无穷碧"这行诗，你眼前出现了怎样的画面？

生：我的眼前都是莲叶，碧绿碧绿的，一眼望不到边。

师：再往远看呢？再远一些呢？

生：都是莲叶，一直看到了天边，还都是莲叶。

师：非常好！大家理解"接天"的意思了，现在，我们

启示：形式多样的读，类似朗读游戏，减轻学生背诵的负担。

再来读一读这行诗。

生（齐）：接天莲叶无穷碧。

师：同学们，莲叶不仅是碧绿的，数量上怎么样？

生：很多很多。

师：那如果要用无穷来说，这行诗就可以改为——

生：接天莲叶无穷多。

师：很好！大家看，这个"穷"字是这一课要求书写的生字。看老师写，我们先写上边的穴宝盖，要扁一些，再写底下的部分，"力"的撇出头要短一些。先拿出你们的笔，我们认认真真地来写一写这个字，注意，坐姿端正很重要。

（学生练习书写，教师巡视指导。）

【赏析：对于古诗的意思，王老师没有逐字逐句解释，而是通过现实画面的勾连、多重朗读体悟、改写诗句想象画面等学习支架，让学生整体感知，把对古诗的理解个性化、人性化。】

任务三：深入理解，体会诗情

学习活动一：换词朗读，理解词义

师：大家写得很不错。我们再来读一读这两行诗。

生（齐）：接天莲叶无穷碧，映日荷花别样红。

师：映日荷花别样红，谁知道"别样"是什么意思？你可以换一个词来理解。

生：格外。

师：带入诗句中，就可以这样读——

生：接天莲叶无穷碧，映日荷花格外红。

生："别样"就是特别的意思。

师：带入诗句中试试。

> 启示：换词的目的，还是指向对词语的理解和对诗句的把握。

生：接天莲叶无穷碧，映日荷花特别红。

生："别样"可以说成非常。

师：你也带入诗句中试试吧。

生：接天莲叶无穷碧，映日荷花非常红。

师：同学们，大家都见过荷花吧，好像不是那么红啊，作者是不是写得不对啊？

生：荷花有白的，有粉红的，也有红的。

生：荷花本身可能没那么红，但是阳光一照就变得更红了。这句诗说："映日荷花别样红。"

师：非常好，现在，让我们想象着自己就在阳光下欣赏荷花，让我们读出映日荷花的红来，一起读——

生（齐）：接天莲叶无穷碧，映日荷花别样红。

师：现在，林子方就站在你面前，你要用这美景挽留林子方，一起读——

生（齐）：接天莲叶无穷碧，映日荷花别样红。

学习活动二：改写诗句，体悟诗情

师：作者重点写了荷花的颜色，其实，荷花还有一方面也可以写，也可以用来挽留林子方。你觉得是什么？

生：荷花的香味。

师：我们试着说一说吧！

课件出示：

接天莲叶无穷碧，_____荷花_____。

> 启示：学以致用，创意表达。

生：接天莲叶无穷碧，今日荷花十分香。

师：字数相等，很不错！

生：接天莲叶无穷碧，映日荷花别样香。

生：接天莲叶无穷碧，夏日荷花格外香。

师：诗人写了无穷碧的莲叶，别样红的荷花，其实都是一个意思，那就是——

生： 朋友，你不要走了。

生： 林子方，我的好朋友，请记住这儿的美景。

生： 你走了，就再也看不到这儿的美景了，多留片刻吧！

师： 让我们记住这里的美景，让我们记住这位好朋友，记住这首有些特别的送别诗，一起来背诵背诵吧！

（学生齐声背诵。）

师： 马上就要下课了，今天王老师留给大家的作业是，书写本课所学到的生字，另外，把这首诗背下来。

【赏析：寄情于景类送别诗，理解古诗的画面是基础，揭示画面背后的感情才是重点，也是作者表达的目的，同时是学生理解的难点。这个不需要深度剖析，但是必须给学生点明。】

【总评】

作为2022年版课标下的古诗教学，这一课向我们传递如下教学理念：

1. 古诗教学重体验感知，摒弃逐词逐句分析讲解的教学模式。作者借助西湖的一池荷花，传递对朋友依依不舍的感情。景越美，情越浓。这种寄情于景的表达手法，在送别诗中比比皆是。对于感性思维大于理性思维，且对于古诗学习还没形成一定概念的低年级小学生来说，逐词逐句进行分析讲解，只会让学生更加茫然。因此，王老师在教学时，首先让学生从题目入手，明白作者写了什么；其次，多层次、多形式的朗读，贯彻"书读百遍，而义自见"的理念，让学生整体感知古诗韵味；最后，直观生动的真实画面，拉近学生与古诗描绘的画面的距离，加深学生对古诗的感悟。当然，不逐词逐句进行解读，不等于说对于重点词句不进行解释，而是通过换字（词）、对比等手段，"曲线救国"，让学生由已知推测未知，建立对古诗的理解。另外，送别诗寄情于景的表达方法，也是点到为止，不做深度说明。

2. 重视古诗学习方法传递与运用，奠定继承传统文化的基因。诗传志，诗达情。诗人写作的目的是明确的，就是要传递自己的意志、思想、态度等。因此，要理解古诗，首先要了解作者所处的时代、古诗的写作背景。这就是王老师开始介绍杨万里生平资料的目的。其次，题目是古诗的眼睛，通过审题，大体明白作者写作意图。所以，王老师在任务一的学习活动二中，引导学生对诗的题目进行解读，分析其丰富的内涵，初步把握诗意。再次，各类资料的补充，是学生理解古诗的有力支架。本课中，王老师先后几次出示西湖的美景图片，在现实与古诗之间架起勾连的桥梁，便于低年级学生理解古诗内容与意境。还有，朗读积累是学习古诗的重要手段，古人喜欢吟诵，对诗的品味、感知，都融入吟诵之中。这节课中，王老师运用多种形式的朗读，就是这个道理。最后，点出送别诗的特征。寓情于景类送别诗常常是文学阅读与思辨阅读相融合，文学阅读是基础，思辨阅读是提升。

【思维导图】

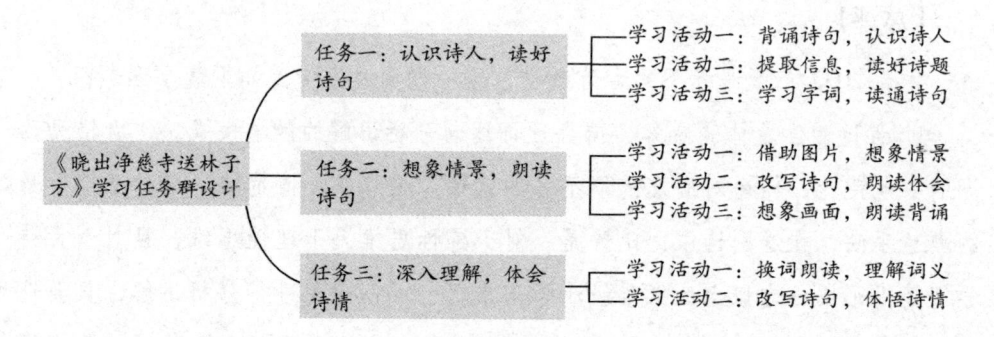

《晓出净慈寺送林子方》学习任务群设计
- 任务一：认识诗人，读好诗句
  - 学习活动一：背诵诗句，认识诗人
  - 学习活动二：提取信息，读好诗题
  - 学习活动三：学习字词，读通诗句
- 任务二：想象情景，朗读诗句
  - 学习活动一：借助图片，想象情景
  - 学习活动二：改写诗句，朗读体会
  - 学习活动三：想象画面，朗读背诵
- 任务三：深入理解，体会诗情
  - 学习活动一：换词朗读，理解词义
  - 学习活动二：改写诗句，体悟诗情

主编谈教学写作启示

2022年版课标下古诗教学探究

关于古诗教学的写作不是新话题，大家研究得比较多，也比较深入。如何才能另辟蹊径，写出新颖独特的文章来？我想还是要基于2022年版课标理念来思考。

1. 基于2022年版课标理念对古诗进行重新解读。核心素养是2022年版课标明确提出的最新理念，包括文化自信、语言运用、思维能力和审美创造。那么，我们可以针对其中某一方面，比如文化自信，结合统编教材，谈古诗中都包含哪些优秀传统文化，像节日文化、送别文化、边塞文化、隐士文化、知音文化、意象文化等等，教学中又是如何培养学生文化自信的。再如，审美创造，古诗具有语言美、画面美、想象美、意境美、意蕴美等，可以针对某一类古诗（山水诗、送别诗、边塞诗、隐士诗等）谈其审美抓手，落实路径。总之，是可以从核心素养的某一方面着手，谈理解，谈见解，谈落实。

2. 基于2022年版课标理念对古诗进行重新解读与设计。统编教材将两首或者三首古诗组成一组，围绕人文主题进行编排，这给我们进行学习任务群设计提供了方便。

（1）基于2022年版课标，剖析古诗教学的路径与策略，谈如何借助古诗，向学生渗透文化、语言、思维和审美方面的素养。比如借助《石灰吟》《竹石》《题西林壁》等古诗向学生渗透辩证思维的思想，依托《出塞》《凉州词》传递边塞文化，借助《寒食》《十五夜望月》《元日》《清明》《九月九日忆山东兄弟》等传承节日文化，等等。

（2）围绕两三首古诗，设置任务情境，以"文学阅读与创意表达"学习任务群或者以"思辨性阅读与表达"学习任务群来呈现教学。或者以古诗教学为例，谈如何进行思辨性阅读、文学性阅读、跨学科学习、整本书阅读、创意表达等等。

（3）围绕古诗的复习、考试、检测，设置贴近学生生活的真实任务群，让学生在解决问题的过程中，复习巩固旧知，锤炼运用能力。

（4）个别单元的古诗与单元语文要素结合比较紧密，借助古诗，与单元教材进行统整，从而落实语文要素，也是研讨的内容。

（5）将统编教材中某一类古诗，比如送别诗，进行统整，形成一个学习任务群，试着以"语言文字积累与梳理""文学阅读与创意表达""思辨性阅读与表达""跨学科学习"等任务群形式呈现。当然，也可以进行理论阐述，讲述如何借助某一类古诗，进行某个学习任务群的实践。

在朗读与想象中感受童趣

——《植物妈妈有办法》教学实录

（统编版二年级上册第一单元第 3 课）

任务一：链接生活，了解几种植物的特点

学习活动一：链接生活经验，认识四种植物

师：同学们，今天上课前，王老师先请大家猜一则谜语："绒毛轻又轻，飞舞像伞兵。随风到处飘，安家把根生。"这是什么？

生：蒲公英。

师：蒲公英是一种植物。我们再来认识一种植物，大家看看这张图片（课件出示苍耳的图片），这是什么？

生：苍耳。

师：有谁见过苍耳吗？

（学生纷纷举手。）

师：那有谁玩过苍耳吗？说说你玩苍耳的经历。

生：苍耳很容易粘到衣服上，特别是毛衣。

生：它捏起来非常扎手，上面的刺会扎到肉里面，很疼。

师：是啊，扎到肉里面就像打针一样，而且是好多针一起扎进去。我们再来看一张图片——

（课件出示一个小男孩头发上沾满了苍耳，另一个小男孩

的毛衣上沾满了苍耳的图片。学生看后大笑。）

生：那个小男孩像一只刺猬。

师：谁发现苍耳的特点了？

生：苍耳很容易挂住动物的皮毛。

生：苍耳也很容易挂在人的头发和衣服上。

师：挂住之后，你跑到哪里它就会跑到哪里，也许今天晚上它就在你家的床上，也许明天它又来到了我们的教室里。它就是——

生：苍耳。

师：我们再来猜一则谜语："胖娃娃，最爱笑，笑红身子笑破嘴，笑得大嘴合不上，露出满嘴红玛瑙。"这是什么呢？

生：石榴。我吃过，酸酸甜甜的很好吃。

师：跟老师读——石榴，"榴"读轻声。

（学生齐读"石榴"。）

师：我们再来看一张图片（课件出示豌豆的图片），这是什么？

生：豌豆，我在菜市场见过。

师：现在，我们一起读一读这四个词语。

生（齐）：蒲公英、苍耳、石榴、豌豆。

学习活动二：联系生活识字，丰富语言积累

师：无论是蒲公英，还是苍耳、石榴和豌豆，它们都是一种植物。我们来读这个词——

（教师板书：植物。）

生（齐）：植物。

师：大家看这个"植"字，是木字旁，如果换成单人旁，那就是——

生："值日"的"值"。

启示：教师通过猜谜语、看图片、链接生活经验等方式，不但让学生认识了植物，更向学生渗透了植物的特点，为后面的学习做好铺垫。

启示：字理识字、随课文识字。

150

师：谁能告诉大家，值日时你干过什么？

生：我擦过黑板，扫过地。

生：我负责倒垃圾。

师：大家看黑板，我再写一个词语——妈妈，谁来读读？

（指名读。）

师：说到妈妈，我们立刻就想到了孩子，小时候，妈妈会称呼孩子什么？

生：宝宝。

生：宝贝。

生：娃娃。

师：谁发现了，"妈妈""宝宝""娃娃"，后边那个字都读——

生：轻声。

师：来，我们一起读一读这三个词。

生（齐）：妈妈、宝宝、娃娃。

师：（王老师继续写课题：有办法。）大家注意这个"法"字是本课的生字，我们先来写三点水，再写右边的"去"，三点水窄一些，"去"宽一些。这个"法"字大家并不陌生，上一年级的时候大家就认识了。

生："书法课"的"法"。

生：数学课上学过"加法"和"减法"。

生：还有"乘法"和"除法"。

师：对，就是这个"法"，记住了吧？我们来完整地读一读课题。

生（齐）：植物妈妈有办法。

【赏析：低段的识字教学是集中进行好，还是随文识记好？其实没有孰是孰非的定论，关键在于教师的慧心。王老

启示：在识字的过程中指导朗读，渗透德育。

师在与学生交谈的过程中随机穿插字音、字形、字义的识记,指导书写,使识字变得有趣、有效。】

任务二:朗读课文,感受诗歌的音韵之美

学习活动一:朗读诗句,学习多音字

师:同学们,接下来请大家自由读课文,要求把字音读准,把句子读通顺,注意是按照自己的速度来读,开始吧。

(学生自由读课文。)

师:刚才大家读得非常专心,我们来看几个句子,看看大家读得怎么样。

课件出示:

孩子如果已经长大,
就得告别妈妈,四海为家。
牛马有脚,鸟有翅膀,
植物旅行又用什么办法?

(指名读。)

师:要表扬这两位同学,声音很响亮,字音读得准确,特别是这句话中的多音字,读得很好。这里"四海为家"的"为"读第二声,我们知道,"为"还有一个读音——

生:第四声(wèi),"因为"的"为"。

师:还可以怎么组词?

生:为了、为什么。

师:很好。大家看前半句——就得告别妈妈,这个"得"字也是一个多音字,谁会组词?

生:得(dé)到、得(dé)分。

师:对,还有别的读音吗?

生:得(de),读轻声,如他跳得很高,笑得很开心。

启示:长课文的朗读有针对性,选择学生最容易读错的小节,结合具体的语境强化多音字的读法。

师：它在这句话中读 děi，还在什么地方读 děi 呢？

生：我们得按时交作业。

生：生病了得吃药或者打针。

师：非常好，我们一起再来读读这一节。

（学生齐读。）

学习活动二：理解词语，积累语言

师：我们来看下一节，谁会读？

课件出示：

蒲公英妈妈准备了降落伞，

把它送给自己的娃娃。

只要有风轻轻吹过，

孩子们就乘着风纷纷出发。

（指名多人读。）

师：这几位同学读得很好，字音准确，语句流畅。我们来看几个词语，谁来读读？

课件出示：

准备　降落伞　纷纷出发

（指名读。）

师：读得很好。谁知道"纷纷出发"是什么样的？为了帮助大家理解这个词语，大家可以想一下，上课铃响了，同学们纷纷回到教室是什么样的情景？

生：同学们一个个先后回到了教室。

师：对，这就是纷纷回到教室，那么纷纷出发呢？

生：就是一个个地先后出发了。

生：就是接二连三地出发了。

师：大家理解得很好，我们继续读接下来的三节。

启示：通过联系学生熟悉的场景，很好地解决了对"纷纷"一词的理解。指导学生运用恰当的方式理解词语，考验的是教师的慧心。

课件出示：

苍耳妈妈有个好办法，

她给孩子穿上带刺的铠甲。

只要挂住动物的皮毛，

孩子们就能去田野、山洼。

石榴妈妈的胆子挺大，

她不怕小鸟吃掉娃娃。

孩子们在鸟肚子里睡上一觉，

就会钻出来落户安家。

豌豆妈妈更有办法，

她让豆荚晒在太阳底下。

啪的一声，豆荚炸开，

孩子们就蹦着跳着离开妈妈。

（指名读。）

师：这三位同学读得不错，同学们要特别注意读好这几个词。

课件出示：

带刺的铠甲　胆子挺大　落户安家　底下　炸开　离开

（学生齐读词语。）

师：最后一节，谁来读？

课件出示：

植物妈妈的办法很多很多，

不信你就仔细观察。

那里有许许多多的知识，

粗心的小朋友却得不到它。

（指名读。）

师： 读了这一节，大家有没有发现一组反义词？

生： "仔细"和"粗心"。

师： 这一节还有两个词语很值得积累，我们也来读一读。

课件出示：

很多很多　许许多多

（学生齐读。）

师： 这两个词语表达的意思差不多，但表达方式不一样，避免了重复，来，我们再读读这一节。

（学生齐读。）

学习活动三：再读课文，体会音韵美

师： 接下来，请同学们再读这首小诗，注意在读的时候把每一节诗的第二行和第四行的最后一个词语勾画出来。我们看一看谁不仅速度快，还很细心，开始吧。

（学生默读、勾画。）

师： 我们来分享分享，说说看，在第一节诗中，你画的两个词语是——

生： "四海为家"和"办法"。

师： 特别棒，就这样，我们继续。

生： 第二节中我画的是"娃娃"和"纷纷出发"。

生： 第三节的两个词语是"铠甲"和"山洼"。

生： 第四节是"娃娃"和"落户安家"。

生： 第五节的两个词语是"底下"和"妈妈"。

生： 最后一节的两个词语是"观察"和"得不到它"。

师： 真好，大家勾画得很准确，我们来把这些词语读一读吧。

生（齐）： 四海为家、办法、娃娃、纷纷出发、铠甲、山洼、落户安家、底下、妈妈、观察、得不到它。

师：读了这些词语，你有什么发现？

生：这些词语的最后一个字的读音很特别。

生：它们的韵母都是 a。

启示：押韵的理论不用教，押韵这种表达形式要渗透。

师：对，是押韵的，这一课是一首小诗，所以它是押韵的。读读下面这一节，体会体会。

课件出示：

苍耳妈妈有个好办法，

她给孩子穿上带刺的铠甲。

只要挂住动物的皮毛，

孩子们就能去田野、山洼。

（学生朗读，感受押韵。）

师：同学们，这节诗的最后写到了两种事物，一个是"田野"，还有一个是"山洼"。假如我们把这两个词换一下顺序，把"山洼"放到前头，把"田野"放到后头，意思不会发生变化，但读起来会是什么感觉呢？大家试着读一读吧。

（学生朗读。）

启示：通过圈画押韵的词、调换词语顺序的方法，引导学生从不同的角度体验诗歌押韵产生的朗读愉悦感。

师：你笑得这么开心，说说你有什么感受吧。

生：特别不顺口。

师：现在大家明白了吧，押韵了读起来就会很顺口，就会有一种朗朗上口的感觉。来，我们再读读这一节，感受感受。

（学生自行朗读、感受。）

师：我记得开始上课时，大家说妈妈会叫孩子宝宝或者宝贝、娃娃，课文中用到的是娃娃，如果换成宝宝、宝贝，读起来会是什么感觉呢？我们来试试吧。我请一位同学读一读，大家一起来感受感受。

生：蒲公英妈妈准备了降落伞，把它送给自己的宝宝。只要有风轻轻吹过，孩子们就乘着风纷纷出发。

师：他换成了"宝宝"，还有要换词读的吗？

生：蒲公英妈妈准备了降落伞，把它送给自己的宝贝。只要有风轻轻吹过，孩子们就乘着风纷纷出发。

师：什么感觉？

生：没有"娃娃"读起来顺口，有点儿奇怪。

师：是啊，诗歌就是因为押韵，所以才读起来朗朗上口。

【赏析：朗读能力形成的有效手段就是朗读，在朗读中发现，在朗读中体会，在朗读中理解，在朗读中学会朗读。王老师引导学生在朗读中辨析字音、理解字义、发现诗歌音韵的特点，感受语言的韵味。】

任务三：联系生活，发挥想象创编诗句

学习活动一：链接生活，朗读诗句

师：现在，我请同学们一起来读读第一节诗，大家再感受感受押韵的好处。

（学生齐读第一节诗。）

师：特别棒，读得很好。这里有一个词叫"告别"，我想问问大家，早上妈妈送你到学校门口，你要跟她告别了，你会跟妈妈说什么？

生：妈妈再见。

生：妈妈放心，我会认真学习的。

师：现在，如果你就是蒲公英娃娃，或是苍耳娃娃、石榴娃娃、豌豆娃娃，你会跟自己的妈妈怎样告别？

生：如果我是蒲公英娃娃，我会对妈妈说："妈妈再见，我要起飞了。"

启示：由生活中与妈妈告别，迁移到植物之间告别，学习词语意思的同时，理解文本内容，习得交际礼仪。

生：如果我是苍耳娃娃，我会对妈妈说："妈妈再见，我有些舍不得你。"

生：如果我是石榴娃娃，我会对妈妈说："妈妈再见，我要远行了。"

生：如果我是豌豆娃娃，我会对妈妈说："妈妈再见，我要去旅行了。"

师：是啊，要离开妈妈了，孩子有些不舍，我们来读一读第一、二行诗吧。

生（齐）：孩子如果已经长大，就得告别妈妈，四海为家。

师：同学们，这节诗中还有一个词语——旅行，谁出去旅行过？告诉大家你去过哪里。

生：我去过海南。

师：你当时乘坐的是哪种交通工具？

生：飞机。

生：我去过埃及，坐飞机都要很长时间呢。

生：我去过苏州，乘坐的是高铁。

生：我去过北京，我们是自驾游，爸爸开的车。

师：你看，旅行的时候，我们会坐火车、汽车，也会乘飞机，可爱的动物们会怎么出发呢？大家可以选择一种动物来说一说。

课件出示：

蟋蟀　蝴蝶　小鸟　牛马

生：牛马会用脚，特别是马，跑得很快。

生：我选蟋蟀，蟋蟀可以跳很远。

生：我选小鸟，小鸟可以用翅膀飞。

生：蝴蝶也可以飞。

启示：对于低段的学生来说，链接生活经验是理解词语、丰富词语内涵一个非常重要的手段，教师用得好，可以起到一举多得的作用：理解、朗读、想象、表达。

师：你看，不同的动物都有自己的办法，可是现在是谁要旅行？

生：植物。

师：植物旅行有什么办法？你有没有很好奇？那就来读一读最后一行诗吧！

（指名读。）

生：植物旅行又用什么办法？

师：你特别想知道，一定要读出这种疑问的感觉来。

生：植物旅行又用什么办法？

师：谁还可以加上自己的动作读一读，比如你特别想知道一个问题的答案，你会加什么动作？

生：植物旅行又用什么办法？（摊手）

生：植物旅行又用什么办法？（挠头）

生：植物旅行又用什么办法？（摸下巴）

生：植物旅行又用什么办法？（转眼珠）

师：掌声送给他们，真不错！

学习活动二：借助视频资源，想象情景

师：同学们，我们来看一看蒲公英妈妈是怎么做的。大家一起来读一读第二节吧。

（学生齐读第二节诗。）

师：同学们注意，这里出现的是谁的妈妈？她是怎样让孩子们出发的？

生：蒲公英妈妈让孩子们乘着风出发。

师：我们乘过飞机，乘过火车，乘过汽车，问问大家，你乘过风吗？

生：没有，因为我们太重了。

师：大家想不想看看蒲公英乘着风是什么样子的？

（课件播放视频。）

师：看到了吧，蒲公英乘着风出发了，有时候会是大风，有时候会是微风，有时候还可能刮起一阵旋风。咱们想象一下，假如今天刮的是微风，蒲公英乘着风是怎样出发的？

生：慢慢地出发，很舒服。

师：对，一点儿都不着急的感觉，好悠闲，真的很舒服，但是今天要下大雨了，来了一阵大风，他们是怎么出发的？

生："呼"的一下，很快就出发了。

生：就像是射出去的箭一样。

生：太快了，可能会头晕。

生：就像小孩上学、大人上班差一秒就要迟到的时候一样，刺溜一下就跑远了。

师：大家说得很形象。同学们，除了刚刚说到的微风、大风，有时候还会出现旋风，这时候蒲公英会怎样出发呢？

生："嗖"的一下就飞上天了，边上升边旋转。

生：我觉得很刺激，就像在玩过山车，还可能边上升，边叫喊。

师：多有意思啊，我们来读读这一节诗吧。

（指名多人读，教师指导。）

学习活动三：借助课后图片，创编诗句

师：同学们，其实除了蒲公英，还有些植物妈妈也会让孩子乘着风出发，你知道吗？（课件出示柳树图片。）

生：柳树妈妈，她会让柳絮飞出去。

师：大家见过柳絮吗？见过柳絮飘舞的样子吗？

生：柳絮是不慌不忙地，慢慢地飘，看起来很舒服。

生：柳絮就好像是降落伞一样，悠哉悠哉地飘。

生：柳絮像是坐了一个小飞船，很自在地在飘。

启示：微风、大风、旋风，简单的语句在想象中变得丰盈，朗读也有了情味，因为学生在读的时候脑海里有了画面。

师：你觉得柳絮会飘到什么地方去？

生：河里。

生：草地上。

生：飘到我们的鼻子里或嘴巴里。

师：结果你打了个喷嚏，只见——

生：柳絮飞得更远了。

师：这柳絮难道是不想飞了，想偷懒，来找你帮忙，你一个喷嚏他直接加快了速度。同学们，我们能不能把课文第二节改一改，改成柳树妈妈送孩子出发？大家可以试着跟同桌先说一说。

启示：前期的铺垫，为后面的想象表达奠定基础。

（同桌交流。）

师：我们来分享分享吧，谁读给大家听听？

生：柳树妈妈准备了降落伞，把它送给自己的娃娃。只要有风轻轻吹过，孩子们就乘着风纷纷出发。

生：柳树妈妈准备了小飞船，送给自己的娃娃。只要有风轻轻吹过，孩子们就乘着风纷纷出发。

生：柳树妈妈准备了喷气式小飞船，只要有风轻轻吹过，孩子们就全力加速，飞到小朋友的鼻子前面，只听"阿嚏"一声，他们就快速飞出去啦。

师：多有意思啊！同学们说得很好！接下来我们看两个生字，大家观察一下，它们有什么特点？

课件出示：

如　　娃

生：都是女字旁。

师：女字旁看着简单，想写好看可不容易，谁来说说怎么写才好看？

生：第一笔撇点的撇要长一些，第三笔横变成了提，但

161

> **启示**：到了二年级，书写指导更要注重引导学生发现生字规律性的特点，加强学生自主识字、写字的能力。

是不能出头。

师：非常棒，我们就来写一写娃娃的"娃"吧。我记住刚才那位同学说的了，撇点的撇要长一些，第三笔横不能出头，要变成提。那右边要注意什么呢？

生：右边是两个"土"，要注意笔顺。

生：两个"土"的横是上短下长的。

师：是啊，这四个横还是平行的，间距是均匀的，看老师来写。

（教师范写后学生练习书写。）

师：同学们，下课的时间就要到了，最后王老师留给大家的作业是，请大家书写本课的生字，同时背诵第一节诗和第二节诗。另外，有一本好玩的书要推荐给大家，这本书的名字是《一粒种子的旅行》。这节课我们就上到这里，下课。

【赏析：想象似乎有魔力，能使扁平的文字立体化，使简洁的文字充满画面感，具有无限的张力。在想象中，世界变得如此精彩，想象成了打开学生表达之门的钥匙。在教学中，教师不要随意放过那些有生命力的文字，要通过恰当的引导，不断打开学生的思维，增强学生的语言感知力和表达力。】

【总评】

2022年版课标在第一学段"阅读与鉴赏"中对于诗歌的教学提出了这样的要求："诵读儿歌、儿童诗和浅近的古诗，展开想象，获得初步的情感体验，感受语言的优美。"本节课的教学紧紧围绕2022年版课标的要求展开，把握了学段特点。

1. 选择合适的识字方法。本课的教学体现了第一学段的学习重点——识字与写字。猜谜语识字、利用熟字换一换偏旁识字、联系生活经验识字、在语境中识字等，不仅识字的方法多样化，更重要的是每一种方法的选择都是恰当的、适宜的。

2. 朗读与理解有机结合。朗读读什么，是每一位教师在指导学生朗读之前要明确的。本课的朗读指导与引导学生发现语言的特点、理解作者的语气等相结合，将朗读与发现、理解相结合，互相促进。

3. 想象与表达相融相长。想象是诗歌学习的目标，也是手段。教师引导学生在想象中丰富画面、品味语言，进而以朗读、仿说等多形式的表达加以体现，使学生的想象具体化、可视化。

4. 生活与语文相融合。低年级学生形象思维占主导地位，"纷纷、告别、旅行"等词语的意思，联系学生生活实际，学生容易理解，也记得牢。这体现了2022年版课标提倡的"注重课程内容与生活、与其他学科的联系"等精神。

【思维导图】

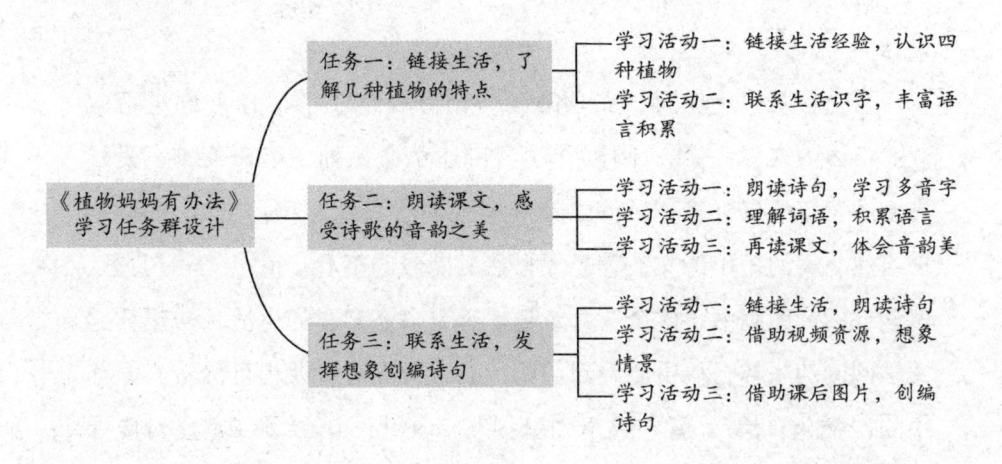

```
                          ┌─ 任务一：链接生活，了─┬─ 学习活动一：链接生活经验，认识四种植物
                          │   解几种植物的特点    └─ 学习活动二：联系生活识字，丰富语言积累
                          │
《植物妈妈有办法》────────┼─ 任务二：朗读课文，感─┬─ 学习活动一：朗读诗句，学习多音字
  学习任务群设计          │   受诗歌的音韵之美    ├─ 学习活动二：理解词语，积累语言
                          │                      └─ 学习活动三：再读课文，体会音韵美
                          │
                          └─ 任务三：联系生活，发─┬─ 学习活动一：链接生活，朗读诗句
                              挥想象创编诗句      ├─ 学习活动二：借助视频资源，想象情景
                                                  └─ 学习活动三：借助课后图片，创编诗句
```

[主编谈教学写作启示]

"文学阅读与创意表达"
学习任务群视域下单篇教学思考

——以二年级上册《植物妈妈有办法》为例

"文学阅读与创意表达"学习任务群是六个学习任务群中最重要的一个，统编教材中大部分课文都是以"文学阅读与创意表达"学习任务群呈现。我们可以基于单元整体进行"文学阅读与创意表达"学习任务群设计，也可以二年级上册《植物妈妈有办法》为例，进行知识类儿童诗单篇"文学阅读与创意表达"学习任务群设计。

首先，对第一学段"文学阅读与创意表达"学习任务群进行解读。学习内容为：（1）阅读并学习讲述革命领袖、革命英雄、爱国志士的童年故事，表达敬仰之情和向他们学习的愿望。（2）诵读表现自然之美的短小诗文，感受大自然的美景与变化。（3）学习儿歌、童话，阅读图画书，体会童真童趣，感受多姿多彩的生活，初步体验文学阅读的乐趣。从中能看到：第一条，重点对应课程目标核心素养中的"文化自信"，旨在继承和弘扬革命文化。第二条，重点对应课程目标核心素养中的"审美创造"，旨在通过诵读以"自然"为主题的短小诗文，感受大自然景色的美和变化的美。第三条，重点对应课程目标核心素养中的"审美创造"，旨在通过阅读浅显的儿童文学作品，感受生活的多样性，体验阅读的乐趣。

其次，谈第一学段"文学阅读与创意表达"学习任务群设置的原则：情境真实性、方法整合性、过程自主性和目标审美性。

再次，从学习目标、学习情境、学习活动、活动过程、评价工具等五大要素，谈如何进行单篇教学的任务群设置。学习目标自然是要学习的生字（这是第一学段的重点）、感受诗歌的节奏美。

最后，这一篇课文也可以从"跨学科学习"任务群角度进行教学设计。大体内容同上。

聚焦重点词语，感受英雄形象
——《刘胡兰》教学实录

（统编版二年级上册第六单元第 18 课）

任务一：借助资料，认识英雄人物

学习活动一：借助图片，初识刘胡兰

师：同学们，上课前王老师先请大家看一幅图片（出示毛主席照片），知道他是谁吗？

生：毛主席。

师：很好，咱们一起来读——

生（齐）：人民领袖毛泽东。

师：毛泽东曾担任中华人民共和国主席，被人们尊称为"毛主席"。他曾经为一位年轻的革命战士这样题词——

生（齐）：生的伟大，死的光荣。

师：你们知不知道这位年轻的革命战士是谁？

生：刘胡兰。

师：声音响亮，值得表扬。让我们看着她的这座雕像（课件出示刘胡兰的雕像），一起来读一读她的名字。

生：刘胡兰。

师：非常棒。同学们看黑板，王老师要在黑板上写出这位年轻的革命战士的名字，我先写的这个字（板书：兰），谁

> 启示：第 15 课《八角楼上》其实已经讲到毛主席，是否可以关联一下？

会组词？

生：兰州。

师：很好，谁再来试试？

生：栏杆。

师：栏杆的"栏"可不是这个字，得加上木字旁才行。换个词行吗？

生：兰花。

生：玉兰。

师：很好，大家跟我一起来写这个字，注意中间的横最短，最后一横最长。

（学生练写。）

师：我们再来看这个字（板书：刘），咱们班有没有姓刘的同学？

生：我姓刘，我叫刘宇辰。

师：我猜啊，你家还有一个姓刘的人，说说看，我猜对了没有？

生：对了。

师：你家谁姓刘？

生：我爸爸，他叫刘虎子。

师：这个"刘"也是本课要求会写的一个生字，注意看左边是什么。

生：左边是语文书的"文"字，但是捺变成了点。

师：右边呢？

生：右边是立刀旁，先写短竖，再写竖钩。

（教师范写后学生练习写"刘"字。）

师：我们再来看中间的这个字（板书：胡），注意左边写得短小一些，右边窄长一些。

启示：联系生活实际识字是低年级学生识字的重要方式。

（学生练写。）

师：现在题目写完整了，我们来读一读这个名字。

生：刘胡兰。

学习活动二：观看视频，了解刘胡兰

师：刘胡兰 1932 年出生，距离现在比较久远，很多同学还不太了解她，这样吧，我们先来看一个短片，了解一下刘胡兰。

（播放短片：《100 位为新中国成立作出突出贡献的英雄模范人物》之刘胡兰。学生观看。）

师：同学们，短片看完了，我们看到 1947 年 1 月 12 日，国民党反动派包围了云周西村，接下来会发生什么事情呢？让我们打开语文书，来学习这篇课文。

【赏析：革命文化题材类文本所写的事情距离学生相对久远，借助视频、图片、文字资料等学习支架，可以让学生理解革命英雄人物的事迹、言行、品质，感受革命人物的光辉形象。】

启示：人物声像资料的介入，可以使学生更加直观深入地感知主人公形象。这也是革命文化类课文学习的常用支架。

任务二：学习字词，走近英雄人物

学习活动一：初读课文，学习生字词语

师：请同学们自由读一读这篇文章，注意把字音读准，句子读通顺，想一想国民党反动派包围了云周西村以后发生了什么事。

（学生自由读课文，教师巡视指导。）

师：特别好，同学们读得非常认真，现在我们来检查检查刚才大家的读书效果。这个字（课件出示：被），谁会组词？

生：被子。

师：睡觉时盖着被子，多舒服啊！刚刚那位同学组的词是"被子"，课文中出现的词语是——

生：被捕。

师：读了课文，你知道是谁被捕了？

生：刘胡兰被捕了。

生：六名革命群众也被捕了。

师：非常好！让我们再来读读这个字（指向"被"）。

（学生齐读。）

学习活动二：结合句子，读准多音字

师：这几个字大家掌握得很好。在这篇课文中还有一些句子不好读，我们来试试。

（课件出示句子，指名读。）

生：刘胡兰像钢铁铸成似的，一点儿也不动摇。

师：我要特别表扬一下这位同学，这句话中有一个多音字他都读对了。这个词（指向"似的"）谁再来读一读？

生：似（shì）的。

师：非常好！读了这个句子，刘胡兰给你留下了什么样的印象？你会用哪个词来形容？

生：坚强。

生：镇定。

生：勇敢。

师：很好。我们再来看看下面这个句子，里面有刚刚我们学过的一个非常容易读错的多音字，谁敢来试试？

（课件出示句子，指名读。）

生：敌人指着血淋淋的铡刀说："再不说，也铡死你！"刘胡兰挺起胸膛说："要杀要砍由你们，怕死不当共产党！"她迎着呼呼的北风，踏着烈士的鲜血，走到铡刀前。

启示：这里是否需要对"被子""被捕"中的"被"再做解释？

启示：对于今天的孩子来说，有些词语及其意思都比较难理解。基于语境的适当拓展介绍，有利于学生理解词语。

师：掌声送给他。特别表扬这位同学，句子那么长，他读得很流畅，尤其是多音字"血"，他读得很准确！你带着大家再来读读这两个带有多音字的词语（指向"血淋淋"和"鲜血"）。

[该生领读"血（xiě）淋淋""鲜血（xuè）"，其他同学跟读。]

学习活动三：结合图片，理解词语意思

师：这段话中还有几个词也不好读，谁来试试？

课件出示：

挺起胸膛　要杀要砍　烈士

（学生读词语。）

师：你们在哪里见过"烈士"这个词？

生：清明节我去过烈士陵园，看到过"烈士"这个词。

师：知道什么样的人才能被称为烈士吗？

生：就是那些英雄，英勇牺牲的人。

师：那些为了正义事业而牺牲的人就是烈士，在这儿王老师还要介绍几位烈士给大家认识。

（课件出示黄继光、邱少云、董存瑞的图片，学生读他们的名字。）

师：黄继光、邱少云、董存瑞，他们都是烈士，刘胡兰也是烈士。读刚才出示的那段话，你又想到了哪个词来形容刘胡兰呢？

生：勇敢无畏。

生：不怕牺牲。

生：视死如归。

【赏析：识字、朗读是低年级学生学习的重点与难点。情境中识字、随课文识字是常规而相对比较有效的识字方法。

启示：黄继光等英雄人物，在以后的教材中还会出现。这里出示他们的照片，在学生心底打下英雄的烙印，为以后的学习奠定感情基础。

王老师基于对革命文化类课文识字教学的理解,把识字与理解英雄人物、感悟英雄人物形象结合起来,凸显了革命文化题材文本识字教学的特色。】

任务三:朗读课文,感受英雄形象

学习活动一:获取相关信息,尝试有效运用

师:现在我们来学习课文的第 1 自然段,我请一位同学站起来读,其他同学专心听,看看从这一段中你获取了哪些信息。

生:1947 年 1 月 12 日,天阴沉沉的,国民党反动派包围了云周西村。由于叛徒的出卖,年轻的共产党员刘胡兰被捕了,关在一座庙里。

师:读得很流畅,如果声音再响亮一点儿就更好了,谁再来试试?

(一名学生声音响亮地朗读这段话。)

师:这段话中有几个词不好读,谁来带着大家读一读?

课件出示:

反动派　云周西村　关在一座庙里

(一名学生领读,全班同学跟读。)

师:云周西村的"村"是本课要求书写的一个生字,来看王老师怎么写。(教师边示范书写,边讲解:注意左边的"木"字最后一笔捺变成了点,右边的"寸"最后一笔也是点。教师用红色粉笔标注两个点画。)

(学生练习书写,教师巡视指导。)

师:课文中提到的村名叫云周西村,大家应该也知道不少村名呢,谁来说说?

生:三交村。

生：八里村。

生：瓦胡同村。

师：同学们，刚刚我们读了这段话中的一些比较难读的词语，这段话现在大家一定会读得更流畅，我们一起读一读这段话。

（学生齐读第1自然段。）

师：非常棒，这段话大家读了这么多遍，一定了解到了不少信息，谁来说说这段话主要写的是谁，写了她的什么事？

生：主要写的是刘胡兰被捕了。

师：非常好，王老师把你说的内容板书到黑板上。刚刚我们写过"刘""胡""兰"三个字，这次再写时，一定要注意总结经验，一次比一次写得好。（教师板书：刘胡兰被捕了。）我们一起来读——

生：刘胡兰被捕了。

师：刚刚读了第1自然段，同学们除了了解到刘胡兰被捕了，还知道了哪些信息呢？

生：刘胡兰被捕的时间是1947年1月12日。

生：被捕的地点是云周西村。

生：被捕的原因是叛徒的出卖。

师：真好，大家在阅读中获取的信息可真不少！谁可以在刚刚我们获取的信息——刘胡兰被捕了的基础上，加上新的信息来说一说？

生：1947年1月12日，刘胡兰被捕了。

生：刘胡兰在云周西村被捕了。

生：由于叛徒的出卖，刘胡兰被捕了。

生：1947年1月12日，刘胡兰在云周西村被捕了。

生：由于叛徒的出卖，刘胡兰于1947年1月12日在云周

启示：提取信息是理解文本的基础。多方面的表述训练，类似指向片段的创意理解与表达。

西村被捕了。

生：1947年1月12日，刘胡兰在云周西村被捕了，原因是叛徒的出卖。

生：1947年1月12日，由于叛徒的出卖，刘胡兰在云周西村被捕了。

师：真好，同学们能够运用上自己在阅读中获取的信息进行表达，用自己的语言独立表达，值得表扬。

学习活动二：聚焦重点词语，感受英雄形象

1. 联系下文，理解"收买"

师：由于叛徒的出卖，刘胡兰被捕了。敌人想收买刘胡兰，他们会怎么做呢？我们来读读这段话。（出示语段，指名读。）

生：敌人想收买刘胡兰，对她说："说出来，就给你一份地。"刘胡兰大声回答："给我一个金人，我也不说！"

师：这段话中有一个词：收买。大家看这个"买"字，熟悉吧？

生：我去超市，跟妈妈一起买过东西。

生：我去文具店买过本子。

生：我去买过早点。

师：买东西需要什么？

生：得拿钱才能买。

师：联系生活，我们知道了"买"的意思，不过，要想准确理解"收买"的意思，我们还得读课文。课文中写道：敌人想收买刘胡兰，对她说："说出来，就给你一份地。"刘胡兰大声回答："给我一个金人，我也不说！"要想理解"收买"，我们应该重点读哪句话？

生：说出来，就给你一份地。

启示："收买"一词的意思，是教材明确规定的学习内容，也是小学生生活中不常见且难于理解的词语。王老师在这里先从学生比较熟悉的"买"字入手，引导学生结合生活经验理解其意思；接着，联系课文内容，抓住敌人赤裸裸的语言与这样做的目的，进行深入剖析；最后总结提炼"收买"的意思就是用好东西来拉拢人，从中得到好处。	师：非常好，联系下文，我们的理解就更准确了。大家看，敌人给刘胡兰地的目的是什么？ 生：他们想让刘胡兰告诉他们村子里谁是共产党员。 生：他们是想利用刘胡兰。 师：是啊，敌人是有目的的，他们想用地来笼络刘胡兰，是想利用她，通过她知道村子里哪些人是共产党员。大家明白了吧，收买就是用好东西来拉拢人，从中得到好处。我们再读读这句话。 （学生齐读句子。） 师：大家想想看，敌人想收买刘胡兰，想从她那里知道共产党员都有谁，说话的时候会是什么样的语气？谁来读一读？ （多位学生读，教师指导学生读出恰当的语气。） 师：刚才的几位同学读得特别好！敌人这么亲切，这么友好，是真的对刘胡兰好吗？他们的目的是什么？ 生：敌人是想得到共产党员的名字。 师：我们再来看看刘胡兰的态度："给我一个金人，我也不说！"谁发现了？后面有一个标点符号很重要。 生：后面是个感叹号。 师：知道刘胡兰的这句话该怎么读了吧？ （一名学生读。）
启示：关注感叹号的用法与读法，随时渗透标点符号知识。同时，这也是感悟英雄人物形象的助学支架。	师：非常坚定，真好。 （另一名学生读。） 师：勇敢，果断，值得表扬。敌人的目的能达成吗？勇敢机智的刘胡兰怎么会上当！让我们一起来读这句话，一起告诉妄想的敌人—— 生（齐）：给我一个金人，我也不说！

2. 回顾方法，理解"威胁"

师：同学们，敌人收买刘胡兰的阴谋失败了，接下来他们会怎么做呢？大家读一读课文，看看你有什么发现。

（学生读课文，勾画相关句子。）

生：敌人又威胁她说："不说就打死你！"

师：这句话中有一个词：威胁。要想理解这个词的意思，我们可以怎么做？

生：可以用刚才的方法。

师：是啊，联系下文我们理解了"收买"的意思，现在理解"威胁"，我们也可以联系下文。大家试着读一读下文，看看你会联系哪句话来理解。

（学生读课文，思考。）

师：谁来说说，你会联系哪句话来理解"威胁"？

生：我联系的句子是："不说就打死你！"

师：好凶啊，你再读读这句话。

生：敌人又威胁她说："不说就打死你！"

师：敌人威胁的时候非常凶狠，谁再来读读这句话？

（多位学生朗读，教师相机指导，引领学生感受"威胁"的意思。）

师：除了这句话，你还会联系哪句话？

生：我联系的是后面的一段话：敌人把刘胡兰拉到庙门口的广场上，当着她和乡亲们的面，铡死了被捕的六名革命群众。敌人指着血淋淋的铡刀说："再不说，也铡死你！"

师：看来联系下文，还可往后面继续读。这里敌人是怎样威胁刘胡兰的？

生："敌人把刘胡兰拉到庙门口的广场上，当着她和乡亲们的面，铡死了被捕的六名革命群众。"他们铡死了六名革命群众，就是在威胁刘胡兰，在恐吓她。

生："敌人指着血淋淋的铡刀说：'再不说，也铡死你！'"这也是在威胁刘胡兰。

师：是啊，大家说得很好，能读出威胁的感觉来吗？

（多位学生朗读，教师相机指导学生带上动作读，读出恐吓的语气。）

师：这几位同学读得非常好，让我们看到了敌人凶神恶煞的样子，感受到了敌人的凶残。

3. 借助标点，朗读课文

师：现在大家都知道"威胁"的意思了，读得不错！如果大家能够关注一下后面的标点符号，会读得更好！大家看，后面都是什么标点？

生（齐）：感叹号。

师：谁再来读读第2自然段中的这句话？

生：敌人又威胁她说："不说就打死你！"

师：面对这么凶狠的敌人，刘胡兰害怕吗？你们看一看她的回答，用了什么标点符号？

生：感叹号。

师：谁来读给大家听？让我们感受到刘胡兰的勇敢和镇定。

生：刘胡兰愤怒地回答："打死也不说！"

师：掌声送给他。下面，我请两位同学站起来，分角色读，一个人来读敌人的话，一个人来读刘胡兰的话，其他同学来读旁白。

（学生分角色朗读这段话，教师相机指导。）

师：这就是刘胡兰，即使面对如此凶狠的敌人，即使敌

> 启示："威胁"一词的理解，同样充满设计感。先是让学生回顾理解词语的方法，接着师生一块找依据，有口头威胁，有行为威胁。在对"威胁"一词进行理解的过程中，敌人的凶残，刘胡兰的坚定、大义凛然，跃然纸上。

> 启示：朗读感悟人物语言，是理解英雄人物形象重要的手段之一。

人把她打得鲜血直流，她依然不屈服。我们再一起来读读这句话——

课件出示：

刘胡兰像钢铁铸成似的，一点儿也不动摇。

（学生齐读。）

师： 这句话写"刘胡兰像钢铁铸成似的"，钢铁见过吗？谁摸过钢铁，说说是什么感觉。

生： 特别硬，特别结实。

师： 此刻的刘胡兰就像钢铁铸成的一样，即使面对敌人的毒打，她一点儿也没有动摇，她就是我们心目中的小英雄，让我们记住她的名字——

生： 刘胡兰。

师： 让我们再一起读读这句话，感受感受刘胡兰的英雄形象。

（学生齐读。）

师： 这就是勇敢的刘胡兰，这就是镇定的刘胡兰，这就是英勇的刘胡兰！后面还会发生什么故事呢？我们下节课继续学习。下课的时间到了，王老师留给同学们的作业是，书写生字，并有感情地朗读课文。另外，希望同学们读一读《小兵张嘎》《闪闪的红星》等写英雄故事的书籍。这节课我们就上到这里，下课。

【赏析：①关键词语的理解，有方法的渗透，更有方法的运用与拓展。②在理解重点词语的过程中，品读英雄人物形象，感悟英雄品质，进行革命文化渗透。】

【总评】

《刘胡兰》是一篇新增加的课文，与《八角楼上》《朱德的扁担》《难忘的泼水节》组成低年级唯一的一个革命文化题材单元，承担着2022年版课标"阅读并学习讲述革命领袖、革命英雄、爱国志士的童年故事，表达敬仰之情和向他们学习的愿望"的任务。前面三篇透过领袖人物的日常生活，展现革命领袖的风采，增进学生对革命领袖的理解。《刘胡兰》这一篇则从普通党员的角度，展现出在革命时期，为了革命的胜利，为了新中国的成立，以刘胡兰为代表的普通党员，忠于人民、忠于党，宁可牺牲，也要保守党的秘密的英勇事迹。对于这类文本的教学，王老师的处理是比较理性、科学的。

1. 革命文化题材的文本，识字写字仍然是重点。只不过所识的字，更多指向革命文化内容。或者说，这类字是学生了解、认识革命文化内容的载体。比如，王老师在教学中就是紧紧抓住"被""血"等字来展开的。

2. 革命文化题材的识字教学，又有独特的规律。这类字词有一种历史感，组成的语言有一种强烈的正义感、时代感。在学习识记这类生字词语时，要紧扣文本内容、人物形象等进行理解，不能是简单的加一加，减一减，或者常规的字理识字、循环识字、结合生活识字等。比如，关于"收买""威胁"词语的教学。

3. 革命文化题材的教学，要用语文的方式，体现革命性，体现革命文化，体现革命文化题材的特殊性，体现工具性与人文性的统一。各类背景资料的介入、生字词语的理解、有感情地朗读等，这些语文学习的手段，是学生学习革命文化文本的重要学习支架。同时，在认识生字、理解词语的过程中，感悟英雄人物形象、品质，传承红色文化，又是重中之重。这是这类文本的价值所在，也是区别于其他文本的重要标志。比如，王老师引导学生关注感叹号及相关的朗读；视频、图片等资料的介入。

【思维导图】

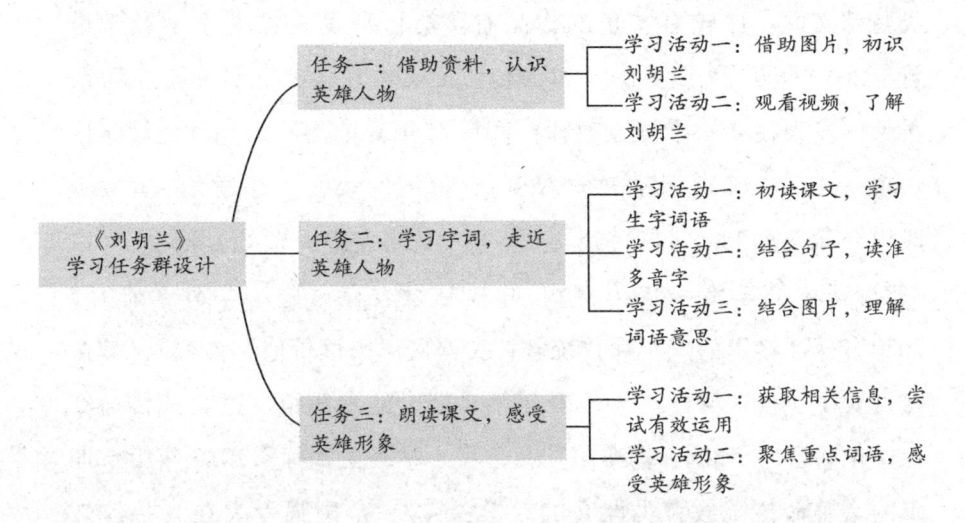

```
《刘胡兰》          任务一：借助资料，认识      ┌ 学习活动一：借助图片，初识
学习任务群设计        英雄人物              │              刘胡兰
                                        └ 学习活动二：观看视频，了解
                                                      刘胡兰

                    任务二：学习字词，走近    ┌ 学习活动一：初读课文，学习
                         英雄人物          │              生字词语
                                        ├ 学习活动二：结合句子，读准
                                        │              多音字
                                        └ 学习活动三：结合图片，理解
                                                      词语意思

                    任务三：朗读课文，感受    ┌ 学习活动一：获取相关信息，尝
                         英雄形象          │              试有效运用
                                        └ 学习活动二：聚焦重点词语，感
                                                      受英雄形象
```

【主编谈教学写作启示】

革命文化题材类课文教学策略

统编教材中，革命文化题材的文章有40余篇，而且几乎每年新增加或者调整的文本都与革命文化相关。这类文本承担着渗透核心素养之文化自信的重担，是了解、感知、传承革命文化的最佳载体。近年来，大家十分重视对革命文化类文本的研究，研究的议题、探究的路径、研讨的策略等，都还是比较深入细致的，形成了一系列成果。归纳起来，大体有这几方面内容：一是对统编教材革命文化内涵的阐述；二是对统编教材革命文化类文本编排特点的分析研究；三是对革命文化类课文教学策略的探究；四是关注各类背景资料的开发与运用，包括"阅读链接"类文本的融合；五是建议用语文的方式教学这

类特殊文本。比较有特色的作品有：李竹平发表在《小学教学设计》2019年第22期上的《革命传统类文本教学要立足儿童立场》，吴艳丽发表在《小学语文教师》2019年第6期上的《用预测策略读小说——〈丰碑〉课堂教学叙事》，程润发表在《小学语文教学》2019年第7期上的《红色经典文本教学的难点辨析与实践策略——以〈蝶恋花·答李淑一〉为例》，叶枚举发表在《中小学教学研究》2020年第2期上的《革命传统教育类课文"阅读价值"探究》，臧松刚发表在《教学与管理》2020年第2期上的《用语文的方式传播红色文化基因》，孙琍、杨海萌发表在《小学语文教师》2020年第5期上的《革命传统教育类课文的教学探究》，范国强发表在《福建教育》2020年第1期上的《让革命文化教育和语文核心素养培养相得益彰——基于统编小学语文教材的研究》，许丹发表在《基础教育课程》2021年第5期上的《统编语文教材革命文化选文与教学策略》，张卫其发表在《教学月刊》2021年第3期上的《革命文化题材类课文的教学价值、落脚点及教学方法》，周一贯发表在《小学教学参考》2021年第19期上的《在语文教学中有机渗透红色党史教育》，蒋清锋发表在《语文建设》2021年第10期上的《"资料助学"在革命传统类课文教学中的应用》，陆智强发表在《小学教学设计》2021年第16期上的《项目化学习：革命传统教育题材类课文教学新样式——以六下〈十六年前的回忆〉教学为例》，等等。

目前，基于2022年版课标理念下的革命文化类课文教学研究的文章不多，对于低年级革命文化类课文的研究更是少之又少，如以《刘胡兰》为例，可从以下方面入手进行写作：

1. 基于"文学阅读与创意表达"学习任务群视角下低年级革命文化类课文教学探究。统编教材中，低年级与中高年级革命文化类课文在文本内容、人物形象、文章语言、语文要素等方面，都有显著的差异。比如，低年级革命文化类课文出现的人物大多是革命领袖，描绘的大多是领袖人物的平凡小事，训练的是学生朗读能力、提取信息进行讲述的能力、词语理解能力等，教学呈现方式几乎都是"文学阅读与创意表达"学习任务群，2022年版课标中也只有这个学习任务群提出相关要求，其他学习任务群都没提到这类课文教学。那么，我们可以基于"文学阅读与创意表达"学习任务群视角，看待如何进行革命文化类课文教学。

2. 低年级革命文化类课文中识字教学、词语教学研究。无论是哪类文本，识字写字、理解词语意思，一直都是低年级学生学习的重中之重。但革命文化类课文的识字、词语理解，明显区别于普通单元教学，不能仅仅依靠加一加、减一减、字理识字、集中识字等常规方法，也不是简单的随课文识字，而是在品读英雄人物事迹、感悟英雄人物形象的过程中识字，理解词语含义，或者说识字写字、理解词语意思，与品读人物形象相结合。像《刘胡兰》一课对于"收买""威胁"等词语的理解，就不能仅仅从字面意思进行解释。

3. 资料支架在低年级革命文化类课文中的运用。实际教学中，许多教师感觉低年级革命文化题材的课文最难把握。一是因为教材内容的时空跨度大，学生对课文的时代背景十分陌生，理解起来有难度；二是因为学生年龄小，对革命领袖了解不多，感情基础薄弱，很难产生真实的情感；三是教师缺少合适的教学方法，经常过度解读文本，重思想情感，轻语言文字训练，把语文课上成说教课，导致课堂枯燥乏味。因此如何搭建支架突破低年级革命文化类课文的教学成了我们研究的重点。比如《刘胡兰》一课中，王老师就运用了视频资料、图片资料等背景资料。需要注意的是，许多教师在出示资料时，都是将相关资料原封不动地直接呈现，没有加工提炼成符合低年级学生认知特点的材料。所以，探索低年级学生能够听得懂、记得住、理解得了的资料，就成为我们研究的重要内容。

4. 革命文化的渗透、传承是当前教学的重点。2022年版课标在文化自信中把革命文化与中华优秀传统文化、社会主义先进文化并列，专门进行了解读的同时，还在学习任务群中列出学习内容与要求。因此，我们在教学中要大张旗鼓地宣传红色文化，赓续红色精神，引导学生正确看待榜样、英雄，形成敬仰英雄人物、传承英雄精神的信念，树立立志服务祖国、服务人民的远大理想，成为有理想、有本领、有担当的当代新人。这方面的教学经验、教学策略、教学路径，也是我们写作的重点内容。

5. 探索整本书阅读中渗透革命文化的方式与策略。整本书阅读是六大任务群之一，革命文化的彰显，离不开整本书阅读。

6. 阅读策略在革命文化文本学习中的运用研究。预测、快速阅读、有目的的阅读等阅读方法，不仅适合普通题材课文的学习，也适用于革命文化题材课文的学习。探索阅读策略在革命文化类课文中的运用，也是写作的一部分。

深度体验，感受海滨小城的独特魅力
——《海滨小城》教学实录
（统编版三年级上册第六单元第19课）

任务一：探寻——海滨小城在哪里？

学习活动：聚焦"滨"字，猜测海滨小城的位置

师：同学们，今天上课之前老师先请同学们看一幅图片，这个是我在上海出差的时候特意拍下来的。来，看看这条路叫什么名字。

生：上海徐汇滨江大道。

师：很好，再来看看这条路叫什么。

生：上海浦东滨江大道。

师：我们来读一读这两个路名。

生（齐）：上海徐汇滨江大道、上海浦东滨江大道。

师：谁发现了这两条路名的共同之处？

生：它们都是滨江大道。

师：为什么叫滨江大道呢？同学们观察观察这两条路，你发现了什么？

生：这两条路的旁边都有一条江，所以叫滨江大道。

师：你一定知道了，"滨"的意思就是——

生：离江比较近。

启示：这个识字教学片段有意思，由现实中的路名嵌入，引发学生思考、梳理。	师：（出示"滨"的字理图片）大家看这里，原来这个"滨"的意思就是水边，就是靠近水的地方。我们一起来写一写这个"滨"字，"滨"就是水边，所以这个字左边是三点水旁，这个字是形声字，右边是"宾客"的"宾"。

（教师范写后学生练写。）

师：滨就是靠近水的地方，（出示一所小学的校名）大家看，这所小学叫——

生：滨江东路小学。

师：这位同学，我问问你，你有没有去过这所学校？

生：没去过。

生：但你一定知道这个学校附近有什么？

生：有江。

师：非常好，来，再来看这个是什么地方。

（课件出示五象新区滨江公园、漫堤滨江酒店、滨江小区图片，学生读这些地点的名字。）

师：这些地方你可能都没有去过，但是你一定知道——

生：这个地方附近有一条江。

师：你是怎么知道的？

生：因为它们的名字都带有"滨江"两个字。

师：对，"滨"就是靠近水的地方，靠近江就叫"滨江"，想想看，如果靠近的是"湖"，可以怎么说？ |
| **启示**：由"滨江"引出"滨湖""滨河""滨海"，这个教学迁移十分巧妙。 | 生：滨湖。

师：如果靠近的是"河"呢？

生：滨河。

师：如果靠近的是"海"呢？

生：滨海。

师：对，靠近海的地方就叫滨海，今天我们要学习的课 |

文叫《海滨小城》，可见，这座小城就在——

生：海边，离海很近。

师：来，我们齐读课题。

生（齐）：海滨小城。

【赏析：导入课堂需要艺术，更需要语文味。王老师先从一张照片介入，让学生关注图中文字，聚焦"滨"字，明白"滨"就是靠近水的地方。由"滨"引申开来，靠近滨的小学、公园、小区就叫滨江小学、滨江公园、滨江小区，靠近江就叫滨江，然后推理出滨湖、滨河、滨海，在趣味十足的教学中，既教学生明白了生字意思，又趁机导入课文，一举两得！】

启示：导入独特，语文味浓厚。

任务二：概览——海滨小城什么样？

学习活动：整体感知，了解海滨小城的概况

师：这座海滨小城到底是什么样的呢？打开语文书，我们来学习这一课，请同学们自由读一读这篇文章，看看海滨小城给你留下了什么样的印象。

（学生自读课文，勾画相关词句。）

师：读完的同学请坐端正。刚刚大家读得非常认真，说说看，海滨小城给你留下了什么样的印象？

生：很美，很整洁，人们把街道打扫得十分干净，甚至连一片落叶都没有。

生：又美丽又整洁。

师：语言简洁，说得很好！这个词是你想出来的还是在课文中看到的？

生：我在课文中看到的。课文中这样写道："这座海滨小城真是又美丽又整洁。"

启示：学生由小城给自己留下的印象出发，再回归课文寻找到关键语句，这样对于借助关键语句理解一段话的意思就有基础了。

师：原来整篇文章就是围绕这一句话来写的，我们再来读一读这句话。

生（齐）：这座海滨小城真是又美丽又整洁。

师：海滨小城的什么地方很整洁？

生：第6自然段写的街道非常整洁。

师：我们一起来读一读这一段。

生（齐）：小城的街道也美。除了沥青的大路，都是用细沙铺成的，踩上去咯吱咯吱地响，好像踩在沙滩上一样。人们把街道打扫得十分干净，甚至连一片落叶都没有。

师：大家发现了吧，这段话也是围绕一句话来写的，想想看，这段话是围绕哪句话来写的？

生：小城的街道也美。

师：这段话中有两个生字，其中一个生字是数学课上常见到的，谁发现了？

生：是"除"字。

生：还有一个生字是"踩"。

师：观察观察，这两个生字在书写时要注意什么？

生：这两个字都是左右结构，左边都要窄一些。

启示：对比指导书写，加深对写字的理解。

师：（教师示范书写，边写边讲解）"除"字的左边竖要长一些，是垂露竖，右上的"人"，撇和捺要舒展一些。"踩"字左边最后一笔是提，由重到轻来写，右上是"爫"，注意写正确了。

（学生练习书写，教师巡视指导。）

师：海滨小城又美丽又整洁，刚刚说到了整洁，如果说到美丽，你想到了海滨小城的哪里？

生：小城的公园也很美，课文第5自然段写了。

师：（出示第5自然段）有没有发现这段话也是围绕一句

话来写的？

生：小城的公园更美。

师：我们来读一读课文第5~6自然段，王老师请一位同学来读这两段的第一句话，其他同学读围绕这句话来写的其他内容。

（学生合作读这两个自然段。）

师：作者写公园，写街道，都是围绕一句话来写的，那第4自然段中的庭院也是这样写的吗？

生：是的。这一段围绕的是第一句话："小城里每一个庭院都栽了很多树。"

师：我们也来合作着读一读这一段。

（同桌合作读这段话，体会整段话是围绕第一句来写的。）

师：庭院里栽了许多树，都有些什么树呢？谁来读给大家听听这几种树的名字？

生：桉树、椰子树、橄榄树、凤凰树。

师：这些树大家见过没有？我来出示图片，大家来读树的名字。（课件出示这几种树的图片，学生读树名）刚刚我们说的都是小城里的景象，这是一座海滨小城，就在海边，海上又会是怎样的景象呢？我们来学习课文第1~2自然段。

【赏析：如何让语文要素软着陆，而不是生硬灌输？王老师在这个片段的教学可以说提供了范例。】

启示：引导学生发现作者表达的秘密，落实单元语文要素。

任务三：深度游——海滨小城怎么好？

学习活动一：海边瞭望，欣赏多彩的世界

师：请同学们自己读一读课文第1~2自然段，看看你的眼前出现了怎样的景象。

课件出示：

我的家乡在广东，是一座海滨小城。人们走到街道尽头，就可以看见浩瀚的大海。天是蓝的，海也是蓝的。海天交界的水平线上，有棕色的机帆船和银白色的军舰来来往往。天空飞翔着白色的、灰色的海鸥，还飘着跟海鸥一样颜色的云朵。

早晨，机帆船、军舰、海鸥、云朵，都被朝阳镀上了一层金黄色。帆船上的渔民，军舰上的战士，他们的脸和胳臂也镀上了一层金黄色。

生：我看到了白色的、灰色的海鸥，还有云朵。

生：我看到的是棕色的机帆船、银白色的军舰。

师：（课件出示机帆船和军舰的图片）大家看，这两幅图哪个是军舰？哪个是机帆船？

（学生回答后再次认读词语：机帆船、军舰。）

师：刚刚读这段话，相信大家一定感受到了各种各样的颜色，我来问，你来回答，天是什么颜色？

生：蓝色。

师：海是什么颜色？

生：蓝色。

师：机帆船是什么颜色？

生：棕色。

师：军舰是——

生：银白色。

师：海鸥是——

生：白色或灰色。

师：云朵是——

生：和海鸥一样的颜色，白色或灰色。

师：作者没有直接写云朵的颜色，你是怎么知道的？

生：作者写的是"跟海鸥一样颜色"。

师：如果直接写颜色的话，这句话应该怎么写呢？

生：天空飞翔着白色的、灰色的海鸥，还飘着白色的、灰色的云朵。

师：比较着读一读，你发现了什么？

生：课文这样写没有重复的感觉，更简洁。

师：同学们再读一读课文，体会体会这样写的好处。

（学生自由读，体会。）

师：海面上的颜色不仅多，而且还会变。读了课文第2自然段你一定发现了——

生：机帆船本来是棕色的，现在镀上了一层金黄色。

生：军舰原来是银白色的，现在镀上了一层金黄色。

生：海鸥是白色的或者灰色的，现在镀上了一层金黄色。

生：云朵也是白色的或者灰色的，现在都镀上了一层金黄色。

生：渔民的脸和胳臂也镀上了一层金黄色。

生：战士的脸和胳臂也镀上了一层金黄色。

师：我请一位同学把大家说的这些颜色变化连起来说一说。

生：机帆船被朝阳镀上了一层金黄色，军舰被朝阳镀上了一层金黄色，海鸥被朝阳镀上了一层金黄色，云朵被朝阳镀上了一层金黄色，渔民的脸和胳臂被朝阳镀上了一层金黄色，战士的脸和胳臂被朝阳镀上了一层金黄色。

师：还是这个意思，但是作者的表达就很简洁，我们一起来读一读课文第2自然段，体会体会。

生（齐）：早晨，机帆船、军舰、海鸥、云朵，都被朝阳镀上了一层金黄色。帆船上的渔民，军舰上的战士，他们的

启示：对比阅读，发现作者写作的秘妙。

启示：关注海边景物颜色的描绘，感受作者仔细的观察和精准的表达。

脸和胳臂也镀上了一层金黄色。

学习活动二：海滩寻宝，感受热闹的世界

师：现在我们离开海面，到海滩上去看一看。海滩上到处都是贝壳，作者这样来形容，"沙滩上遍地是各种颜色、各种花纹的贝壳"。你见过什么颜色的贝壳？

生：黄的。

生：白的。

生：粉的。

生：灰的。

师：都有什么形状？

生：圆的。

生：扇形的。

生：椭圆的。

生：螺旋形的。

师：刚刚同学们说到了贝壳的很多颜色和形状，如果要围绕着"沙滩上遍地是各种颜色、各种花纹的贝壳"来说，大家一定会了。我们来试试吧！

课件出示：

海边是一片沙滩，沙滩上遍地是各种颜色、各种花纹的贝壳。有＿＿＿、＿＿＿、＿＿＿、＿＿＿，有＿＿＿、＿＿＿、＿＿＿、＿＿＿。

生：海边是一片沙滩，沙滩上遍地是各种颜色、各种花纹的贝壳。有蓝色的、黄色的、白色的、粉色的；有圆形的、扇形的、椭圆形的、螺旋形的。

生：海边是一片沙滩，沙滩上遍地是各种颜色、各种花纹的贝壳。有黄色的、蓝色的、白色的、灰色的；有圆形的、扇形的、心形的、螺旋形的。

启示：具化对各种颜色、各种花纹的理解，提升学生概括能力。

师：真好，就这样围绕这一句话来说，非常清楚。再仔细看看海滩上的景象，你会发现颜色还真不少呢！

课件出示：

船上满载着银光闪闪的鱼，还有青色的虾和蟹，金黄色的海螺。船队一靠岸，海滩上就喧闹起来。

师：一般的读者读到这段话都能看到好多种颜色，你看到了什么颜色？

生：银色。

生：青色。

生：金黄色。

师：一般的读者读到这段话都能看到好多种颜色，可是更厉害的读者读到这一段话是能看到动态的，你能看到什么在动？

生：虾在乱跳。

生：鱼总想跑出去，在翻腾。

生：螃蟹在爬来爬去。

师：还有其他的声音吗？比如人们——

生：有的渔民说："今天的收获可真不少呢！这次捕到的鱼真够多的！"

生：有的说："哈哈，真是太好了，没有白辛苦！这次捕到的鱼不仅很多，还很大呢。"

师：这段话写得多么鲜活啊！好的句子就要及时积累下来，抄写下来。同学们，要抄写这段话，一定要注意"载"字的书写。谁来说说这个字书写时要注意的地方？

生：左下的"车"，横要变成提。

生：这个字的斜钩很重要，要写得长一些。

（教师示范书写后学生练习书写，并抄写句子。）

启示：全方位感知"喧闹"的含义，理解文字背后的画面。

学习活动三：庭院散步，享受美好的环境

师：接下来我们到庭院里看看，还记得这段话是围绕哪一句话来写的吗？

生：小城里每一个庭院都栽了很多树。

师：同学们，这句话说小城里有很多树，猜猜有多少种。

生：至少十几种吧。

师：那么多的树怎么写呀？大家仔细读一读这段话，看看你能不能发现作者写作的秘密。

（学生默读，思考。）

生：作者写了有特点的树。

生：作者写的是有代表性的树。

师：桉树和凤凰树很有代表性，它们有什么特点？

生：桉树叶子能散发出香味，飘得到处都是。

生：凤凰树的花很红。

师：是啊，选取有代表性的树木来写，写出特点，我们就印象深刻了。我们来看一幅图片，这里是——

生：这是我们陕西师范大学的图书馆。

师：大家看，图书馆门前的树非常多，你看到了哪种树？

生：有松树、梧桐。

生：还有杨树、银杏树。

师：这么多的树，如果让你来写，你会怎么写？

生：我选有代表性的树来写。

师：大家想一想，先跟同桌说一说，一会儿我们选几个代表来交流。

（同桌练习后进行交流。）

生：我们的院子里有许多树，有松树、梧桐树、杨树、银杏树。我最喜欢的是银杏树，到了秋天，金黄的叶子像一

启示：引导学生关注作者表达秘密，学习作者表达的方式。

把把小扇子。

生：我们院子里的树很多，有银杏树、松树、梧桐树、玉兰。到了春天，玉兰花开了，开得非常漂亮，像一个个白玉做的铃铛。

生：我们院子里的树很多，有梧桐树、玉兰花、银杏树、松树。冬天，别的树的叶子已经落光了，松树依然翠绿，带给人勃勃生机。

师：同学们，今天我们不仅欣赏了海滨小城的美景，还学会了围绕一个意思来写。这节课就上到这里，下节课我们一起去欣赏海滨小城的公园、街道的景色。最后留给同学们两个作业：一是朗读课文，感受海滨小城的美丽；二是积累好的词语和句子。

【赏析：发现作者写作的特色，是任务三的亮点。

学习活动一是发现作者对颜色的关注与描绘，或者说发现作者在这两个自然段中，是围绕海滨小城的颜色来写的。比如，蓝色的海洋、棕色的机帆船和银白色的军舰，白色的、灰色的海鸥及云朵，还有早上被镀上的金黄色。

学习活动二是围绕沙滩上的贝壳及"喧闹"来表述的。教师引导学生畅想各种颜色、各种花纹的贝壳，想象海滩上喧闹的场面。

学习活动三是结合庭院都栽了很多树来发现作者描写的法宝：作者写的是有代表性的树。

这个发现，与单元语文要素——借助关键语句理解一段话的意思息息相关，是落实单元语文要素的重要路径。同时，发现不是终点，指向语言文字运用的发现，才是学习的目的。】

启示：指向运用的学习是最好的学习。

【总评】

作为"文学阅读与创意表达"学习任务群，这一课在教学中有以下特色值得我们学习与借鉴：

1. 围绕"深度体验，感受海滨小城的独特魅力"这个总任务，本节课的三个分任务各有侧重，又层层递进。任务一在分析"滨"字的同时，巧妙告知了海滨城市的大体位置，又进行了生字的梳理，为下面的学习奠定基础。任务二宏观感知海滨小城的印象，了解作者表达的特点：围绕关键语句描述。任务三深入具体段落进行深度品读解剖。另外，在任务三中，三个支任务的小标题各具特色，既对应所学片段，侧重不同内容，又注重品读诗意语言，收获作者表达密钥。

2. 2022年版课标在"文学阅读与创意表达"学习任务群之"教学提示"中强调：第二学段在阅读全文基础上，侧重考察学生对重要段落和语句的理解，以及对作品的语言和形象的具体感受。学生对重要段落和语句的理解以及语言的感受如何落实？在这堂课中，王老师是这样处理的：

首先，对丰富多彩的颜色的关注。课文第1~2自然段中，多处描绘了小城丰富多彩的颜色，这些蓝色、白色、灰色、棕色、银白色及金黄色构成了小城斑斓的画卷。同时，王老师还引导学生关注颜色的变化，体会小城早晨的美丽。

其次，围绕着"沙滩上遍地是各种颜色、各种花纹的贝壳"，想象小城沙滩上贝壳的颜色及形状。

再次，对重点词语的品味。比如"喧闹"。"船队一靠岸，海滩上就喧闹起来。"海滩上什么在"喧闹"，如何"喧闹"？作者没有直接点明，类似画的留白，给人无限的想象。这里，借"喧闹"，让学生品读文字背后的故事，想象作者描绘的意境，感受作者用词的含蓄丰厚。

接着，发现作者表达的秘密。单元的语文要素是"借助关键语句理解一段话的意思"，这也是作者表达方面的特色。教学时，抓住作者写作的思路，弄清作者表达的秘密，向学生传递写作密码的同时，也就落实了单元语文要素。比如，针对第4自然段，一方面引导学生感受作者是围绕"小城里每一个庭院都栽了很多树"这个关键句子写的;另外一方面,还探寻出"作者写的是有代表性的树",建构学生学习借鉴作者表达方法的元认知。

最后,语文要素的实践运用。知道了"借助关键语句理解一段话的意思"这个语文要素是学习的第一层次,习得这种方法属于学习的第二层次,能够在平常写作中进行运用,服务于自己的写作,才是终极目标。因此,王老师在课堂最后,以陕西师范大学图书馆前的树为例,请学生模仿描述:"这么多的树,如果让你来写,你会怎么写?"这就是走向语言表达方式的运用。

【思维导图】

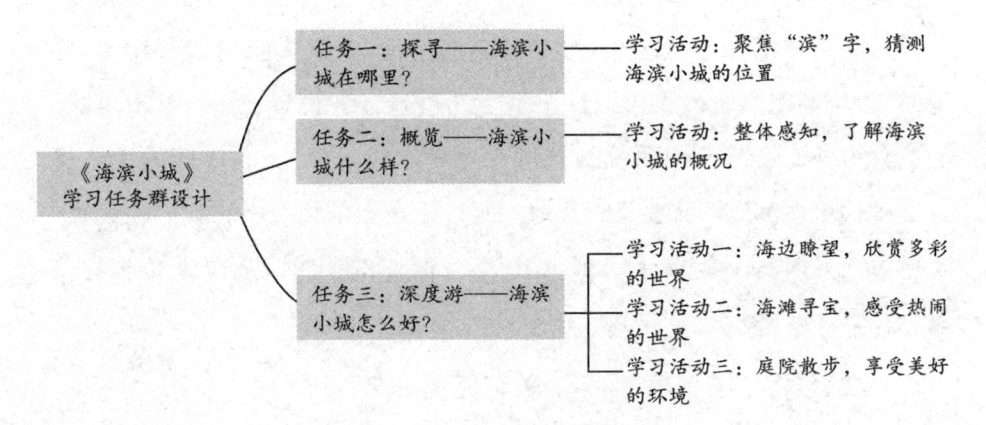

《海滨小城》学习任务群设计
- 任务一:探寻——海滨小城在哪里?
  - 学习活动:聚焦"滨"字,猜测海滨小城的位置
- 任务二:概览——海滨小城什么样?
  - 学习活动:整体感知,了解海滨小城的概况
- 任务三:深度游——海滨小城怎么好?
  - 学习活动一:海边瞭望,欣赏多彩的世界
  - 学习活动二:海滩寻宝,感受热闹的世界
  - 学习活动三:庭院散步,享受美好的环境

【主编谈教学写作启示】

语文学习任务群之任务的确立
——以《海滨小城》为例

2022年版课标提出:"义务教育语文课程内容主要以学习任务群组织与呈现。"那么,什么样的任务群才能精准匹配教学目标?学习

任务如何确立？我觉得可以从以下方面进行研究：

一、辩证理解 2022 年版课标的要求

2022 年版课标指出："设计语文学习任务，要围绕特定学习主题，确定具有内在逻辑关联的语文实践活动。"这里，课标对学习任务群的任务提出宏观要求——围绕特定学习主题。以"文学阅读与创意表达"学习任务群为例，在"教学提示"里，第二学段的学习主题为"饮水思源""珍爱自然""童年趣事"。这些主题，类似统编教材的人文主题，比如《海滨小城》这个单元的人文主题是"祖国，我爱你。我爱你每一寸土地，我爱你壮美的山河"，其实就对应"珍爱自然"。但是第二学段仅仅以这三个主题进行任务设置，显然是不可能的。另外，目前使用的统编教材，是"双线组元"，在实际教学中，老师们更多侧重语文要素的落地。所以，在当前情况下，我们在设置学习任务时，不能仅仅依靠 2022 年版课标的要求，还要结合教材，依托语文要素。

二、学习任务群不同，学习任务也不同

2022 年版课标提出义务教育阶段用六个学习群呈现教学，在目前情况下，一篇课文的侧重点不同，学习目标各异，那么学习过程可能会有不同。《海滨小城》这一课，如果以"语言文字积累与梳理"学习任务群呈现，其学习任务侧重对语言文字的梳理，指向核心素养的语言运用；以"实用性阅读与交流"学习任务群呈现，学习任务侧重作者是如何围绕一个意思写的，指向核心素养的写作思维能力；以"文学阅读与创意表达"学习任务群呈现时，学习任务侧重感受文学语言，获得审美体验，指向核心素养的审美创造；以"思辨性阅读与表达"学习任务群呈现时，侧重作者选材比较，海滨小城可写的内容

那么多，为什么作者主要写它的颜色、海滩、树木、街道与公园，指向核心素养的选材思维能力；以"整本书阅读"学习任务群呈现时，侧重体会作者"不尚藻饰渲染，总是满怀朴实之情，如数家珍，亲切动人。抒发感情，剖析事理，常常引物取比，娓娓而谈"的写作风格，从而由这一篇走向作者林遐《风雷小记》《山水阳光》《撑渡阿婷》等散文集。

三、依托教材，制定学习任务

当前情况下，统编教材依然是教育教学的抓手，教学依然要落实教材的要求。脱离教材要求而去"创造性"地进行学习任务开发，对于大多数教师来说不现实，也不一定符合 2022 年版课标理念。因此，单元语文要素、课后习题、阅读提示等，依然是我们教学的目标、学习的任务。像这一课，王老师依据单元要求及课后习题，提出"这座海滨小城到底是什么样的呢？"的问题，这其实就是统领全篇的学习任务，也是从教材自身出发，提出的探究性问题。类似的还有，二年级上册第 12 课《坐井观天》第 2 题：小鸟和青蛙在争论什么？他们的说法为什么不一样？第 13 课《寒号鸟》第 1 题：为什么喜鹊能住在温暖的窝里，寒号鸟却冻死了？选做：你在生活中见过喜鹊或寒号鸟这样的人吗？说说他的小故事。第 14 课《我要的是葫芦》第 1 题：种葫芦的人想要葫芦，为什么最后却一个也没得到？这其实就可以组成"思辨性阅读与表达"学习任务群，而以"问题出在哪儿？——黑猫警长办案记"作为任务，显然符合学生兴趣，也契合教材要求。

四、结合教材提炼大概念、大任务

浙江大学教育学院刘徽教授等人提出大概念理念，所谓"大概念"，是指反映专家思维方式的概念、观念或论题，它具有生活价值。

多年来，我们长期秉持"间接主义"认识论与"讲授主义"教学观，认为知识的本质是"客观真理"或学科事实，学生认识的"特点"是通过书本知识"间接"认识世界，教学以系统讲授书本知识为主，一切学习都是"接受学习"。这种认识论和教学观使学生变成储存知识的容器，不仅无法发展核心素养，而且扭曲了学生的人格，摧毁了学生的身体。大观念课程与教学根本超越"间接主义"与"讲授主义"，走向理解本位认识论和实践本位教学观。所以，针对一个单元或者一篇课文，提炼出学生要达到的大概念，是学生核心素养养成的基础。

五、探究学习任务的特点

什么样的学习任务才是合适的？试着进行理性分析及研究，提出原则性要求。比如，有人提出构成任务的五个要素：第一，任务形态上，任务有完整的结构、必要的体量、真实的来源。第二，任务对学生有吸引力、挑战性和适切性。在设计任务的时候，一定要考虑到给学生设计的任务，学生拿到手里后，是什么感觉。是很有趣，很好玩，愿意和你一起做，还是感觉到很无聊、无可奈何？第三，任务的解决蕴含知识、能力和学习。原来是靠教师讲解，传递知识，靠课后做作业来训练能力。现在是通过任务的完成，同时学到知识和能力。第四，任务的解决有助于培养学生的思维方式和行为方式（大观念）。在设计大任务的时候，一定要考虑大观念，决不能仅仅满足学生的考试。新时代要注重培养学生的综合素养，其表现在于思维方式、行为方式。第五，任务的解决有社会进步意义，有助于培养责任感，满足成就感。多年来，很多教师一味让学生进行各式各样的学习，主要是为了学好知识，应付考试，但很少考虑到学生的感受——他们是否在学习过程中有成就感？是否感受到了责任感和价值感？2022年版课标的导向之一是让学生能够像专家一样学习和思考，而非仅仅为了讨好老师、满足家长。

了解英雄故事，致敬英雄人物
——《小英雄雨来》（节选）教学实录
（统编版四年级下册第六单元第19课）

第一课时

任务一：链接旧知，初识小英雄

学习活动一：交流中认识小英雄雨来

师：同学们，今天上课前王老师先请大家来欣赏一首歌曲。

（播放歌曲《二小放牛郎》，学生听。）

师：这首歌唱的是一个小英雄，谁听出来了？

生：这首歌唱的是小英雄王二小。

师：了解这个故事吗？能不能给大家简单讲一讲？

生：敌人让王二小带路，他为了保护乡亲们，把敌人带进了八路军的埋伏圈。敌人中了埋伏，气急败坏，就杀害了王二小。

师：多么可敬的一个小英雄啊！我们在二年级的时候也学过一个小英雄的故事，毛主席曾经为她题词："生的伟大，死的光荣。"谁知道这个小英雄是谁？

生：刘胡兰。

启示：回忆熟悉的小英雄人物，既为雨来的出场做了背景介绍，也是一次爱国主义教育。

师：在抗战的过程中，出现了很多的小英雄，他们虽然年龄很小，却发挥了很大的作用。来，我们看一些资料，大家快速浏览一下，看看你能够获取哪些信息。

课件出示：

到1940年，陕甘宁边区有7万儿童团员，苏北解放区有18万少年队和儿童团员，华北抗日根据地有60万儿童团员，他们是当时抗日儿童团的主力。

其中，最为活跃和出色的是晋察冀边区的儿童团，他们站岗放哨、捉汉奸、送情报，利用自己年纪小、不易被注意的特点，深入敌后，出色地完成任务。晋察冀边区抗日儿童团还开展了"五不运动"：不给敌人带路；不给敌人送信；不吃敌人的糖；不念敌人的书；不告诉敌人藏粮的地方。

（学生浏览资料，获取信息。）

师：读完了吗？来，跟大家分享一下，你获取了哪些信息？

生：晋察冀边区抗日儿童团开展了"五不运动"。

师：具体说说看。

生：就是不给敌人带路；不给敌人送信；不吃敌人的糖；不念敌人的书；不告诉敌人藏粮的地方。

师：这些儿童团员多么机智，多么勇敢，他们站岗放哨，捉汉奸送情报，真了不起！今天，就让我们一起认识一位晋察冀边区的儿童团员，一位不告诉敌人情报、不吃敌人糖的小英雄，他的名字叫——

生：雨来。

师：我们要学习的课文就是《小英雄雨来》，大家一起来读课题。

（学生齐读课题。）

启示：背景资料的介入，为学生理解小英雄雨来的人物形象奠定基础。

师：大家留意，在题目的后面，还加上了"节选"两个字，谁知道节选是什么意思？

生：《小英雄雨来》原本可能是一篇很长的文章，或者是一本书，课本中的内容只是其中的一部分，有可能是最精彩的部分，不是所有内容，所以是节选。

师：说得很好！同学们想想看，要想对小英雄雨来有更多的了解，我们应该怎么做？

生：应该读完整的故事，就是那本书。

师：哪位作家写的呢？

生：管桦写的。这篇文章下面有注释，这篇课文是管桦写的，这本书也应该是他写的。

师：是啊，读读这本书（课件出示《小英雄雨来》一书的封面），你会了解更多关于雨来的故事。同学们，看到这个题目，你们想知道哪些内容呢？

生：雨来为什么被称为小英雄？

生：雨来做了什么事情？

生：雨来牺牲了吗？

师：非常好，带着问题，能够让我们的阅读更有效。

学习活动二：比较中发现长文的特点

师：同学们，这篇课文跟以往我们学过的课文不太一样，你看我们原来学过的课文，比如第五单元的《海上日出》《记金华的双龙洞》，还记得吗？它们各占了几个页码？

生：《海上日出》占了两个页码，《记金华的双龙洞》占了三个页码。

师：大家课前也预习过课文了，这篇文章占了几个页码？

生：占了九个页码。

师：大家算一算，九个页码是两个页码的多少倍？是三

启示：看似是闲语，其实是在引导学生进行整本书阅读，巧妙！

个页码的多少倍？

生：我算了，比《海上日出》页码的四倍还多，是《记金华的双龙洞》页码的整整三倍。

师：是啊，这篇课文好长啊！这么长的课文应该不太好读。不过，这篇课文可有一个小秘密，预习的时候谁发现了？虽然课文很长，但是你想都不用想，一下子就能说出这篇文章分为几个部分。谁来说说，分成了几个部分？

生：分成了六个部分。

师：这位同学预习完课文一下子就能报出课文可以分为六个部分，是因为他语文学得特别好吗？我不确定，但我知道，他的数学应该学得挺不错的！

（全班学生会心地笑了。）

启示：通过比较，发现长文在内容呈现上的特点，那就是用序号或者用空行的形式分出各部分，这也是在无形中对学生进行整本书阅读指导。

生：课文里面都标出来了。

师：来，我们快速找出六个部分的标志来。

（学生找到并标出六个序号。）

师：大家一下子就找到六个序号，分清楚课文的六个部分了，很好。看来，学习特别长的课文时，我们不用太紧张，有些课文用序号分出了各部分，有的用空行的方式分出了各部分。同学们，读这样的课文，要注意课文中出现的人物，大家课前都预习了课文，谁能告诉大家，课文中提到的人物有哪些？

生：有雨来，还有他的爸爸、妈妈。

启示：读小说，首先要了解文本中的人物都有哪些。

生：有李大叔，还有一个女老师和乡亲们。

生：还有扁鼻子军官和其他鬼子。

生：还有铁头、三钻儿。

师：同学们，我们来看一下课文中提到的这些人，如果要分成两部分，应该是哪两部分？

生：一部分是敌人，一部分是好人。好人就是雨来、铁头、三钻儿、雨来的爸爸和妈妈、女老师、李大叔、乡亲们。

师：你说的好人，其实也可以分为两部分，谁来说说？

生：一部分是大人，一部分是小孩。

师：大人有——

生：爸爸、妈妈、女老师、李大叔、乡亲们。

师：小孩有——

生：雨来、铁头、三钻儿。

师：同学们，无论是大人还是小孩，他们都在做同一件事，就是抗日，就是跟敌人作斗争，因为他们每个人心里都装着一句话，你能不能从课文中找到他们心中装的是哪一句话？

生：我们是中国人，我们爱自己的祖国。

师：非常好，我们一起读。

生（齐）：我们是中国人，我们爱自己的祖国。

师：这句话我们也应该深深地记在心中，来，闭上眼睛，让我们一起来背一背这句话。

生（齐）：我们是中国人，我们爱自己的祖国。

【赏析：任务一的教学给了我们诸多启示。革命类文本如何有效解决学生不了解故事背景的问题？出示资料提取主要信息是一种方法，勾连已有的知识经验，唤醒旧知链接新知也是一种方法。长课文怎么学？对比其他文章找到不同，发现特点是一种方法，提取主要人物、主要事件、关键语句也是一种方法。】

> 启示：如何把长文读短？抓主要人物、抓主要事件、抓关键语句等，这是对之前学习过的提炼课文主要内容几种策略的综合运用。

任务二：列小标题，记住英雄事迹

学习活动一：多角度感受雨来游泳的本领高

师：正是因为这些人心中都有着"我们是中国人，我们爱自己的祖国"这样的信念，所以他们才一直在跟日本鬼子坚决地作斗争。同学们，刚刚说到了这么多人，我相信最重要的人物，毫无疑问，应该是——

生：雨来。

师：大家都读了课文，我相信雨来一定给大家留下了非常深刻的印象。现在请大家再次浏览课文的第一部分，想一想，这部分围绕雨来主要讲了什么？

（学生浏览课文，思考。）

师：我们来交流交流，谁来说说这部分围绕雨来主要写了什么？

生：雨来游泳的本领非常高超。

师：你读到哪一段就有了这样的感觉？

生：每到夏天，雨来和铁头、三钻儿，还有很多小朋友，好像一群鱼，在河里钻上钻下，藏猫猫，狗刨，立浮，仰浮。雨来仰浮的本领最高，能够脸朝天在水里躺着，不但不沉底，还要把小肚皮露在水面上。

师：非常好，就是这一段，我们一起来读一读。

（学生齐读这段话。）

师：说到游泳，我想问问咱们班同学有人会吗。

生：我会游泳，会的是狗刨，其他就不会了。

生：我也会游泳，但是不会立浮、仰浮。雨来能够脸朝天在水里躺着，不但不沉底，还要把小肚皮露在水面上，太厉害了！

师：雨来的游泳本领确实很高，从这一段能够看出来，因为作者直接进行了描写。再往后看，还有哪些段落也写出了雨来游泳的本领很高？

生：妈妈还是死命追着不放，到底追上了，可是雨来浑身光溜溜的像条小泥鳅，怎么也抓不住。只听见扑通一声，雨来扎进河里不见了。妈妈立在河沿上，望着渐渐扩大的水圈直发愣。

忽然，远远的水面上露出个小脑袋来。雨来像小鸭子一样抖着头上的水，用手抹一下眼睛和鼻子，嘴里吹着气，望着妈妈笑。

师：妈妈在追他，他干的事情是跳到了河里。你调皮捣蛋时，妈妈也追过你，你敢往河里跳吗？

生：不敢。

师：不会游泳的，千万不能跳，雨来游泳本领高，跳下去没事，你千万不能跳！"忽然，远远的水面上露出个小脑袋来。雨来像小鸭子一样抖着头上的水，用手抹一下眼睛和鼻子，嘴里吹着气，望着妈妈笑。"说说看，读了这段话，你觉得雨来怎么样？

生：他游泳本领非常高。他不仅游得很快，而且还很轻松，浮上来之后还望着妈妈笑，水平确实很高。

师：非常好。写雨来游泳本领高，既可以直接写，也可以从侧面来写，这些方法都值得我们学习。同学们，雨来游泳本领很高，大家一定印象深刻，学习了课文第一部分，你能不能看着课文的插图，用自己的话来说一说？

（学生根据插图练习讲述。）

师：谁来讲给大家听听？

生：雨来游泳的本领很高，藏猫猫，狗刨，立浮，仰浮，

启示：教师引导学生从正面、侧面充分感受雨来游泳技术的高超，既是对文章写法的体会，也是为最后学习雨来成功从敌人枪口下逃脱的情节做了铺垫。借助插图讲故事，是对学习活动一的综合呈现。

他都会。妈妈不让雨来玩水，但是雨来还是去玩了。于是，妈妈追着打他，追上雨来时，由于他身子光溜溜的没抓住，雨来跳进河里就不见了。没过一会儿，雨来出现在了远处，从水里露出小脑袋，望着妈妈笑。

师：掌声送给他，讲得特别清楚，非常好。

学习活动二：通过列小标题记住小英雄事迹

师：同学们，这就是雨来，他游泳的本领确实很高，课后题第2题用五个字来概括这部分内容，我们一起来读一读——

生（齐）：游泳本领高。

师：原来，用小标题就可以概括这部分的内容。大家发现了吗？小标题是有特点的。

生：小标题很短，字数很少。

生：小标题虽然字数少，但是讲出了这部分的主要意思。

师：是啊，短小精悍，但能够概括大意，这就是小标题。刚刚我们说的是雨来游泳本领高，去掉"雨来"两个字，就跟课后题一样了。这篇文章就是围绕雨来写的，后面我们在概括小标题的时候，就可以统一把"雨来"两个字省掉。我们再读一读这个小标题。

生（齐）：游泳本领高。

师：其实，列小标题的方法不止一种，抓主要意思进行概括只是其中的一种方法，我们还可以从一段话中找一句大概能代表这一段意思的句子作为小标题，我们来试试，请大家再读读这部分内容，你觉得哪一个短句有这样的作用？可以勾画出来。

生：雨来仰浮的本领最高。

师：不错，挺好的，还有吗？

启示：这是标准答案，其实学生还有自己的答案。如何提炼小标题，有比较、对比，学生才能明确秘诀。

生：望着妈妈笑。

师：非常好，这两句都可以。同学们，这篇文章的作者是谁？你们还记得吗？

生：管桦。

师：我们来看一段资料——

课件出示：

管桦，著名作家、诗人，曾任北京市文联主席，北京市老舍研究会会长，一级作家。

师：管桦是著名的作家，他的写作水平很高，他不仅把故事讲得非常清楚，而且仔细读课文，你还会发现，文章的前后是有很大关联的，前面的内容往往会埋下伏笔，为后文做好铺垫。大家再读读第一部分内容，看看你能不能发现。

（学生阅读，思考。）

生：我发现前面写雨来会藏猫猫，狗刨，立浮，仰浮，游泳本领高，后面妈妈抓他时，他跳到河里，就游到远处了。

生：前面写到了他跟铁头、三钻儿一块游泳，后面妈妈追他时，就正好遇到了铁头赶着牛从河沿回来，多巧啊。

师：是啊，大家发现了吧，前面的内容往往已经为后边做好了铺垫。我们再读这些特别长的文章时，一定要学会一种阅读的方法——返回来再看。适当的时候停下来，返回去读一读前面的内容，这样前后联系着读，你的收获会更大。

师：同学们，现在我们来看黑板，列小标题有两种方法：一种是提炼概括，抓主要意思；一种是用文中语句来表达。下面我们来读课文的第二部分，我们先用找文中句子的方法来列小标题。请大家快速默读第二部分，找出能当小标题的句子来。

（学生默读课文，思考勾画。）

启示：发现作家表达的秘密，积累表达经验，也是文学阅读的重要内容。

师：我们来交流交流，说说看，你找到的句子是——

生：起码要上夜校。

师：不错，还有吗？

生：我们爱自己的祖国。

师：很好，值得表扬。如果用抓主要意思的方法来提炼概括，你觉得几个字最好？

生：五个字，跟前面的保持一致最好。

师：我们来试试，赶快再读一读这部分内容。

（学生读课文，思考。）

生：可以这样列小标题：读书上夜校。

师：调整一下语序会不会更好呢？

生：上夜校读书。

师：非常好！刚刚我们说过，读长课文要学会返回来再读前面的内容，这里说到了夜校就在三钻儿家的豆腐房里，三钻儿这个名字好像在哪里见过啊。

生：第一部分写到过，"每到夏天，雨来和铁头、三钻儿，还有很多小朋友，好像一群鱼，在河里钻上钻下，藏猫猫，狗刨，立浮，仰浮"。

师：真好！同学们，读长的课文一定要学会返回来再读，当然了，不光可以往前看，还可以往后看。第二部分写道："雨来从口袋里掏出课本，这是用土纸油印的，软鼓囊囊的。"这里提到了"课本"，大家预测一下，课文后面的部分会不会出现"课本"？请同学们快速浏览课文，找一找，看看在哪里又出现了"课本"。

（学生浏览课文，勾画。）

生：请大家翻到课文的第四部分，这里出现了"课本"。

师：你能把相关的句子读给大家听听吗？

启示：学生列小标题能力的形成，既要有方法的指导，更要在具体的实践中逐步发现要领，最终能够独立运用。

生：雨来低头一看，原来刚才一阵子挣扎，识字课本从怀里露出来了。鬼子一把抓在手里，翻着看了看，问他："谁给你的？"雨来说："捡来的！"

生：还有这几句话：雨来半天才喘过气来，脑袋里像有一窝蜂，嗡嗡地叫。他两眼直冒金星，鼻子流着血。一滴一滴的血滴下来，溅在课本那几行字上：

"我们是中国人，

我们爱自己的祖国。"

师：是啊，读长文章一定要学会前后联系。同学们，我们再看课文的第二部分内容，你发现作者特别强调的是什么？

生：我们是中国人，我们爱自己的祖国。

师：为什么你觉得是这句话呢？

生：这句话重复了两遍，老师读完，大家又跟读了一遍。

师：我们来合作读一读这句话："我们是中国人，我们爱自己的祖国。"

生（齐）：我们——是——中国人，我们——爱——自己的——祖国。

师：刚刚我们学的是课文的第二部分，大家学会了抓主要意思列小标题，也学会了从课文中找某一个句子做小标题，下面请大家独立阅读课文第三部分，试着用两种方法分别来列小标题，一会儿把你列的小标题写在课文的空白处，把你找到的句子勾画出来。

（学生阅读思考，尝试着列出小标题。）

师：读完了吧？同桌两人先交流交流，看看你们列的小标题是什么，交流一下。

（同桌讨论交流。）

师：谁来说说你列出的小标题是什么？

启示：通过勾连前后的内容，帮助学生发现作者创作的秘密，这是形成阅读能力的手段之一，可见教师心里不仅装着一篇课文的学习，而且更关注的是整本书的阅读指导。

生：掩护李大叔。

生：智护交通员。

师：都很好，值得表扬。这是咱们概括出来的小标题，有没有同学找到课文中的某一句话，你觉得这句话也差不多能当这部分的小标题？

生：我找到了一句话："把缸搬回原地方，你就快到别的院里去，对谁也不许说。"

师：这位同学非常敏锐，他找的这句话特别好，但是有点儿长，能不能从这一句话中找出其中一个小分句，只要其中一句？

生：把缸搬回原地方。

师：非常好，掌声送给他！我们首先可以找出课文中的某个句子，然后像这位同学一样聚焦某一个分句，这样小标题就列出来了。

【赏析：活动一的开展起到了多方面的作用。一方面，教师引导学生发现作者通过不同角度的描写，塑造了一个擅长游泳的可爱的孩子的形象，为故事最后的结果做了铺垫；另一方面，学生充分感知了第一部分内容，列小标题变得自然而然，水到渠成。活动二的内容在活动一的基础上展开，教师除了引导学生运用前面学过的方法列小标题，还提供了新的方法——抓关键语句，给了学生更多选择。】

任务三：对比体会，感悟英雄形象

师：同学们，你们刚刚在读第三部分的时候，有没有发现，这段话中的拟声词特别多？请大家浏览这部分，把带有拟声词的句子勾画出来。

（学生浏览课文，勾画句子。）

师：找到的同学可以举手，跟大家分享分享。

（学生读出带有拟声词的相关句子。）

师：大家找到了很多带有拟声词的句子，王老师列了其中几个展示在大屏幕上，我请几位同学来读一读。

课件出示：

1. 忽然听见街上咕咚咕咚有人跑，把屋子震得好像摇晃起来，窗户纸哗啦哗啦响。
2. 随后听见日本鬼子呜哩哇啦地叫。
3. 背后咔啦一声枪栓响，有人大声叫道："站住！"
4. 只听见子弹向他头上嗖嗖地飞来。

师：谁来读读第一句话？

生：忽然听见街上咕咚咕咚有人跑，把屋子震得好像摇晃起来，窗户纸哗啦哗啦响。

师：听完他朗读的这句带有拟声词的句子，你有什么感受？

生：我感觉情况非常危急。

师：你再读一读，让我们感受感受这紧急的情况！

（学生读句子。）

师：谁再来读读第二句话？

生：随后听见日本鬼子呜哩哇啦地叫。

师：这句话中的拟声词真有意思，看老师写到黑板上（板书：呜哩哇啦）。这几个字很有特点，发现了吧？

生：左边都是口字旁，右边都代表读音。

师：是啊，很好记。鬼子呜哩哇啦地叫，我们可能听不懂，大家根据当时的情境，猜猜看，鬼子在说什么？

生：别跑，给我站住！

生：再跑我就开枪了！

启示：词语的积累、品读，也是文学阅读的一部分。

师：于是就听到了这样的声音，谁来继续读句子？

生：背后咔啦一声枪栓响，有人大声叫道："站住！"

生：只听见子弹向他头上嗖嗖地飞来。

师：第三句话说到了枪栓响，知道枪栓在哪里吗？谁能看着这幅图（出示枪的图片）给大家指一指枪栓在哪里？

（一位男生上台指出枪栓的位置。）

师：枪栓响了，接下来就会射击，情况非常危急，我们来看看小英雄雨来的表现吧！

课件出示：

雨来刚到堂屋，见十几把雪亮的刺刀从前门进来，他撒腿就往后院跑。背后咔啦一声枪栓响，有人大声叫道："站住！"雨来没理他，脚下像踩着风，一直朝后院跑去。只听见子弹向他头上嗖嗖地飞来。可是后院没有门，把雨来急出一身冷汗。靠墙有一棵桃树，雨来抱着树就往上爬。鬼子已经追到树底下，伸手抓住雨来的脚，往下一拉，雨来就摔在地上。鬼子把他两只胳膊向背后一拧，捆绑起来，推推搡搡回到屋里。

师：我们先看第一句，"雨来刚到堂屋，见十几把雪亮的刺刀从前门进来"，问问大家，刚进屋就看到那么多的刺刀冲你来了，你会怎样？

生：我很紧张，很害怕。

生：我都担心自己会晕过去。

师：大家看看雨来是怎么做的。

生：雨来脚下像踩着风，一直朝后院跑去。

师：脚下像踩着风，看来雨来并没有慌乱，他跑得很快。他为什么往后院跑呢？怎么不往屋子里面跑呢？

生：他要引开敌人。

师：是啊，临危不乱，雨来非常镇定，非常勇敢。我们平时也许跑得挺快的，但面对这样的情景，很可能就被吓得腿脚发软，不听使唤了。雨来的脚下像踩着风，他真不愧是一个小英雄！这时，只听见子弹向他头上嗖嗖地飞来。同学们，这时头顶嗖嗖嗖的，那是子弹飞过，想想看，如果面对这样的情景，你会怎样？

生：我估计会被吓哭了。

生：我肯定会被吓晕的。

师：我们读一读雨来是怎样做的。

生（齐）：可是后院没有门，把雨来急出一身冷汗。靠墙有一棵桃树，雨来抱着树就往上爬。

师：这就是机智、勇敢、镇定的雨来，临危不乱，想办法跟敌人作斗争，这就是小英雄雨来，我们一起再来读课题——

生（齐）：小英雄雨来。

师：这时，鬼子已经追到树底下，伸手抓住雨来的脚，往下一拉，雨来就摔在地上。鬼子把他两只胳膊向背后一拧，捆绑起来，推推搡搡回到屋里。后半段的故事又会是怎样的？我们下节课继续学习。

【赏析：从拟声词切入体会人物的品质是个非常独特的视角，这可能是很多学生在阅读的过程中会忽略的。教师以拟声词为突破口，指导学生勾连自身的体验，进一步感受人物的品质。】

启示：将雨来的行为与作为同龄人的学生可能采取的行为进行对比，在对比中凸显雨来的非凡。

第二课时

任务一：复习回顾，梳理列小标题的方法

师：同学们，《小英雄雨来》（节选）这篇课文特别长，

学习这类长课文，我们只要把每个部分的意思连起来，就能把握课文的主要内容了。上节课我们学习了这篇课文的前三个部分，回想一下，我们是怎么通过列小标题的方法来把握每一部分的主要意思的？

生：我们可以先把这部分读一读，从文中找出能够代表这一部分意思的一个句子，就可以当这部分的小标题了。

生：还可以在读了这部分后，总结提炼一下，把主要的意思概括出来。

师：非常好，如果用大家所说的从文中找相关句子的方法来表达，前三部分的小标题分别是——

生：望着妈妈笑、我们爱自己的祖国、把缸搬回原地方。

师：如果我们用总结提炼的方法来表达，前三部分的小标题分别是——

生：游泳本领高、上夜校读书、掩护李大叔。

师：非常好。我们学习后面的几个部分时，就可以用上这样的方法。

【赏析：复习提炼小标题的方法，既是回顾，又是指导。】

任务二：品味词句，感受雨来的英雄形象

学习活动一：品读语言，感受雨来的机智勇敢

师：下面请同学们自己默读课文第四部分，想一想，如果要从这部分找出一句话来当作这一部分的小标题，你会选择哪一句话？

（学生默读课文，思考。）

师：说说看，你会选择哪句话来当小标题？为什么？

生：我选的是这句话：什么也没看见。因为这句话在这部分反复出现。

师：能不能把这句话所在的语句读给大家听听？

生：第一句是："雨来用手背抹了一下鼻子，嘟嘟囔囔地说：'我在屋里，什么也没看见。'"第二句是："雨来摇摇头，说：'我在屋里，什么也没看见。'"第三句是："鬼子打得累了，雨来还是咬着牙，说：'没看见！'"

师：我们一起来读一读这三句话，看看透过这三句话，你看到了一个怎样的雨来。

（学生齐读。）

生：我觉得雨来非常机智，鬼子发现了他怀里的识字课本时，问他谁给他的，他说是捡来的，回答得很机智。

生：鬼子不问那本书了，又开始盘问刚刚有人跑进来，他看见没有，雨来说自己在屋里，什么也没看见。这样说合情合理，不容易被怀疑。

生：我补充一下，大家看雨来回答前的动作——用手背抹了一下鼻子，嘟嘟囔囔地说。这样显得很无辜，容易让鬼子相信他说的话。

生：读第二句的时候，我感觉到雨来非常沉着，他很冷静。鬼子一会儿哄他，给他糖吃；一会儿又抽出刀向他头上劈。雨来没有上当，也没有害怕，依然摇摇头说什么也没看见。

生：我读了第三句，感觉雨来非常勇敢，这里写的是敌人打累了，雨来还是咬着牙说没看见。敌人打累了，可见他们打的时间很长；雨来咬着牙，说明他强忍着疼痛。他真的太勇敢了，难怪课题是"小英雄雨来"，雨来的确是个小英雄。

师：大家说得太好了，上节课的时候，还有同学提出了问题：雨来为什么被称为小英雄？雨来做了什么事情？现在

启示：在学习之前，教师没有给雨来贴上标签，而是让学生自主阅读、自主发现、自主体会，丰富了雨来作为小英雄的形象。

启示：通过作者对主人公言行的描写，感受人物形象。

你们自己能解决了吧？

生：我现在知道了，雨来掩护交通员李大叔，雨来跟鬼子勇敢地作斗争，从这些事情中都能看出雨来确实是个小英雄。

师：让我们再来读读这三句话，感受感受雨来的英雄形象。

（学生齐读。）

学习活动二：聚焦动作，体会雨来的英勇无畏

师：刚刚我们读的最后一句话写道："鬼子打得累了，雨来还是咬着牙。"凶残的鬼子是怎样打雨来的呢？请同学们找出相关的段落，读一读。

（学生默读，找到相关段落，细读品味，教师巡视指导。）

师：我们来交流交流吧，说说看，我们要聚焦的是哪个自然段？

生：我觉得应该是"扁鼻子军官的目光立刻变得凶恶可怕"这个自然段，鬼子简直太凶狠了！

师：谁能跟大家分享分享，你是从哪些词句中感受到鬼子的凶残的？

生：鬼子"扭着雨来的两只耳朵，向两边拉"，读着句子，看着"扭"和"拉"这两个字，我都能感到非常疼。

生："鬼子又抽出一只手来，在雨来的脸上打了两巴掌，又把他脸上的肉揪起一块，咬着牙拧。"我们看这句话，鬼子不光打了雨来两巴掌，而且还"揪"起雨来脸上的肉在"拧"，还咬着牙拧，这简直太疼了，是我的话早就哭了。

启示：体会人物的形象，不仅可以抓人物自身的动作来体会，还可以从对立面——鬼子的表现来体会。

生：鬼子还在雨来胸脯上打了一拳，雨来的后脑勺碰在了柜板上，鬼子又抓过雨来，把他的肚子撞在炕沿上。雨来还是个孩子，鬼子都不放过，还这样残忍地打他。

师：是啊，从作者对鬼子直接的描写中，我们感受到了敌人的凶残；从对雨来的描写上，我们也能感受到鬼子的凶残。谁来说说看？

生：鬼子扯雨来的耳朵时，雨来疼得直咧嘴，可见鬼子有多凶残。

生：鬼子打雨来耳光，拧他脸上的肉时，雨来的脸立刻变成白一块，青一块，紫一块，这时候雨来肯定特别特别疼。

师：是啊，大家说得非常好，在看到鬼子凶残的同时，其实，你一定也感受到了——

生：我感受到了雨来的勇敢，鬼子这样打他，他都没有屈服。

生：作者写的鬼子越凶残，表现出的雨来就越勇敢。

生：雨来确实是一个小英雄，太了不起了！

师：现在，如果让你用一句话来概括这部分的小标题，你会怎么说？

生：与鬼子勇敢斗争。

师：语言再简洁一些，怎么说？

生：勇斗鬼子。

师：非常好，让我们再读读这段话，感受感受雨来的英雄形象吧！

（学生有感情地朗读这段话。）

师：凶残的鬼子将雨来一顿毒打，此刻的雨来半天才喘过气来，脑袋里像有一窝蜂，嗡嗡地叫。他两眼直冒金星，鼻子流着血。一滴一滴的血滴下来，溅在课本那几行字上——

生（齐）：我们是中国人，我们爱自己的祖国。

师：同学们，读到这句话，有没有一种熟悉的感觉？

启示：再一次照应前文，促使学生进一步体会作者暗含伏笔的写法。

生：很熟悉，我们学习第二部分的时候读到过，女老师教雨来他们读的就是这句话。

师：是啊，作者前面写的这句话原来在为后面做铺垫呢，是的，我们是中国人——

生（齐）：我们爱自己的祖国。

师：看来，阅读长课文的时候，有时候我们可能会忘了前面的一些内容，这时候就可以返回去看看，前后关联起来读，这样就会有更深入的体会。

【赏析：人物形象的塑造角度有很多种，抓人物语言与人物动作是非常重要的两个角度。在人物众多的语言和动作中，哪些才是关键语句，最能体现人物的品质呢？教师在学生自学的基础上带领学生聚焦三次"没看见"和鬼子打雨来的动作，从细微处挖掘内涵、丰富画面。】

任务三：关联比较，发现表达方法之妙

学习活动一：运用方法，列小标题记住英雄事迹

师：经过前几部分的学习，同学们已经能够比较熟练地运用两种方法列小标题了，下面我们来读课文五、六两个部分，大家试着用两种方法来列小标题。

（学生默读课文五、六两部分，尝试着列出小标题。）

师：我们来交流交流吧！

生：用课文中的句子，我给五、六两部分列的小标题分别是：有志不在年高、雨来没有死。这两句话都是课文中人物的语言。

师：有志不在年高，这句话你是怎么理解的？

生：就是说雨来虽然还是个孩子，年龄很小，但是他勇敢地跟鬼子作斗争，非常机智，非常勇敢。雨来虽然年龄小，

启示：列小标题已经不仅仅是对内容的概括，更是对人物品质的自主发掘与自我内化。

但一样是个英雄。

师：说得非常好，看来你真的理解这句话的意思了。我们继续交流，还可以怎样概括小标题？

生：我用的总结提炼的方法，列的两个小标题是：宁死不屈、机智逃生。

师：非常好，现在，全文的小标题都有了，如果让你来借助小标题讲一讲课文的主要内容，可以吗？咱们先自己练一练，跟同桌说一说吧。

（学生自主练习后，同桌交流，然后全班交流，集体评议优化。）

学习活动二：前后关联，发现作者写作方法之妙

师：同学们，学习长课文，我们一定要学会前后联系着看，虽然读到了后面，也别忘了回顾回顾前面的内容，特别是相关的内容。刚刚我们读了课文的第五、六两个部分，有没有读到哪些句子的时候，让你关联起了前面的内容？

生：我读到"李大叔在地洞里等了好久，不见雨来来搬缸，就往另一个出口走"这句话时，就想到了课文第三部分，当时李大叔跳进洞里后，就让雨来把缸搬回到原地，李大叔是区上的交通员，他经常到雨来家落脚。

生：我读到"在芦苇丛里，水面上露出个小脑袋来。雨来还是像小鸭子一样抖着头上的水，用手抹一下眼睛和鼻子"时，就想到了第一部分，第一部分写的是雨来游泳本领高，当时就写道："忽然，远远的水面上露出个小脑袋来。雨来像小鸭子一样抖着头上的水，用手抹一下眼睛和鼻子。"前面和后面是照应的。

师：是啊，大家很会读书，前后关联起来看，突然就明白了，原来，前面的很多内容都是为后文做铺垫的，这样的写法很值得我们学习。还有吗？我们继续交流。

生：最后写道："原来枪响以前，雨来就趁鬼子不防备，一头扎到河里去了。鬼子慌忙向水里打枪，可是我们的小英雄雨来已经从水底游到远处去了。"其实前面写雨来游泳本领高就是为这里做铺垫的。这两句话跟第一部分的"只听见扑通一声，雨来扎进河里不见了。妈妈立在河沿上，望着渐渐扩大的水圈直发愣"也是呼应的。

师：非常好，大家关注一下景物描写，前后也是呼应的。

生：我发现了，第五部分写到了芦花："苇塘的芦花被风吹起来，在上面飘飘悠悠地飞着。"第一部分也写到了芦花："芦花开的时候，远远望去，黄绿的芦苇上好像盖了一层厚厚的白雪。风一吹，鹅毛般的苇絮就飘飘悠悠地飞起来，把这几十家小房屋都罩在柔软的芦花里。"

师：我们一起来读读这几句话，感受感受这里的美。

（学生齐读。）

师：作者把景色写得这么美，意图是什么？

生：我觉得这么美的地方，人们的生活应该很幸福，可是鬼子却让这里不能安宁。

生：我们应该赶走鬼子，让人们在这个美丽的地方幸福地生活。

师：大家的理解非常到位，说得特别好。课文五、六两个部分，还有哪些描写景物的句子也让你印象深刻呢？

生：让我印象深刻的写景的句子是："太阳已经落下去。蓝蓝的天上飘着的浮云像一块一块红绸子，映在还乡河上，像开了一大朵一大朵鸡冠花。"前面刚写了雨来被鬼子打了，血一滴一滴地滴下来，这里就写到了红绸子、鸡冠花，也是鲜红的。

启示：教学，不仅要陪学生去往他们能去的地方，更要把他们引导到他们未曾发现的地方。关于芦花的描写是学生容易忽略，但又有象征意味的内容，教师的点拨很有价值。

生：我补充一下，我觉得红绸子很美，鸡冠花很美，雨来的品质也很美。

师：是啊，景物总是跟人物相关联。还有吗？

生：我要说的句子是："大家呆呆地在河沿上立着。还乡河静静的，河水打着漩涡哗哗地向下流去。虫子在草窝里叫着。"当时找不到雨来，大家都非常难过，所以作者写的还乡河都是静静地。河水打着漩涡哗哗地向下流去，虫子在草窝里叫着，都好像在哭泣一样。

师：来，我们读读这几句话，从景物描写中感受一下当时人们的心情。

生（齐）：大家呆呆地在河沿上立着。还乡河静静的，河水打着漩涡哗哗地向下流去。虫子在草窝里叫着。

师：让我们永远记住这位小英雄——

生（齐）：雨来。

师：同学们，这节课就要结束了，如果大家还想对雨来有更多的了解，课后可以看看电影《小英雄雨来》，王老师也推荐大家阅读《小英雄雨来》《鸡毛信》等书籍。同时，也请大家借助小标题，把这个故事讲给家人听一听。

【赏析：小标题不仅可以概括故事的内容，也可以凸显人物的品质，这是本节课给学生的一个启示之一。如果能够用好小标题，长文会变短，人物形象会由模糊变清晰。】

【总评】

作为"文学阅读与创意表达"学习任务群呈现教学过程，这篇实录给我们许多启示：

1. 精准解读文本，落实课标精神。本节课的设计与实施，再一次说明教师对文本的解读深入程度，决定了课堂的高度。2022年版课标针对文学阅读提出："评价应围绕学生阅读文学作品的过程性表现进行。""第二学段在阅读全文基础上，侧重考察学生对重要段落和语句的理解，以及对作品的语言和形象的具体感受。"基于对课标的理解，王老师紧紧抓住"重要段落和语句的理解，以及对作品的语言和形象的具体感受"，引导学生关注拟声词的作用、故事前后伏笔的运用、芦花意象的挖掘、人物形象品味，很好地落实了课标的精神。

2. 关注学法，提升能力。课文学习既要教内容，更要教方法。但是如何在教内容的同时教好方法？这是很多老师感到困惑或困难的。本课将小标题的提炼与内容的梳理有机结合，通过重点指导第一部分提炼小标题，再逐步放手的方法，引导学生通过聚焦重点语句——表现人物特点的语句与概括主要内容的方法提炼小标题，值得学习。

3. 聚焦写法，习得表达"魔法"。"文学阅读与创意表达"学习任务群中，阅读是吸收和输入，表达是释放和输出，大量的文学阅读可以提高创意表达的质量，而创意表达反过来也能促成高质量的阅读，两者相辅相成，相得益彰。本课课后第 3 题是这样的：课文中多次写到还乡河的景色，找出来读一读，再说说写这些景色有什么作用。这部分的描写，语言优美，画面感极强，是学生景物描写的样板；同时，还是小说写作的重要组成部分。课后的这一要求其实就指向对作家写法的品读，这是落实 2022 年版课标理念的基础，因此，这堂课的任务三就重点聚焦写法，为五年级继续学习小说，体会"人物、情节、环境"描写打开一扇窗户。

4. 落实要素，品析人物相结合。单元语文要素是"学习把握长文章的主要内容"。王老师在教学中对于语文要素的落实，还是比较到位的。从开始的"游泳本领高"示范列小标题，到后面学生的学习模仿列小标题，再到最后的借助小标题总结全文，整个教学过程层次清楚，井然有序。值得关注的是，王老师在落实单元语文要素时，没有僵化语文要素，为语文要素而语文要素，而是将其与品味人物形象结合起来，在列小标题的过程中，通过语言、动作及学生生活等学习支架，让学生感受雨来的形象，理解小英雄的成长历程，顺利完成课后第 1 题。

第三辑 文学阅读与创意表达学习任务群的教学

当然，如果用挑剔的眼光来看，整个实录的教学过程显得过于顺利。

事实上，"游泳本领高"的提炼，不可能一帆风顺。学生对于第一部分小标题的拟定，可能会是"贪玩的小朋友""喜欢游泳的雨来""往河沿跑"等等。标题没有对错，个人理解不同，侧重点各异。事实上，原书上的标题也不是教材上的样子。教材为什么以"游泳本领高"作为样板？恐怕是着眼于雨来的小英雄形象，所以六个小标题都是围绕雨来命名的。因此，建议把这个教学的环节展示出来，让读者看到教学解决问题的过程，展示出学生学习的历程。

另外，基于"文学阅读与创意表达"学习任务群理念，是否需要整合单元的写作要素与单元习作，从而进行统整教学，也是值得思考的。

【思维导图】

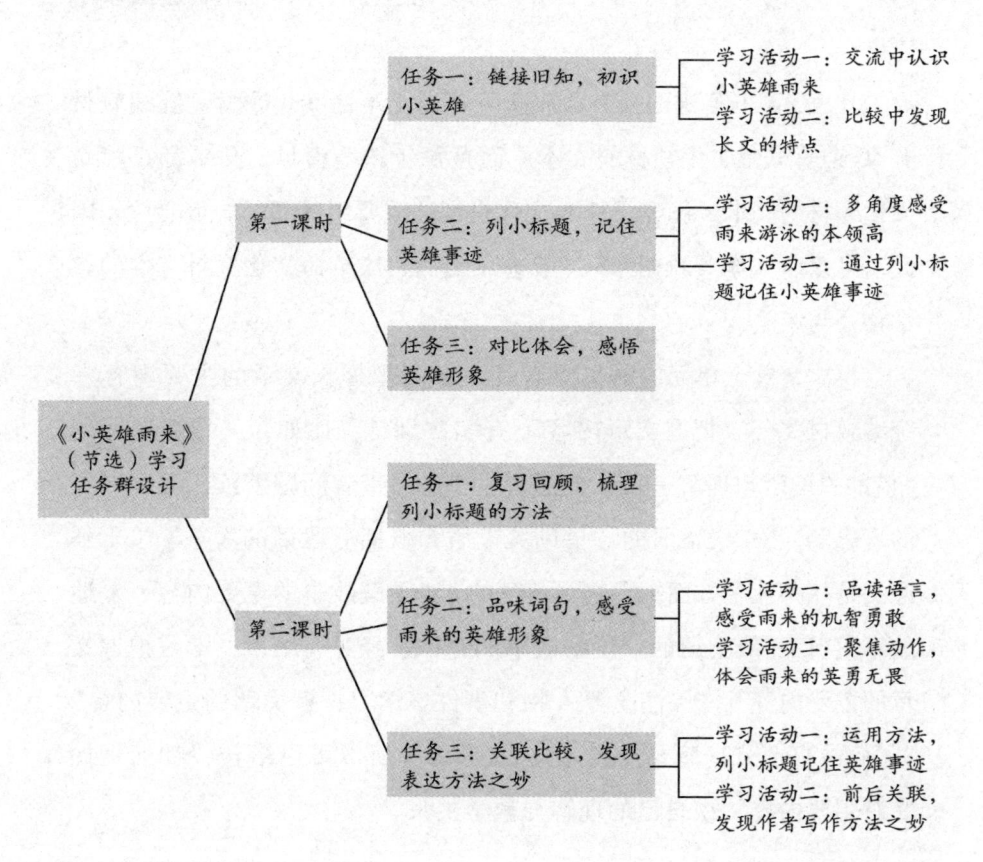

《小英雄雨来》（节选）学习任务群设计

第一课时
- 任务一：链接旧知，初识小英雄
  - 学习活动一：交流中认识小英雄雨来
  - 学习活动二：比较中发现长文的特点
- 任务二：列小标题，记住英雄事迹
  - 学习活动一：多角度感受雨来游泳的本领高
  - 学习活动二：通过列小标题记住小英雄事迹
- 任务三：对比体会，感悟英雄形象

第二课时
- 任务一：复习回顾，梳理列小标题的方法
- 任务二：品味词句，感受雨来的英雄形象
  - 学习活动一：品读语言，感受雨来的机智勇敢
  - 学习活动二：聚焦动作，体会雨来的英勇无畏
- 任务三：关联比较，发现表达方法之妙
  - 学习活动一：运用方法，列小标题记住英雄事迹
  - 学习活动二：前后关联，发现作者写作方法之妙

223

[主编谈教学写作启示]

单篇文本的写作思考
——以《小英雄雨来》（节选）为例

首先，《小英雄雨来》（节选）作为一篇长文章，对于学生的阅读来说困难自然不言而喻，对于教师的教学，也是难以把握的。因此，可结合类似《小英雄雨来》（节选）、《好的故事》、《卖火柴的小女孩》、《我们家的男子汉》、《芦花鞋》等文本，结合2022年版课标理念，从学习任务群角度，分门别类地进行研究，提出自己的教学建议。

其次，《小英雄雨来》（节选）还属于革命文化题材。统编教材有40余篇革命文化题材的文本，而且每年新增篇目，几乎都是革命文化题材的文本，彰显了作为文化自信的重要组成部分的重要性。因此，可以以《小英雄雨来》（节选）为例，谈革命文化题材文本的教学路径与策略。

再次，这个单元的语文要素是"学习把握长文章的主要内容"，统编教材关于"把握文章内容"有多次训练，比如，三年级上册的"借助关键语句理解一段话的意思""学习带着问题默读，理解课文的意思"，三年级下册的"借助关键语句概括一段话的大意""了解课文是从哪几个方面把事物写清楚的""了解故事的主要内容，复述故事"，四年级上册的"了解故事的起因、经过、结果，学习把握文章的主要内容""关注主要人物和事件，学习把握文章的主要内容""了解故事情节，简要复述课文"，等等。所以可以结合"如何把握文章主要内容"谈自己的理解与教学主张。

224

最后,《小英雄雨来》(节选)属于节选类文本。教材中这类文本也不少,像革命文化类《少年中国说》(节选),中国古典长篇小说类《草船借箭》《景阳冈》《猴王出世》《红楼春趣》《两茎灯草》,外国长篇小说《鲁滨逊漂流记》(节选)、《骑鹅旅行记》(节选)等,在 2022 年版课标下,各节选类文本教学的价值、教学策略也是需要研究的。再者,既然是节选文本,说明它属于整本书的一部分,而"整本书阅读"学习任务群又是 2022 年版课标六大任务群之一,其地位自然不用解释。如何由课文阅读走向整本书阅读,由课内走向课外,建构属于学生的整本书阅读体系,同样是需要我们认真思考与实施的话题。

第四辑

思辨性阅读与表达学习任务群的教学

有理有据，让看法表述更充分
——《有趣的动物》教学实录
（统编版二年级上册第一单元"口语交际"）

任务一：介绍喜欢的动物，说说有什么本领

师：同学们，我们先来猜一则谜语："小小一头牛，样子像纽扣，别看力气小，背着房子走。"谜底是什么呢？

生：蜗牛。

师：对，就是蜗牛。都有谁见过蜗牛？

（学生纷纷举手。）

生：我见过蜗牛，蜗牛特别可爱。

生：蜗牛伸长脖子的时候很好看。

师：是啊，蜗牛是一种非常可爱的小动物，我特别喜欢。来，看老师在黑板上写"动物"，大家一起读——

生（齐）：动物。

师：我知道很多同学都有自己非常喜爱的动物，谁来告诉大家，你觉得特别有趣的动物是什么？

生：我喜欢猴子，它爬得很快。

生：我喜欢仓鼠，因为它胖嘟嘟的，很可爱。

生：我喜欢鹦鹉，鹦鹉很漂亮，我曾经养过一只。

（课件出示鹦鹉图片。）

启示：游戏导入，符合低年级孩子学习心理。

启示：展示鹦鹉特殊的一面，渗透说话内容。	师：大家看，这就是鹦鹉，确实很漂亮。鹦鹉有一个特殊的本领，谁知道？ 生：它会学人说话。 师：你听过它说什么话？ 生：鹦鹉说"你好，你好"。 生：鹦鹉说"年年有余"。 生：每次去奶奶家，奶奶家的鹦鹉都会对我说："赶紧回家写作业。" 师：啊，别人家的鹦鹉会说吉利话，你奶奶家的鹦鹉会催你回家写作业，这只鹦鹉不会是经过你奶奶的训练了吧？ （全班大笑。） 师：我们来看一张图片，这是什么动物？ （课件出示萤火虫图片。） 生（齐）：萤火虫。 师：大家见过萤火虫吗？有人抓过萤火虫吗？ 生：有一次，一只萤火虫飞进了我家，我把它放了出去。 生：我有一次去山上，抓到了好几只萤火虫，我发现它们的尾巴在发光。
启示：拓展学习。	师：是的，萤火虫会发光，古代有一个叫车胤的孩子就是靠着萤火虫发出的光来读书的，这个故事的名字叫《囊萤夜读》，有机会大家可以读读这个故事。同学们，有一首歌唱的也是萤火虫，大家听过吗？我们一起来听听看。 （课件播放萤火虫的歌曲，学生听。） 师：我们继续来听一首歌，看看歌曲中唱的是哪种动物。 （课件播放袋鼠的歌曲，学生听。） 生：这是袋鼠。袋鼠蹦得很高，它胸前有个大口袋是装宝宝的。

师：是啊，它的口袋和你的口袋不太一样，你的口袋一掏，是一颗糖，袋鼠的口袋一掏，哇，是宝宝。它的袋子原来是专门用来装宝宝的。我们再来看看下面的一种动物，这是——

（课件出示变色龙的图片。）

生：变色龙。它能保护自己，有人或别的动物靠近它的时候它就变色，把自己隐藏起来。

启示：动物图片与师生配合介绍，给学生独立介绍提供借鉴支架。

师：你猜一下，如果它趴在一棵长满绿叶的树上，它会变成什么颜色？

生：绿色。

师：如果变色龙趴在一棵枯树上，它会变成什么颜色？

生：褐色，跟枯树一样的颜色。

师：我们再看一个漂亮的小动物——

（课件出示蝴蝶的图片。）

师：同学们知道这么漂亮的蝴蝶曾经长什么样吗？

生：它一开始是毛毛虫，一点儿也不好看，后来慢慢就变成了蝴蝶。

师：我们再来看一个小动物，这是——

（课件出示蝌蚪的图片。）

生（齐）：蝌蚪。

启示：全方位展示学生可能见过的小动物。

师：多可爱啊，我知道好多小朋友都喜欢养蝌蚪，谁养过？跟大家说说。

生：我养的蝌蚪，后来变成了青蛙，在家里呱呱乱叫。

师：你的还好吧，我小时候就有些不幸了，我以为养的是蝌蚪，结果最后变成了这样——

（课件出示癞蛤蟆的图片。）

（全班大笑。）

师：瞧瞧，小动物多有趣啊！今天，就让我们来聊一聊有趣的动物。

（教师板书课题。）

【赏析：要讲好"有趣的动物"，必须明白动物有趣在哪里。

1. 动物的选择。王老师精心准备了各种各样的动物，有天上飞的，有河里游的，有树上爬的，有地上跑的；有野生的，有家里养的；有熟悉的，也有陌生的；有教材上的，也有教材之外的。总之是丰富多彩，拓展了学生言说的范围，克服学生容易集中说一类动物的不足。

2. 理由的表述。教师与学生共同分享自己喜欢的兴趣点，既阐明理由，又树立了标准，一举两得。】

任务二：学习讲述的方法，有理有据地介绍

学习活动一：想一想，怎样介绍才能做到有理有据

师：刚刚我们聊到了很多有趣的动物，大家还记不记得，王老师喜欢的动物是什么？

生：蜗牛。

师：这是什么？（举起左手）

生：手。

师：蜗牛马上就要出现了。

（教师在黑板上用粉笔完成手掌画：蜗牛。学生发出惊叹声。）

师：蜗牛很有趣，它很勇敢，不怕风来不怕雨，相信吗？

生：嗯，因为它有壳，刮风下雨的时候它就缩到壳里去了。

师：是啊！我们外出旅行，要住酒店，它根本不用花这个钱，相信吗？

生：相信，它到了睡觉的时候就缩到壳里睡觉了。

启示：教师的特长与教学结合起来，会收到 1＋1＞2 的效果。

生：它的壳就像是房车一样。

（课件出示蜗牛的图片。）

师：咱们看一下图片，大家看到它的房车在哪里了吗？

生：就是它背上的壳。

师：蜗牛还有一个本领，它会画画，有人知道吗？

生：它爬过去的时候，黏液会留下痕迹，就像是画的画一样。

师：是啊！猜猜看，蜗牛可能画出什么来？

生：也许它走着走着，就画了一个大问号。

生：也许会写出一个数字"0"，也许还会写出一个汉字"一"呢。

师：太有意思了！如果要介绍有趣的动物——蜗牛，你可以介绍它的哪些方面？

启示：围绕一种动物全面拓展。

生：可以介绍蜗牛自带雨伞，还有它的房车。

生：可以介绍它画的画，我觉得这个最有趣。

生：我想介绍它的缩头功。

师：哈哈，之前我们总听说什么铁头功，今天又听到了一个神功——缩头功，太好玩了！这几位同学说得很好，我们可以从这几个方面进行介绍。其他同学还有没有要补充的？

启示：发现学生的亮点，及时鼓励。

生：我有补充，我见过蜗牛照镜子，它特别臭美！有一次我把镜子放到蜗牛跟前，蜗牛就停在那儿，头不停地晃着，在镜子前看了好几分钟。

师：我要表扬这位同学，特别善于观察，还有谁也发现蜗牛臭美时候的样子了？

生：它把脖子伸得长长的，触角伸得高高的，好像在说："看我美不美？"

启示：方法渗透，建立标准。

师：说得很好！同学们，我们在介绍一种有趣的动物时，就可以这样，先想一想自己准备从哪几个方面进行介绍，想清楚了再说。当然了，还可以请自己的同桌给你进行补充，提提建议。

学习活动二：练一练，学会听取建议优化表达内容

师：下面，我要来讲了，我要讲一讲我觉得很有趣的蜗牛，大家来听，看看我吐字是不是清晰。听完后大家还可以补充，如果有不清楚的地方，还可以提问。竖起耳朵，坐端正了，注意听。

启示：回应教材要求。

（学生坐得端端正正，认真听。）

师：我觉得最有趣的小动物就是蜗牛了，因为它有房车。人们去旅游的时候得住酒店呀，住宾馆呀，好麻烦。但是蜗牛不用，走到哪儿，天黑了，想睡觉了，直接就住到了自己的房车里头，实在太方便了。我讲完了，谁来评价评价？

启示：示范引领不可少。

生：王老师讲得挺好的，表达很清楚。

师：谢谢你！我只讲了蜗牛一个有趣的地方，蜗牛有趣的地方还有不少呢，有没有人补充补充，接着来讲？

生：蜗牛特别有趣，它还会画画呢，不管它从哪里爬过，都会画出一幅画来。

师：这个同学讲得怎么样？

生：他说了蜗牛的一个特点。我觉得可以说一说蜗牛画了什么画。

师：你说说看。

生：有一次，蜗牛在一片树叶上画了一个圆圈，我想：它会不会是想吃鸡蛋了？

师：我们继续补充，谁来说？

生：蜗牛会缩头功，我一走过去，它就把头缩进壳里，缩得紧紧的，看来它的胆子挺小的。

234

师：还有要补充的吗？

生：有一次我在草丛里看到一只蜗牛，我把它拿起来，带回家，那时候它还缩着头。我把它放到厕所的镜子前面，过了一会儿，它把头伸出来了，在照镜子呢！太臭美了！等我写完作业去找它玩的时候，发现它不见了。

师：有没有同学要向这位同学提问？

生：请问后来你找到了吗？

师：表扬这位同学，提问很有礼貌，很好！你回答一下这位同学的提问吧！

生：找到了，它顺着洗手台爬到了水管底下，它爬过的地方留下了印儿，很好找。

【赏析：围绕蜗牛这种常见的小动物，从它的特殊外形、日常行为，加上学生的想象进行描述，把一种喜爱的动物清晰明了、有理有据地介绍清楚了。

如何有理有据地介绍？

首先是围绕小蜗牛引导学生发现它的外形特征、生活习性，找到它可爱有趣的地方；其次是教师示范，提供示例支架，针对某一好玩的点，讲清楚理由；接着，学生结合自己的理解进行补充；最后模仿，建构讲清楚模式。】

任务三：运用方法练习介绍，相互补充修改完善

师：大家看，通过讲述，通过补充，通过提问，大家的介绍更加清楚了。我知道每个同学都有自己觉得有趣的动物，接下来，同桌之间可以互相讲一讲自己觉得有趣的动物，同桌在听后可以做什么呢？

启示：关注听的能力训练。

生：可以补充，也可以提问。

师：非常好，那我们就开始练习吧！

（同桌互相介绍，相互补充、提问。）

师：好了，咱们来分享分享，谁来介绍一下自己觉得有趣的动物？

生：我要说的是鹦鹉，我觉得它很有趣。

师：这位同学要说了，其他人应该怎么做呢？

生：要认真听，一会儿可以补充。

生：还可以提问。

启示：进一步明确听的要求。

师：对，我们在补充或者提问的时候，都要注意有礼貌。当然了，大家在听的时候，还要注意看这位同学吐字是不是清晰。来，你开始讲吧。

生：我最喜欢的是鹦鹉，鹦鹉实在太有趣了。我上一年级的时候，家里养了一只鹦鹉，我一进家门，便对它说："你好，鹦鹉。"它就说："你好，我的主人，你赶快去写作业。"

师：你家的鹦鹉和刚才那位同学奶奶家的鹦鹉一样呀！有同学想补充或者提问的吗？

生：我想知道，鹦鹉让你写作业，你怎么做的？

生：我就去写作业了。

启示：带着问题听。

生：我还想问问：你写了一次，还是很多次？

生：我每天都是一到家就写，现在，我写作业可快了。

师：看来，是鹦鹉帮你养成了好习惯啊！鹦鹉的功劳特别大，在鹦鹉的教导下，这位同学现在变得更加爱学习了。

（全班大笑。）

师：这位同学吐字很清楚，补充和提问的同学很有礼貌，都值得表扬！我们继续交流。

生：我觉得仓鼠非常有趣，前段时间，我表哥送给我两只仓鼠，我看见仓鼠在笼子里吃奶嘴的时候是四脚朝天的，跟个婴儿一样，特别好玩。

师：她不仅在讲，还有动作，特别形象。讲完了吗？没有的话继续——

生：每次我想把它放出来的时候，它就缩成一团，不敢出来；可是每次把它放进去的时候，它又一直想爬出来。太奇怪了！

师：刚才我记得咱们班有个同学说他也喜欢仓鼠，那位也喜欢仓鼠的同学，你有没有要补充的？

生：我补充一下：我觉得仓鼠不出来就像人们睡觉睡晚了，早上想再睡一会儿懒觉，或者想再赖一会儿床。

师：有同学想提问题吗？

生：我想提一个问题：仓鼠喝奶的时候四脚朝天，不怕呛到吗？

生：一点儿都不怕。仓鼠特别喜欢这样的动作，经常这样做，早就养成习惯，练就这样的本领了。

师：通过补充和提问，我们的讲述更清楚了，值得表扬。现在，同桌两人再讲一讲，就像刚才这样，相互补充或者提问，让我们每个人介绍的动物都变得更加清楚，开始吧。

（同桌互相介绍，互相补充、提问，优化表达。）

【赏析：口语交际，其实训练的是学生说与听两种能力。这个环节，就展示给我们这两种能力：学了介绍的方法，是否能有理有据讲清楚，讲给同桌听，还要回答同桌问题，这训练的是表达能力；同桌要用心听，不清楚的地方要提问，训练的是听和提问的能力。】

任务四：借助视频及书籍，看到更多样的动物

师：今天，大家的表现非常好！同学们不仅讲得很好，而且还能够进行补充和提问，还很有礼貌，值得表扬！同学

启示：也许学生只想到前面的部分，经老师一提醒，又增加后面的部分。因此，过程性评价要跟上。

启示：提问，回答，补充。训练的是听力与表达精准的能力。

们，有趣的动物还有很多，下面，王老师请大家看一段视频，再来认识几种有趣的动物。

（课件播放视频，学生观看。）

师：刚刚我们看了三种有趣的动物，谁记得第一种动物喜欢吃什么？

生：石头。

师：竟然喜欢吃石头，目的是什么呢？

生：石头上面有微生物，可以吃。

师：原来如此！第二种动物特别有趣，它身上有一个爱心，不过爱心长的地方很特别，不在胸前，在哪里？

启示：增加难度，让学生介绍不熟悉的动物。

生：在屁股上。

师：最后一种动物，它可以经常偷懒，因为它有一个特殊的本领——

生：它可以吸在别的东西上，不用自己费劲。

师：多有趣的动物啊！大家如果感兴趣，想要了解更多有趣的动物的话，可以读读这本书——《有趣的动物》，这本书是插图版的，特别适合咱们二年级的小朋友看。同学们，这节课马上就要下课了，最后，王老师留给大家的作业：一是读读《有趣的动物》这本书，二是可以把你觉得有趣的动物讲给好朋友听。注意了，讲完之后还可以让好朋友补充补充，如果他有不懂的地方，还可以提问。好了，今天这节课就上到这儿，下课。

【赏析：学生一般都喜欢介绍自己熟悉的动物，这样讲起来，有感觉，有话说。王老师在这里提高难度，给学有余力的学生留下提高的空间，符合"双减"政策，符合学情。

最后环节指向整本书阅读，也是教学的有机延伸——了解更多有趣的动物。】

【总评】

本节课教学很好地完成了教材既定的任务。说的方面——吐字清楚，讲清楚所喜欢的动物的有趣之处；听的方面——不明白的地方，有礼貌地提问。

四个任务，环环相扣，层层递进。

任务一基本是结合教材的插图展开言说活动，介绍的动物，从河里游的蝌蚪，陆地上爬的蜗牛，到树上的变色龙，天上飞的蝴蝶等，种类繁多，性情各异，亮点不同，目的就是期望借此发散思维，拓展学生言说的对象，进行个性表达。

任务二是在任务一的基础上，学习有理有据地介绍动物。王老师在这个环节，围绕蜗牛，从它的主要特征出发，加上适当的想象，凸显有趣之处，给学生做了示范介绍。由于学生刚刚进入二年级，一种动物只侧重一方面的特点来介绍，大体说清楚即可。

任务三其实主要是训练学生的听力，对应的是教材上的"有不明白的地方，要有礼貌地提问"的要求。

任务四是在前面训练的基础上的拓展。借助整本书阅读，让学生了解更多动物的习性，知道动物更多独特之处，拓宽学生视野，让表达更个性化，更有吸引力，更有感染力。

本课在培养学生思维能力方面也有一定的特色。任务一侧重培养学生的发散思维能力，任务二聚焦理性思维及逻辑思维能力，任务三训练的是学生的质疑能力、批判思维能力。

教学手段方面，主要体现在用游戏活动引入教学，极大增强了学习的趣味性。比如导入环节的猜谜语、听歌曲猜动物等。

【思维导图】

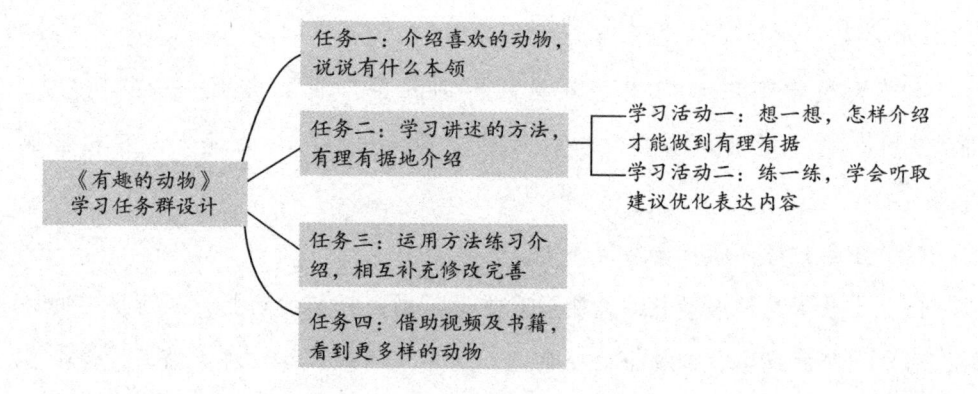

```
                    ┌─ 任务一：介绍喜欢的动物，
                    │  说说有什么本领
                    │
                    │                          ┌─ 学习活动一：想一想，怎样介绍
《有趣的动物》      ├─ 任务二：学习讲述的方法，──┤  才能做到有理有据
学习任务群          │  有理有据地介绍           └─ 学习活动二：练一练，学会听取
设计                │                             建议优化表达内容
                    ├─ 任务三：运用方法练习介
                    │  绍，相互补充修改完善
                    │
                    └─ 任务四：借助视频及书籍，
                       看到更多样的动物
```

▎主编谈教学写作启示

小学生听力能力的培养

在这一课的教学中，王老师不仅训练孩子有理有据地说，还培养孩子的听力习惯。这就给了我们一个写作的话题：如何培养孩子的听力？

我们可以把统编教材中关于听力培养的要求整理出来，试着分类看看都有哪一些方面的要求。然后我们再结合2022年版课标关于交流、表达、创意表达中涉及听力方面的相关要求，联系相关课例，进行精准解读。

听力训练主要是培养孩子捕捉信息的能力。那么小学生的信息捕捉能力都有哪些？如何培养孩子捕捉有效的、有价值的信息能力？

王老师把这篇文章放在"思辨性阅读与表达"学习任务群。这就给了我们一个从思维角度进行写作的话题。听力理解是一个复杂的心理语言过程和创造性的思维过程。在听力训练中要对学生进行适量的思维训练，以提高他们的听觉思维能力，从而提高听力水平。教师通过设置听写活动，借捕捉主要信息和文章线索训练培养学生的记忆思维能力；通过推断训练培养他们的分析思维能力；通过联想训练培养他们的想象思维能力；通过综合归纳训练培养他们的创造思维能力。

英语教学十分重视培养学生的听力训练，在培养学生听力方面，英语教师有着丰富的经验。他们的一些做法，我们是可以借鉴过来的。

不断思考，让故事学习更深入
——《小马过河》教学实录

（统编版二年级下册第五单元第 14 课）

任务一：发现角色特点，读通故事内容

学习活动一：比较不同，发现角色特点

师：同学们，今天上课前我们先来猜几则谜语。第一则：小老鼠，真奇怪，降落伞，随身带。

生：松鼠。

师：非常好，再来猜一则：头上有犄角，体积并不小。肉类它不要，只会吃青草。

生：牛。

师：抓住特点，我们猜起来就更容易了，来，我们继续猜：尾巴长，鬃毛飘，会拉车，能奔跑，四个蹄子嗒嗒响，帮助人们立功劳。

生：小马。

师：同学们，大家看，这就是我们刚刚猜到的三种动物，比一比，看看你发现了什么。

（课件出示松鼠、牛、马图片。）

生：小马的个子高，松鼠就显得特别小。

师：小马刚才还显得挺高的，但是跟牛放在一起，怎

启示：由谜语导入，生动有趣。

样了？

生：小马比牛小。

生：如果把松鼠跟老牛放一起比，松鼠就显得更小了。

师：同学们，如果我们要在小马前面加上一个数量词，可以怎么说？

生：一匹小马。

师：很好，我们一起读一读。

生（齐）：一匹小马。

师：再看旁边的松鼠，如果在前面加上一个数量词，可以说——

生：一只松鼠。

师：老牛呢？

生：一头老牛。

师：很好，我们一起来读一读。

生（齐）：一匹小马、一只松鼠、一头老牛。

师：今天我们要学习的这篇课文，写的就是他们之间发生的故事，这个故事的名字叫——

生（齐）：小马过河。

师：很好，看老师写课题。

（教师板书课题后，学生齐读课题。）

学习活动二：认读生字，读通故事内容

师：请同学们打开课本，自己读一读，注意把字音读准确，句子读通顺，同时想一想这个故事的主要内容。

（学生自读课文，教师巡视指导。）

师：课文读完了，我们先来认读一下这一课的生词。第一组，谁试着读一读？

课件出示：马棚　磨坊

启示：体形比较，埋下伏笔。

启示：随时进行数量词的积累与梳理。

（指名读，正音。）

师：同学们，这两个词大家读得不错，大家有没有发现，"磨坊"中的两个字其实都是多音字，谁知道"磨"的另一个读音？

生：还有一个读音 mó，磨刀。

师：磨坊的"坊"读二声，这个字还读什么？在这个单元的《寓言二则》中我们是学过的，谁还记得？

生：坊（fāng）。

师：大家知道磨坊是干什么的地方吗？

生：磨麦子的地方。

师：把麦子变成面粉的地方，这是磨坊。如果我要把油菜籽变成油的话，就得到一个地方，那个地方叫什么？

生：油坊。

师：古时候刚织出来的布是没有那么多颜色的，需要染成其他颜色，也要去一个地方，猜猜是什么地方。

生：染坊。

师：非常好，"坊"就是手工制作的一个地方。我们再来读读这几个词。

生（齐）：磨坊、油坊、染坊。

【赏析：经济而高效率地导入，是本环节的特色之一。三个谜语，既引发学生关注度，提高注意力，又指向故事的三个主人公。同时，三个主人公体形的比较，又为理解寓意奠定基础。

同理，扫清三个词语（磨坊、油坊、染坊）的理解障碍，也是着眼后面环节的教学。总之，教学设计感十分强烈。】

启示：勾连旧知，渗透方法。

任务二：了解故事大意，把握故事要点

学习活动一：借助词语，了解故事大意

师：同学们，谁能用黑板上板书的"一匹老马""一匹小马"，以及我们刚刚读过的词语"马棚""磨坊"，来说一句话？

生：马棚里住着一匹老马和一匹小马。一天，老马让小马把麦子驮到磨坊里磨成面粉。

师：非常好！我们认读完词语后，还可以结合课文内容，借助词语来讲述这部分的大意，这个学习方法很不错。来，我们继续学习。这三个词语，谁来读？

课件出示：为难　刚没小腿　能蹚过去

（多名学生读词语。）

师：表扬这几位同学，读得很好，多音字也读准确了。第二个词语中的这个字"没"，一定要读对了，否则听起来就有些恐怖了。想想看，刚没（méi）小腿，听起来多可怕！正确的读音是——

生：刚没（mò）小腿。

师：水多深就叫刚没小腿？

生：到我膝盖这儿。

师：非常好。刚才我们说到了"为难"，这个"为"字也是多音字，除了"wéi"，还读作"wèi"，你肯定会组词——

生：因为。

生：为什么。

师：再看这个"难"字，我们常说这道题好难，还有一个读音是——

生：nàn，灾难。

启示：用"马棚""磨坊"等词语试着讲故事，是课后作业的内容，这里融入课堂教学之中，又与板书结合起来，创造性运用了教材。

启示：多音字的发音辨别是低年级学生学习的重点与难点。

启示：词语、板书支架再次发挥作用。

师：词语读得很好，这次，我们借用板书中的"一匹小马""一头老牛"，还有刚刚读过的词语"为难""刚没小腿""能蹚过去"，来说说这部分的意思。

生：小马很为难，四处看看，看见了一头老牛，跑上前去问："老牛伯伯，请您告诉我，这条河，我能蹚过去吗？"老牛说："小河的水刚没小腿，可以过去。"

师：讲得很清楚，不错。谁还可以再试试？

生：小马跑着跑着，看见了一条小河，他很为难，四处看了看，看见了一头老牛，小马跑过去问老牛："老牛伯伯，这条河，我能蹚过去吗？"老牛伯伯说："可以蹚过去，这儿的水刚没小腿。"

师：很好，很流畅。我们继续读词语。

课件出示：突然　拦住　大叫　淹死

（指名读词语。）

师：这些词语大家都会读了，想想看，借用这几个词语，还有黑板上的"一匹小马""一只松鼠"，我们可以怎么说这部分内容？

生：突然，一只松鼠拦住了小马，大叫着："小马，小马，你不要过河，你会被淹死的。"

师：非常棒，我们继续读词语。

课件出示：
难为情　动脑筋　试一试　蹚到了对岸

（指名读词语。）

师：这一组词语大家也读得很好，让我们借助黑板上的两个角色来说说这部分内容吧。你觉得我们应该选择哪两个角色？

启示：与上面的策略一脉相承，梳理情节，串讲故事。

生：一匹老马和一匹小马。

师：好的，那我们就借助这两个角色，还有这组词语，来说一说吧。

生：小马很为难情，因为老牛说河水很浅，松鼠又说河水很深，所以他就跑回家问老马："我能过去吗？"老马说："光听别人说，自己不动脑筋，不去试试，是不行的。河水是深是浅，你不试一试怎么知道呢？"小马跑到小河边，试了试，最后成功地蹚到了对岸。

学习活动二：问答判断，把握故事要点

师：同学们，大家读了词语，课文内容也大概了解了，下面我们来做一个快速抢答，看看你对课文内容了解了没有。第一个：河水既不像老牛说的那样浅，也不像松鼠说的那样深，所以老牛和松鼠对小马撒谎了，对吗？

生：不对，他们没有撒谎，他们都是根据自己的情况来说的。

师：第二个：小马向老牛、老马请教，是对的。你觉得呢？

生：对。不知道的时候就应该请教。

师：别人的经验不一定可靠，得自己去尝试。

生：对。

师：什么事都要自己尝试，别人的话不可信。你觉得呢？

生：不对。

【赏析：梳理文本内容，感知人物关系，初步明白道理，是进行思辨阅读的基础，也是所有学习任务群的基石。必要的识字、写字训练，感知课文内容，明晰主人公之间的关联，类似高楼大厦之地基，必须牢固扎实厚重。

王老师对于这个环节的处理，主要是借助板书支架与词语支架的嫁接，按故事发展进程，对文本内容进行了梳理，

启示：抢答，需要学生一方面熟知故事情节和人物关系，另外一方面大体理解其中道理。考查学生的理解力和思辨能力。

为下一步思辨，提供了素材支持。这个过程中，板书与词语的融合使用比较突出，也十分巧妙。】

任务三：表达个人看法，讲述故事内容

学习活动一：紧扣重点词，读好故事中的对话

师：同学们，课文内容大家了解了，现在，我们来读一读课文，大家先来练习朗读一开始老马跟小马的这一段对话。

（学生练习朗读。）

师：怎样读好他们的对话呢？谁有好的办法？

生：老马在跟小马商量一件事情，所以我们要用商量的语气来读。

师：这位同学说得很好。你的爸爸妈妈有没有跟你商量过事情？他们跟你商量过什么事？当时是怎么说的？

生：妈妈想让我学舞蹈，她就跟我商量，问我愿不愿意学，她的语气很温和。

生：爸爸不想做饭，就跟我商量，看能不能叫外卖，问我想吃啥。

师：非常好，我们回想当时爸爸妈妈的语气，再来读读。

（指名读，教师相机指导。）

师：老马用商量的语气来说，很好，小马的做法也很值得表扬。来，我们读读写小马的这句话。

课件出示：

小马连蹦带跳地说："怎么不能？我很愿意帮您做事。"

（指名读句子。）

师：读得很好！谁来表扬表扬小马？

生：小马说"怎么不能"，说明他很想帮妈妈。

生：小马很愿意帮助妈妈做事，很主动。

启示：回顾生活，进入角色，读好课文。

师：大家看"愿""意"这两个字，都是课后生字，而且还有相似之处，发现了没有？

生：都有心字底。

生：笔画都比较多。

生：心字底都不要写得太大。

师：说得非常好，看老师来写一写。写的时候要注意，"愿"是半包围结构。先把"原"写好，不能写得太小，第二笔撇舒展，也要注意给被包围的心字底留出一些地方来。心字底的第一个点向外，卧钩要往回收，接下来这个点一定是在中间的位置，最后一个点在钩的右上方。写"意"的时候要吸取写"愿"字的经验，上边不要占得太大，刚才说了心字底的写法，还记得吗？

生：先写点，由轻到重来写，写卧钩时一定要往回钩，第二个点要写在卧钩里面，第三点在卧钩右上方。

师：拿出你的笔来，咱们在课后的田字格里写一写，注意坐姿要端正。

（学生练写，教师巡视指导。）

师：现在，我们再来读一读这个词。

生（齐）：愿意。

师：同学们，这句话中有一个词提醒了我们朗读时的心情，发现了吗？

生：连蹦带跳。

师：你们有没有连蹦带跳过？是什么时候连蹦带跳的？

生：有一次我写完作业，妈妈带我去游乐场，我就连蹦带跳的。

生：考试得了 A 之后，我连蹦带跳。

师：是啊，当时多开心啊，大家朗读的时候一定要注意

启示：随课文进行写字指导，有方法，有要求，直观形象。

读出小马当时的心情。

（指名读句子。）

师：这几位同学读得很好，脸上还带着笑容呢，值得表扬。读老马说的话时，我们也要注意读出她当时的心情。

课件出示：

老马高兴地说："那好啊，你把这半口袋麦子驮到磨坊去吧。"

师：大家注意到了哪个词？

生：高兴。

师：谁来读一读，读出老马高兴的心情来。

（指名读，教师指导。）

师：同学们，大家看看第一句话，刚开始老马对小马说话的时候没有这样的修饰词，也没有动作，现在，谁能够在这里加上一个修饰词，来帮助我们读得更好？

课件出示：

有一天，老马_____对小马说："你已经长大了，能帮妈妈做点儿事吗？"

生：有一天，老马温柔地对小马说："你已经长大了，能帮妈妈做点儿事吗？"

生：有一天，老马和蔼地对小马说："你已经长大了，能帮妈妈做点儿事吗？"

师：太好了！这一段的每一句话大家都读得很好，现在，我们分角色来读读这段话，我请两位同学分别读老马和小马的话，其他同学来读旁白。

（学生分角色朗读。）

学习活动二：结合课文内容，表达自己的看法

师：大家读得非常好。很多事情说起来容易，做起来往往就不那么容易了，可能会遇到一些困难。这匹小马驮着麦

启示：通过词语的辨析，理解老马的心情，也帮助学生积累更多修饰词。

子很开心地去磨坊了，他能够顺利地磨面粉吗？请同学们自己读一读课文第3~4自然段。

（学生自由朗读。）

师：刚刚你们在读的时候，一定发现了小马遇到的困难，小马遇到困难后是怎样做的？我请一位同学把这两段话读给大家听一听。

生：小马驮起口袋，飞快地往磨坊跑去。跑着跑着，一条小河挡住了去路，河水哗哗地流着。小马为难了，心想：我能不能过去呢？如果妈妈在身边，问问她该怎么办，那多好啊！可是他离家已经很远了。

小马向四周望望，看见一头老牛在河边吃草，小马嗒嗒嗒跑过去，问道："牛伯伯，请您告诉我，这条河，我能蹚过去吗？"老牛说："水很浅，刚没小腿，能蹚过去。"

师：读得非常流畅。大家看到小马遇到困难之后的做法和他说的话，你是怎么想的？谁来表达一下自己的看法？

生：小马遇到困难主动向别人请教。

师：非常好，这一点值得我们学习。

生：小马很有礼貌。

师：从哪儿看出小马有礼貌了？

生：他说"牛伯伯"。

师：是啊，小马很有礼貌。大家看，这个"伯"字也是本课的生字，来看看老师是怎么写的。先写单人旁，再写右边的"白"字，要写得瘦一些。

（教师范写后学生练习书写。）

师：同学们，小马看到老牛，称呼为牛伯伯，如果看到山羊呢，怎么称呼才有礼貌？

生：山羊伯伯。

启示：文明礼貌，教书育人，无痕渗透，也是对第一单元"口语交际"要求的回应。

师：小狗呢？

生：小狗弟弟。

师：很好，请别人帮忙，一定要注意有礼貌。同学们，我们来分角色读读这段对话吧！一名同学读小马的话，一名同学读老牛的话，其他同学读旁白。

（学生分角色朗读。）

学习活动三：以图片为支架，讲述故事的内容

师：大家读得不错，如果能够用自己的话讲出来，那就更好了。王老师给大家看三幅图片，大家可以借助图片，来讲一讲前面这部分故事。大家先练习练习吧。

（课件出示老马、小马、老牛的图片，学生练习讲这部分故事，练习后跟同桌互相讲一讲。）

师：谁来讲给大家听听？

生：马棚里住着一匹老马和一匹小马。有一天，老马对小马说："你已经长大了，可以帮妈妈做点儿事吗？"小马连蹦带跳地说："好啊，我愿意帮您做事。"老马高兴地说："你帮我把麦子驮到磨坊去吧。"小马驮起麦子飞快地奔向磨坊。可是，他被一条小河拦住了去路。小马向四周望了望，看见有头老牛在吃草，他急忙跑过去问道："牛伯伯，这条小河我能蹚过去吗？"老牛说："水很浅，刚没小腿，能蹚过去。"

师：讲得不错，语言很流畅！谁再来试试？

生：马棚里住着一匹老马和一匹小马。有一天，老马让小马把麦子驮到磨坊去。小马驮起麦子奔向磨坊，结果，他被一条小河拦住了去路。小马看见旁边有一头老牛在吃草，就跑过去问："牛伯伯，这条小河我能蹚过去吗？"老牛说："水很浅，刚没小腿，能蹚过去。"

师：也不错！同学们，牛伯伯告诉小马水很浅，可以过

启示：分角色朗读，表面指向课后作业要求，其实还是让学生对故事内容更加熟悉，理解不同人物的想法和做法。

去，可是松鼠却说水很深，不能过去，结果到底怎样了呢？我们下节课再学习。最后，王老师留给大家的作业：一是书写本课所学到的生字；二是和同学分角色读一读小马和老马、老牛的对话，讲一讲这部分故事。这节课就上到这里，下课。

【赏析：寓言故事是落实文化自信的组成部分。对于低年级学生来说，读通、读懂寓言故事是第一层次；会讲、善讲，属于第二层次；明白道理，初步能引用，属于第三层次。任务三关联的就是第二层次的学习目标，也是教材明确要求的学习任务。

这个环节的讲故事，是建立在一系列讲故事的支架之上：人物关系的厘清、词组加板书的练习、课文的朗读熟悉、同学的示范、图片的介入等等。】

【总评】

整个实录紧紧围绕三道课后习题（分角色朗读、用词语讲故事、思辨说法正误）来进行，可以说很好地完成了教材指定的教学任务。这些任务的落实，王老师是依托三个任务来实现的。这里给我们一线教师一些启示：

1. 学习任务群教学具有兼容性。本实录属于第一课时的教学，基于学习任务群教学，第一课时的教学更多承担基础型学习任务群之"语言文字积累与梳理"。比如，"棚、磨、坊"等生字的识记，"匹、只、头"等量词的积累与梳理，"为、难、没"等多音字的辨别，"愿、意、伯"等生字的书写指导等等，都是服务于思辨性阅读学习任务群的基础工程，两个学习任务群相互促进，共同完成教材任务。

2. 单篇课文也可以以学习任务群（链）来教学。基于教材本身因素，有时候会有明确的学习任务群概念，有时候不一定必须以某种任务群冠名。尤其是对于低年级的第一课时来说，某种学习任务群性质相对不明显，比如这一篇实录，但是不影响我们以思辨性阅读理念组织教学。

3. 低年级的"思辨性阅读与表达"学习任务群教学，重点在思辨阅读，表达成分相对弱或者说不涉及；另外，思辨成分也仅仅是"说出自己的想法"，不像高年级以思辨为主体，"有理有据地口头或书面表达自己的观点""体会猜想、验证、推理等思维方法""负责任、有中心、有条理、重证据地表达，培养理性思维和理性精神"等。

4. 统编教材与 2022 年版课标不匹配的情况下，语文要素仍然是教学抓手，课后作业也还是教学目标制定的重要依据。

【思维导图】

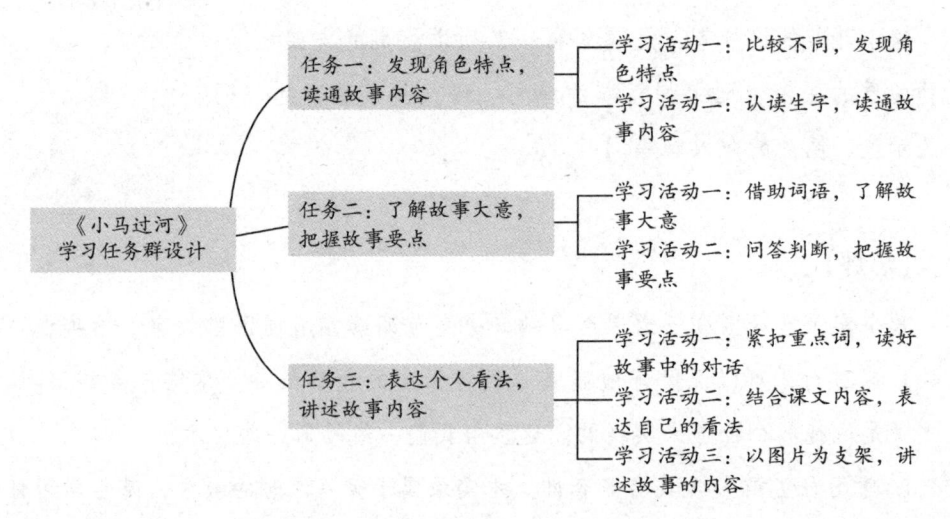

《小马过河》学习任务群设计

- 任务一：发现角色特点，读通故事内容
  - 学习活动一：比较不同，发现角色特点
  - 学习活动二：认读生字，读通故事内容
- 任务二：了解故事大意，把握故事要点
  - 学习活动一：借助词语，了解故事大意
  - 学习活动二：问答判断，把握故事要点
- 任务三：表达个人看法，讲述故事内容
  - 学习活动一：紧扣重点词，读好故事中的对话
  - 学习活动二：结合课文内容，表达自己的看法
  - 学习活动三：以图片为支架，讲述故事的内容

主编谈教学写作启示

一篇寓言故事　多种表达角度

1. 讲寓言故事是文体与教材的要求，可以从这个角度入手撰写稿件。

教材关于讲故事的方法与侧重点各个阶段各不相同，那么学习任务群理念下，如何基于"表达""交流"视角讲故事、复述故事？它与纯粹的讲故事、复述故事有什么区别？各种类型的故事（神话故事、民间故事、童话故事、寓言故事）讲述技巧、策略方法一样吗？如何评价学生讲述的水平？如何有创意地讲故事？目前教材上关于讲故事的提示，更多地指向怎样提取信息，梳理情节，实际学习中，学生讲故事的困难点还有哪些？有兴趣的老师可以试试从这些角度进行思考写作。

　　2. 课后作业与课堂教学融合是许多老师的做法，提炼相关做法，也是写作的一个方向。比如，这篇课文的第三道课后习题：你同意下面的说法吗？说说你的理由。我们就可以以此为学习任务（如黑猫警长破案记之小马过河的秘密），设置学习情境，进行任务群教学。

　　3. 低段教学任务群落地的思考。这篇课文属于二年级的寓言故事，那么我们写作时就可以思考，小学低年级的学习任务群实施的路径与方法究竟都有哪些？与高年级学习任务群实施有哪些相同与不同？课标是如何表述的，教材是如何要求的？就此谈自己的建议与思考。

　　4. 思辨教学的抓手与策略。2022年版课标对于"思辨性阅读与表达"学习任务群从学习内容、教学提示到评价标准，都有直接的要求。但相对比较宏观，加之统编教材与之不匹配，这就为教学实践与写作的发挥提供了很大的余地。写作时，可以围绕某个方面或者某个学段，结合具体教材进行阐述，谈自己对课标的理解，谈如何落实课标理念，谈具体做法。

变换视角思考，表述不同看法
——《画杨桃》教学实录

（统编版二年级下册第五单元第13课）

任务一：变换视角观察，得到不同答案

师：同学们，咱们今天上的是语文课，不过，我先要考一考大家数学方面的知识。大家看看这张图片，这是几？

生：6。

师：他说是6，还有人在举手，看来有不同意见，你说——

生：9。

师：一位同学说是6，一位同学说是9，不太一样啊，怎么回事？你说说看，你怎么看它是9的？

生：换个方向来看。

师：原来从这边看是6，换个方向来看，就成了9。我们再来看看这张图片，数数看，这是几根木头？

生：三根。

生：四根。

师：角度不同，我们得到的结果就不同。我们再来看看下面的这张图片，这是什么呀？

生（齐）：青蛙。

> 启示：认知冲突，引发学习兴趣。

> 启示：设置与教材相似的情境，利于学生思维迁移。

> 启示：这个举例似乎与上面重复，可以换一种。

师：大家都觉得是青蛙，我们把这张图片转一下，现在你觉得它是什么？

生（齐）：马。

师：好奇怪，刚刚还是青蛙，现在变成马了，只是变了一个角度，得到的结果就不同了。这让我想到了一首诗《题西林壁》，谁会背？

（学生背诵《题西林壁》。）

师：今天我们要学习一篇课文，这篇课文要告诉我们的就是角度不同，我们所看到的事物就不同，作者会借用什么样的一件事情来写呢？让我们一起来学习这篇课文《画杨桃》吧。看老师写课题，这个"画"字熟悉吧？

启示：从生活现象回归教材。

生：画画的"画"，美术课上我们要画画。

师：很好，美术课过去也叫画画课，再看老师写"桃"字，熟悉吧？

生：孙悟空喜欢吃桃子，他大闹过蟠桃会。

生：每年夏天我们都会吃桃子，桃子是粉红色的，很甜，很好吃。

生：桃子又大又红，软软的，汁水很多，我特别喜欢吃桃子。

师：看来大家对桃子很熟悉啊，杨桃熟悉吗？

（有的同学表示知道，有的同学表示没见过。）

师：我们来看看图片，了解一下杨桃吧。

（出示杨桃的图片，学生了解杨桃的样子。）

启示：从生字到生活，丰富学生对生字的认知。

师：作者会怎样通过画杨桃来写出一个道理呢？现在，就让我们走进课文中去学习吧。

【赏析：横看成岭侧成峰，远近高低各不同。这样的古诗学生背起来容易，但是要理解，相对来说比较困难，正如学生理解《画杨桃》。王老师在这里铺垫了几个支架，从数字游戏到图片辨析，最后到古诗，从感性到理性，无痕进行了辩证思维的启蒙，为学习课文奠定坚实的基础。】

任务二：学习生字词语，了解课文内容

学习活动一：认读生字，理解词语

启示：明确学习任务，做到心中有数。

师：下面请同学们自由读一读课文，注意把字音读准，句子读通顺，同时想一想：看到"我"画的杨桃，同学和老师的做法有什么不同？

（学生自由读课文，教师巡视指导。）

师：课文读完了，我们来看看大家把字音读准了没有？下面这几个生字，谁试着来读一读？

课件出示：靠　座　抢　悦

（学生认读并组词。）

师：大家组的词语很好，王老师也为大家准备了一些词语，我们一起来读一读。

课件出示：

靠近　依靠　可靠　座位　座机　座无虚席
抢先　抢救　抢夺　喜悦　愉悦　赏心悦目

（指名读词语后齐读词语。）

师：上边的词语大家都会读了，现在我来描述情境，你觉得我说的是哪个词，你就把这个词读出来，怎么样？有人摔伤了，要赶快送到医院去。这是——

生：抢救。

师：非常好，谁能像老师这样出一道题？

生：大街上，一个坏人从别人手里抢走了手机。

生：抢夺。

生：今天我的心情特别好，很高兴。

生：愉悦。

生：这儿的风景特别美，看了之后心情很好。

生：赏心悦目。

师：特别好，这些词语大家理解了意思，就可以积累下来，以后也许会用到。同学们，我们来看这个"抢"字，是本课要求书写的一个生字，怎么写呢？

生：左边提手旁要窄一些，右边要宽一些。

生：最后一笔竖弯钩的弯要长出去一些。

师：看老师来写，提手旁的提由左下往右上来提，要写出尖尖的样子来，右上的"人"字，撇捺的下边要分开些，给下面留出位置来。最后一笔竖弯钩的弯要超出上面的横折钩，然后再出钩。

（教师范写后学生进行练习。）

学习活动二：比较辨析，书写生字

师：我们继续读词语，这两个词语会读吗？

课件出示：哈哈大笑　嘻嘻的笑声

（指名多人读词语，然后学生齐读词语。）

师：现在，我们把这两个词语放进句子中，谁来读一读？

课件出示：

当我把这幅画交出去的时候，班里几个同学看见了，哈哈大笑起来。

"好——笑！"有几个同学抢着答道，同时发出嘻嘻的笑声。

（指名读句子。）

师：大家读得很好。同学们，我们来看看这两个词语，有没有同学发现这两个词语中有一个偏旁多次出现？

启示：学习的过程，也是进行语言文字的积累与梳理的过程。

启示：词语的理解与解读，放在句子中才能体会得深入。

生：是口字旁。

师：口字旁跟这两个动作可是密切相关的，发现了吗？

生：哈哈大笑的时候嘴是要动的。上次我看了一个小品，逗得我哈哈大笑。

师：嘻嘻的笑声是什么样的？谁上来表演一下给大家看看。

（一生上台表演。）

师：是啊，无论是哈哈大笑，还是发出嘻嘻的笑声，都跟嘴的动作有关，难怪这两个字都是口字旁。大家指一指自己的嘴巴在哪里。

（学生指自己的嘴巴。）

师：是啊，嘴巴在这里，不能在头顶上，也不能在脚底下。所以写"哈"和"嘻"的时候要注意口字旁的位置，不能太高了，也不能太低了。看老师来写笔画较多的这个"嘻"字，口字旁在这里，右边笔画较多，注意要写紧凑一些，注意上面是一个士兵的"士"，中间的点和撇，就像是大笑时漏出的两颗大门牙，接下来的横要写得长一些，最下面的"口"比上面的"口"稍微大一些。

（教师范写后学生练习书写。）

师：非常棒，这个字会写了，我们再来写"哈"字，方法跟它差不多，自己练习练习吧！

（学生练习书写"哈"字。）

师：现在，大家来检查检查自己写的"嘻"和"哈"，看看"口"的位置是不是合适，跟老师写的两个字对照对照，如果哪个字你写得不满意，可以重新写一个。

（学生对照改进自己的书写。）

师：我们继续读词语。

启示：识字写字教学生动有趣，引导十分到位。

课件出示：

认认真真　　老老实实

审视　　　　　严肃

哈哈大笑　　嘻嘻的笑声

（指名读词语。）

师：这三组词语大家读得很正确，大家有没有发现，这三组词语跟课文中出现的人物是对应的，说到认认真真、老老实实，你想到了课文中的谁？

生："我"。

师："审视""严肃"这两个词是写谁的？

生：老师。

师：发出嘻嘻的笑声，哈哈大笑的是谁？

生：同学。

师：面对"我"画的杨桃，像五角星一样的杨桃，同学的做法是——

生：哈哈大笑。

师：老师呢？

生：老师审视了一番，表情变得严肃起来。

【赏析：常规的识字写字教学看似平淡无奇，其实，学习的过程也是学生思维能力训练的过程："抢"字，是本课要求书写的一个生字，书写要求是左边提手旁要窄一些，右边要宽一些。为什么这样布局，而不是相反？汉字哲学、形象思维在起作用。"嘻"和"哈"中"口"的位置，也是同样的道理。】

启示：用重点词语，串起课文内容。

任务三：了解人物的做法，发表自己的看法

学习活动一："我"的做法，你怎么看待？

师：同学们，刚才我们已经看了图片，杨桃明明是这样的（出示图片），但是文中的"我"却画成了五角星的样子，他是怎样画的呢？我们来读一读课文第1自然段，勾画出相关的语句来。

（学生默读思考。）

师：我们一起来读读这个句子。

课件出示：

有一次上图画课，老师把两个杨桃摆在讲桌上，要同学们画。

（学生齐读句子。）

师：这句话中有三个生字：图、课、摆。谁会组词？

生：图画、画图。

师：非常好，第二个"课"字我们太熟悉了，每天都要干这件事——

生：上课。

师：还可以组什么词？

生：语文课、数学课、课桌。

生：下课、课间。

师：再看这个"摆"字，谁来组词？

生：摆放、摆东西。

生：摆弄、摇摆。

师：我们来写一写这里面的"图"字吧，外面的国字框决定了整个字的大小，所以一定要注意写好它的大小。来，看老师写，这个字整体上不能太宽了，我们先写竖，再写横

启示：由字到词，丰富学生的语言库。

启示：及时精准的写字指导。

折，接下来写里面的"冬"，记住了，最后再封口，千万不要先把口封了，那就糟糕了，"冬"就进不去了。大家练习着写一写吧。

（学生练习书写，教师巡视指导。）

师："我"是怎么画的呢？你找到的句子是哪一句？

生：我认认真真地看，老老实实地画，自己觉得画得很准确。

师："我"是怎么看的？

生：认认真真地看。

师："我"是怎么画的？

生：老老实实地画。

师：看到文中的"我"认认真真地看，老老实实地画，你怎样评价他？

生：我觉得他很认真，值得表扬。

生：我觉得他表现挺好的。

启示：强调"我"的态度，为理解下文做铺垫。

学习活动二：同学的表现，你有什么看法？

师：文中的"我"也觉得自己在认认真真地看，老老实实地画，也觉得自己画得挺准确，可是这幅画交上去之后却发生了出乎意料的事情，自己读一读第2~4自然段，看看到底发生了什么样的事情。

（学生自由读，思考。）

师：发生了什么事情？

生：同学哈哈大笑起来。

师：谁把这几段话读给大家听听？

课件出示：

当我把这幅画交出去的时候，班里几个同学看见了，哈哈大笑起来。

"杨桃是这个样子的吗？"

"倒不如说是五角星吧！"

（指名读。）

师：这几句话中出现了几个多音字，大家读得很好！这个"倒"字，还读什么？怎么组词？

生：dǎo，倒下、摔倒。

师：读 dào 时除了组词"倒不如"，还可以怎么组词？

生：倒车、倒退。

师：我们读一读这两个不同的读音和所组成的词语吧！

（教师板书"倒"的读音及组词。）

生（齐）：dǎo，倒下、摔倒。dào，倒车、倒退、倒不如。

师：同学们，说到"哈哈大笑"这个词语，大家应该很熟悉，每个人都有过哈哈大笑的时候吧，谁来表演一下哈哈大笑？

（学生上台表演。）

师：哈哈大笑时说话会是什么样的呢？谁再来读读这几句话？

（指名读。）

师：读得不错，但是还可以更好，你可以把你的笑声加进去试试。

生：当我把这幅画交出去的时候，班里几个同学看见了，哈哈大笑起来。

"哈哈哈！杨桃是这个样子的吗？"

"倒不如说是五角星吧！哈哈哈哈哈！"

师：同学们，看到文中的"我"把杨桃画成了五角星的样子，这几位同学哈哈大笑，面对他们的做法，你怎么

启示：随课文识多音字，加强学生对多音字的关注。

评价？

生：我觉得这样不对，不应该笑别人。

生：我也觉得不好，不能取笑别人。

师：如果是你，你会怎么做？

生：我不会笑别人。

生：我会先问问他的想法，为什么这样画。

生：我会坐到他的位子上看看。

启示：这里的回答略显理性，过程可以再波折一些。

学习活动三：老师的做法，你怎么评价？

师：大家说得非常好，我们再来看看文中的老师是怎样做的。请大家读一读课文第 5~6 自然段，想想老师做了几件事。

（学生自由读课文，思考。）

师：我请一位同学来说说老师是怎么做的。

生：老师先看了看他画的画，然后在他座位上坐下来，看了看他讲桌上摆的杨桃，然后又回到了讲桌前。

师：这位同学说道："然后在他座位上坐下来……"这句话中出现了两个 zuò，读音完全相同，谁能把这两个字填进这两段话中？

课件出示：

坐　座

老师看了看这幅画，到我的（　　）位上（　　）下来，审视了一下讲桌上的杨桃，然后回到讲桌前，举起我的那页画纸，问大家：

"这幅画画得像不像？"

生：座位的"座"是广字头，坐下来的"坐"没有广字头。

师：我们想想看，座位一般都在房间里，上面会有一个房顶来遮风挡雨，这个广字头就相当于这个房顶，记住了吗？那么车zuò的zuò，是哪个zuò？

生：广字头的"座"。

师：zuò椅的zuò是哪个zuò？

生：广字头的"座"。

师：上课了，老师说同学们请zuò，是哪个zuò？

生：不带广字头的"坐"。

师：非常好！跟老师一起来写一写座位的"座"，注意了，广字头稍微大一些，要盖住下面的"坐"，写下面的"坐"时注意，两边的"人"小一些，中间的竖要长一些。大家动笔来写一写这个字吧。

（教师范写后，学生练习书写。）

师：老师坐下来之后，干了什么？

生（齐）：审视。

师：大家知道什么是审视吗？我请一位同学到前面来，我交给他一样东西，让他审视审视。

（一位同学上台后，拿着老师递过来的翻页笔进行审视。）

师：谁明白了，审视是怎么样地看？

生：就是很仔细地看。

生：就是翻来覆去地看。

生：就是特别认真地看。

师：老师审视了一下讲桌上的杨桃，然后回到讲桌前，举起"我"的那页画纸，问大家："这幅画画得像不像？"想想看，老师是怎样问大家的？谁来想想老师当时的心情，加上一个修饰词，来读读这句话？

课件出示：

老师_____地问大家："这幅画画得像不像？"

启示：这样的汉字教学形象直观，学生容易理解与记忆。

生：老师严肃地问大家："这幅画画得像不像？"

师：这位同学加上了"严肃"，可以，还可以怎样问？

生：老师耐心地问大家："这幅画画得像不像？"

生：老师大声地问大家："这幅画画得像不像？"

生：老师和颜悦色地问大家："这幅画画得像不像？"

师：看到老师的做法，大家怎么评价？

生：老师考虑得非常周到。

生：老师比较冷静。

生：老师是一个非常爱思考的人。

师：是啊，我们遇到事情也应该像这个老师一样，换个角度去看看，不要随意取笑别人。时间过得真快，马上就要下课了，留给大家一个悬念，后面到底发生了什么事情，结果如何呢？我们下节课继续学习。最后，王老师留给大家的作业是：请大家认真书写本课所学到的生字，同时，几位同学可以合作着分角色朗读课文。这节课就上到这里，下课。

【赏析：对待画杨桃，三种人，三种态度，王老师也是分三次活动展示：从"我"认认真真地看，老老实实地画，到几个同学看到画后哈哈大笑，最后是老师的一系列动作。三个教学活动，分别指向三个方面，所有的活动，都为最后老师揭示结果做铺垫，属于形象化的思辨课程。这样的教学安排，指向精准，层次清楚，重点突出。】

启示：借助修饰词体会老师当时的心情，看似是语言训练，其实包含着看问题的态度。透过表面看本质，不急于否定。

【总评】

一篇课文是否能运用"思辨性阅读与表达"学习任务群呈现，首先看课文内容是否具备思辨的因子。《画杨桃》一文就具备这样的潜质：通过"我"画的不像杨桃的杨桃，告诉学生一个道理——透过现象看本质，不能被表象迷惑，有点儿现代寓言故事的味道。学生理解"我"画作的过程，其实就是思辨性看待问题的过程。

其次看单元教材的构成。这个单元由《寓言二则》《画杨桃》和《小马过河》组成，语文园地还有"我爱阅读"《好天气和坏天气》，这些教材内容都具有说理的味道，都是通过事件，告诉读者一个道理。

最后看课后习题。由于二年级没有明确的单元语文要素，所以，这个单元教什么，我们要看课后习题的要求。本单元几篇课文的课后习题"生活中有类似'亡羊补牢''揠苗助长'的事例吗？和同学交流""看到'我'画的杨桃，老师和同学们的做法有什么不同？用自己的话说一说""你同意下面的说法吗？说说你的理由"，从这里可以看出，这个单元是训练学生思辨能力的。

这个单元的几篇课文可以组成"思辨性阅读与表达"学习任务群，《画杨桃》也可以单篇进行思辨性阅读任务群教学。王老师依托《画杨桃》一篇课文进行的思辨性阅读教学，主要是从以下几个方面入手的：

1. 依托文本本身进行思辨性阅读学习。杨桃画成五角星，心智正常的人不会出现这种情况。这是思辨性阅读的前提。同学的嘲笑，老师的系列动作，是故事的发展，也是思辨性阅读的铺陈。老师一席话，揭示故事道理，为思辨性阅读画上句号。由于本课是第一课时，识字写字、理解词语是低年级的常规教学，对于文本的思辨阅读只是浅尝辄止，估计第二课时会深入研究。

2. 结合识字写字，渗透汉字思维。比如"坐"与"座"的区分与书写，一样的发音，不同的意思，相似的样子，它们之间的区别与联系，就是汉字的造字思维。同样的道理，还有"哈"和"嘻"的书写，为什么口字旁的位置是在中间而不是在上面或者下面等。

3. 词组的呈现，暗示逻辑思维。任务二中，教师呈现了三组词语：认认真真，老老实实；审视，严肃；哈哈大笑，嘻嘻的笑声。这三组词语的背后，分别关联"我"、老师与同学，也是课文的情节发展。看似随意，其实用心良苦，颇显教师设计计谋，培养学生关联思维与逻辑思维能力。

4. 游戏介入，感知思辨。任务一的教学目的十分明确，就是通过三个小游戏，让学生形象感知观察角度不同，看到的现象会不同，为学生理解画杨桃事件，提供了辨识支架。

【思维导图】

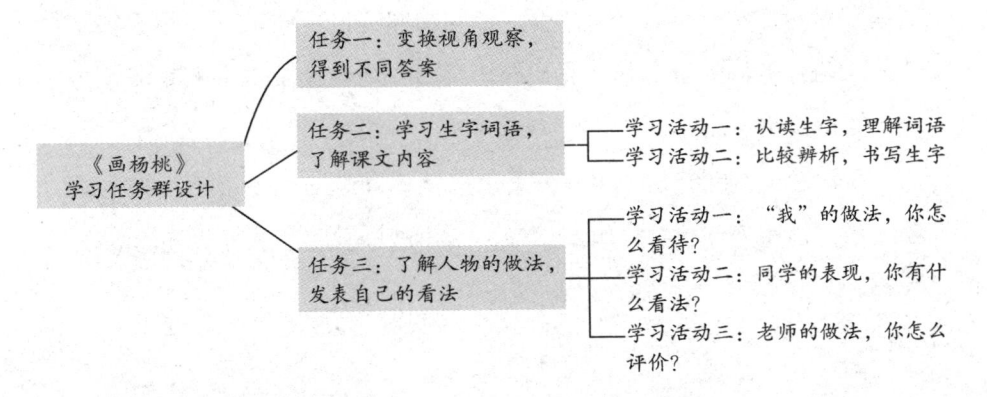

《画杨桃》学习任务群设计
- 任务一：变换视角观察，得到不同答案
- 任务二：学习生字词语，了解课文内容
  - 学习活动一：认读生字，理解词语
  - 学习活动二：比较辨析，书写生字
- 任务三：了解人物的做法，发表自己的看法
  - 学习活动一："我"的做法，你怎么看待？
  - 学习活动二：同学的表现，你有什么看法？
  - 学习活动三：老师的做法，你怎么评价？

主编谈教学写作启示

一个单元，多种任务群呈现

这个单元由古代寓言故事与现代寓言（这个定义不一定准确，取其传递道理的成分）组成，都含有劝诫说理成分。针对这样的单元教材，我们可以进行单元整体教学，把一个单元作为一个大的学习任务群来进行教学。究竟以哪个学习任务群呈现？思辨性阅读是大家都会想到的方式。其实，我们还可以以"语言文字积累与梳理""文学阅读与创意表达""整本书阅读"等学习任务群来组织教学。无论是以哪个学习任务群组织教学，教学目标或者学生核心素养的侧重点不同，教学路径就不同。比如，如果以"语言文字积累与梳理"学习任务群教学，主要侧重汉字的识记、词语的积累，培养学生的语感；如果以"文学阅读与创意表达"学习任务群呈现，侧重学生文学阅读素养的培养，获得审美体验，感知文体特征；如果以"整本书阅读"学习任务群教学，其实类似导读环节，为阅读整本书积累阅读方法、阅读策略与阅读经验。

这样看来，针对这个单元，就可以从不同学习任务群角度撰写相关文章，阐述为什么这样组织教学，给出教学目标、教学评价标准方式等。

交流身边小事，表达自己看法
——《身边的"小事"》教学实录
（统编版三年级上册第七单元"口语交际"）

任务一：回顾生活经历，明确小事含义

师：同学们，在即将过去的这一年里，我相信大家一定经历过不少难忘的事情，比如今年夏天，全国各地都下了大雨，给我们的生活造成了很多不便。大家看这张图片，这样的场景熟悉吧？

（出示大雨天马路上汽车快速驶过，带起的水溅到路旁行人身上的图片。）

生：熟悉！

师：那段时间里，我们每天上下学，爸爸妈妈上下班，都要在雨中行走，雨中发生了很多事情，虽然不大，却让我们难忘。来，我们听听下面这段广播节目的音频，看看说的是一件什么样的小事。

（出示雨中外卖小哥摔倒的图片，播放广播电台节目片段。）

师：刚刚大家都听到了，雨中发生了一件不太大的事，但是让人感觉心里暖暖的。谁来说说是一件什么样的事情？

生：外卖小哥摔倒了，有人把车停下来帮他捡东西。

启示：熟悉的现象，容易激发学生的表达欲望。

启示：上面属于反面材料，这里正面举例。

271

生：有个路人还给他们撑伞。

师：大家看，这件事情很小，但是让人倍感温暖。今天，我们"口语交际"的主题就是身边的"小事"。大家留意，这个"小事"加了一个很特别的符号，是——

生（齐）：引号。

师：猜猜看，这里的"小事"，加上了引号，想表达什么意思？

生：就是事情虽小，但是意义挺大的。

生：就是我们说的是小事情，但小事情得包含着一定的道理才行。

生：就是这个小事虽然小，但是有意义，比如刚才我们听的那件事，就让人觉得很温暖。

师：是啊，有意义的小事，这就是今天我们要交流的内容。

【赏析：正反两种现象，既是生活现象，也为学生进行"口语交际"提供材料支架，一举两得。紧接着让学生谈感想，打开学生的话匣子。】

任务二：明确交际内容，探索表达方法

学习活动一：阅读要求，明确任务

师：同学们，这次"口语交际"有哪些要求呢？我们来看看吧。

课件出示：

我们的身边每天都在发生各种各样的"小事"，每件事都以不同的方式影响着我们的生活。

你的身边有哪些类似这样的"小事"？和小组同学交流你发现的令人感到温暖的行为，或是不文明的行为，再谈谈你

对这些行为的看法。

汇总小组同学谈到的"小事",和其他小组交流。

(学生自读要求。)

师:读了要求,谁明白这次"口语交际"我们要干什么了?

生:我们要说出身边的"小事"是什么,这"小事"可以是让我们感到温暖的好事,也可以是不文明的行为。

师:就是要说清楚所见到的"小事"的内容,很好,还有吗?

生:还要谈看法。

师:知道什么叫看法吗?

生:就是对这件事的想法。

师:对,就是见解、意见。我们除了说清楚这件"小事"的内容,还要讲清楚对这件"小事"的看法。还有吗?

生:还要汇总好小组意见,进行全班交流。

师:汇总小组的意见时,要尽可能照顾到每个人的想法,就是要小组内的每个人都发言,说出自己的想法。大家想想,如果我们小组四个人,两两意见是一样的,汇总起来,总共几个意见?

生:两个。

师:如果我跟同桌意见一样,另外两个人各有各的意见,汇总起来,总共几个意见?

生:三个。

师:很好。大家现在都清楚了吧,这次我们"口语交际"要做到的事情是——

生:先要说清楚所见到的"小事"的内容。

生:还要讲清楚对这件"小事"的看法。

启示:出示教材内容,明确交际要求。

启示:细化目标要求,做到心中有数。

生：最后要汇总好小组意见，进行全班交流。

学习活动二：尝试表达，探索方法

师：倾听是非常重要的，刚刚我们听到主持人讲了一件"小事"，谁能用自己的话说一说，注意要把这件"小事"讲述清楚。

生：一个送外卖的小哥，在送外卖的过程中摔倒了，有一个路人把车停下，帮他收拾东西，他们没有伞，路过的人帮他们撑伞。

生：有一个外卖小哥在送外卖的时候，不小心在雨里滑倒了，他的外卖撒了一地。这时候有个人把自己开的小汽车停到马路中间，挡住其他车辆，保护了他的安全，这个人还帮他收拾东西。他们没有伞，这时候又来了一个路人，帮他们撑伞。

师：非常好，这样我们就把这件"小事"说清楚了，接下来该干什么了呢？

生：说说对这件事的看法。

师：说说看，你怎么看这件事？

（指名回答。）

生：我觉得这件事让我感觉很温暖，因为大家相互帮助。

生：我觉得这个司机做得很好，他冒着雨帮助外卖小哥。

生：我觉得路人也特别好，帮助他们撑伞。

生：他们做的事情不大，但是很有意义，别人有困难，我们就应该帮助。

师：问问大家，如果你在现场，你会怎么做呢？

生：我会帮助外卖小哥去捡东西。

生：我会帮他们打着伞挡雨。

生：我会一边打着伞一边叫路过的其他人帮忙来捡撒在

启示：示范说清楚，回应交际要求。

启示：针对不同当事人的做法进行点评，开阔学生话语视野。

地上的外卖。

师：大家说得特别好，谁能把大家对这件事的看法汇总一下。刚刚有四位同学说了自己的看法，这四位同学，能不能再说一遍？我们请一位同学汇总一下大家的看法。

（四位同学重复之后，请一位同学汇总。）

生：这几位同学觉得这些人互相帮助，事情虽小，但是很有意义！司机做得很好，路人也做得很好。

师：不错，语言简洁，把大家说的意见都提到了，这就叫汇总，值得表扬。要把大家的意见汇总好，一定要专心倾听，还要学会记录要点，如果不清楚的话，还可以追问。后面我们再汇总的时候一定要做到，不能总让别人重复。

【赏析：如何进行"口语交际"的指导？这个环节的教学示范十分饱满。

首先提供教材要求，让学生明确知道本次"口语交际"的内容；其次细化要求——说清楚事情内容，表达自己看法，小组汇总，全班交流；再次，示范说清楚的标准；接着，对事情本身、涉事人及做法进行多角度评析；最后，进行汇总。】

启示：汇总是对内容进行提炼、提升的过程，训练的是学生逻辑思维能力。

任务三：充分交流看法，汇总小组意见

学习活动一：讲清事情内容，表达个人看法

师：同学们，今年暑假，大家有没有出去旅游的？说说看，你去了哪里？

生：我去了青岛，在海边玩了。

生：我去了新疆的乌鲁木齐，到火焰山、葡萄沟玩了。

生：我去了宁夏中卫沙坡头，玩得特别开心。

生：我去了北京故宫。

师：外出旅行，讲文明很重要，但是，总有人做不到，常常会出现这样的情况——

课件出示：

师：在这幅图上，你发现了哪些不文明的现象？

生：有一个人在墙上乱写乱画。

启示：结合教材进行实战练习。

生：还有一个人上到了树上，就是为了拍照。

师：大家观察得很仔细，这些事情看着很小，但是影响非常不好。大家想想怎么才能把这件小事讲清楚，先自己练习一下，然后同桌互相说一说。

（学生思考后进行练习，同桌互相说。）

师：谁来跟大家说说？

生：有一个景点很漂亮，游人很多，大家都在欣赏风景。这时候有一个人可能是觉得景色很美吧，他想在此留念，就在墙上写了"某某某到此一游"。还有两个人也觉得这儿很美，就爬到树上，拍照留念。

启示：不仅要说清楚，还要说生动，要求在提升。

师：说得比较清楚，不过还可以说得更好，特别是后半段，有没人帮她修改一下。

生：还有两个人也觉得这儿很美，就想拍照留念，但是他们觉得站在地上拍得不太好，于是就爬到树上，站在树杈上拍照。

师：这个现象说得很清楚了，接下来大家就来说说自己的看法吧。注意了，刚刚我们说了，要专心听讲，把小组成员说的要点记录下来，谁来分享一下你们组的看法汇总？

生：我们组有两个看法，第一个看法是，在墙上乱写乱画，就会把别人辛苦劳动的成果给糟蹋了，爬到树上拍照会对树木造成伤害。第二个看法是，换个角度，如果自己是墙面，会很疼；如果自己是爬树的那个人，摔下来，会受伤，所以不能这样做。

生：我们组同学的看法是一样的：如果自己当时在那里的话，一定会及时制止他们，不让他们这样做的。

师：很好，大家说自己在场的话，会去制止他们。假如你是保安，还在现场，你会怎样劝阻警告他们呢？我们来演一演，再现一下当时的情景吧！

启示：多角度表达看法，提高表达的丰满度。

（四位同学上台，一位演保安，一位演乱写乱画的游客，两位演拍照的游客。）

游客1：（正在墙上乱写乱画）这里的景色真不错，让我留个纪念吧！就写上"到此一游"吧！

启示：这个情境设计得好。

保安：你干什么呢？不能在墙上乱写乱画！

游客1：我留个纪念，就写几个字，没事！

保安：一个字都不行，这样做对景区是一种破坏！我们要爱护这里的一切！

师：不错啊！我们继续看，另一组游客来了！

游客2：我们来拍照留个纪念吧！

游客3：可是站在地面上拍出来的效果不好！你爬到树上吧，这样拍得好看！

游客2：好的。

保安：你们干什么呢？不能爬树！太危险了！万一摔了，你就得去医院了！而且，爬树对树木也不好！

启示：训练学生对事件看法的另外一种表达方式，进行积极的语言实践运用，也是思辨表达的一种形式。

277

师：不错，这个保安很尽职啊！他的劝阻其实就是他对这件事的看法，非常好！今天我们进行口语交际，先要把事情说清楚，然后再表达自己的看法，当然了，小组交流，一定要学会汇总每个成员的意见。

学习活动二：组内充分交流，汇总小组意见

师：下面我们进行小组合作学习，这里有三幅图片，后面还有一个空白的方框，就是说，除了这三个画面，我们还可以选择自己在生活中看到的小事来谈。各小组选择好了之后，就可以在小组内进行交流了。

课件出示：

（学生小组交流，教师巡视指导。）

师：我们来交流交流吧。哪个小组来说？注意了，要先说清楚你们组选择的是哪个画面，把画面内容说清楚后，再说说你们的看法。

生：我们组选的是挤公交车的这幅图。我们每天早上都要上学，都害怕迟到，所以就很着急。有时候我家的车限号，就得去坐公交车，排了半天队，结果有人插队，就让人很生气。我们组同学的看法是：这样插队是非常不好的，大家都应该排队，这样才安全，也有序。

生：我补充一下，如果我在场，我就会告诉他要排队，有序上车。他肯定会说他很着急，我就会跟他说，我们每个人都很着急。

生：我会告诉他：你这样插队，会给后面的小朋友起到坏的影响。我让他想一下，如果他在排队，前面有人插队，他是什么心情。

师：非常好，这叫换位思考。大家对自己的看法表达得很清楚，态度很明确，值得表扬！我们继续交流。

生：我们组说的是第二幅图，就是遛狗的人把狗屎清理了。我在我们小区也能看到遛狗的人，但是他们做得没图上这个人好，有人遛狗就把狗放出去了，结果把小朋友吓哭了。

生：我上次还不小心踩了一脚狗屎，那天我回去得晚，天有点儿黑了，结果就踩了一脚狗屎，上电梯的时候才发现，臭死了。

生：这个人就做得很好，他很负责任，把狗屎清理干净，就不会影响别人了。

生：我们组都觉得他做得很好，也希望所有养狗的人都能像他这样做。

师：很好！我们继续交流。

生：我们说的是第一幅图，这个人做得特别好，他做的事情很简单，就是帮后面进来的人推了一下门，但是给了后面的人方便。

生：我也觉得这个人做得很好，虽然这是小事情，但是带给了别人方便，像这样的事情我们就要经常做。

师：这位同学说，给别人方便的小事，我们要经常做，问问大家，你们谁做过？

生：我在按电梯的时候，看到后面的人快到了，就会等一下，这样就一起上楼了，他就不用等半天了。

师：是啊，尤其是早上上学或者上班着急的时候，可能错过一趟电梯就要等好几分钟呢，我们的一个小举动，会让别人心里暖暖的。

生：上次上学的时候，一个一年级同学拿着轮滑鞋，很

启示：老师的点评十分到位，肯定的同时，又指明了方向。

重，我就帮她抬。

生：下课接水喝的时候，后面有好几个同学排队，我就只接半杯，这样后面的人就不用等很久了。

生：上体育课出教室的时候，我会把灯关上，这样省电。

师：看到这些小事情，你有什么想法？来，说说看！

生：我觉得刚刚几位同学做得特别好！我们帮助小同学拿东西，有时候我们也需要大哥哥大姐姐的帮助，相互帮忙是应该的。

> 启示：如果为了交流而交流，学生学到的只是言说的技术。结合生活的真实交流，正面导向的交流，培养的是孩子的爱心，树立的是交流育人的大旗。

生：上次别人按住电梯等了我一下，我上学就没迟到。那次我本来就起晚了，当时特别着急，我很感谢那个叔叔。

生：我觉得我们都应该多做好事。

生：我想到了一句名言：勿以恶小而为之，勿以善小而不为。

师：是啊，小事虽小，但是影响不小。就像刚才几位同学所做的事情，虽然小，但是能够帮助到别人，能够带给别人温暖，多好啊！这样的事情我们要经常做，要多做。大家能做到吗？

> 启示：学生表达看法的深度、宽度在增加。

生（齐）：能！

师：同学们，今天我们交流了看到的小事，大家也发表了自己的看法，明白了哪些是好事，要多做，哪些不好，我们要劝阻，要杜绝，大家的表现非常好。其实，这些小事只是生活中的一小部分，我希望大家多去关注生活中的小事，多做一些对别人有帮助的小事，让我们都能感受到温暖。马上就要下课了，最后，王老师留给同学们的作业是：回家后跟家人分享一些生活中的小事，并表达自己的看法，当然了，也可以听听家长是什么看法。好了，这节课我们就上到这里，下课！

【赏析：结合教材提供的情境让学生实践，体现了"口语交际"教学的最大特性：在交流实践中培养学生的表达能力。但是这里的交流，已经不是简单重复，而是从讲清楚事情的内容，发展到对事情进行生动的陈述；训练学生对事情的评价，也在不断深入。比如对墙上乱画及上树拍照危害性的看法，就呈现两种看法，两种表达。保安形象的介入，又提升了表达的个性化、职业化，丰富了学生对看法表达的理解。换位思考的表达，现身说法的延伸，又在培养学生口语表达能力的同时，净化孩子的心灵，走向交流育人的境界。】

【总评】

这节课特色比较明显，主要体现在：

1. 示范到位。这是一节思辨性表达的示范课，训练学生对事件的陈述能力，以及针对事件发表自己看法，清晰表达自己观点的能力。

王老师首先以教材为依托，让学生知道教材的基本要求，接着细化要求，分解要求，然后进行两方面能力的示范，最后再回到教材，在实践中检验学生"清楚表达，汇总看法"的学习情况，并及时予以点拨，适当提高训练难度，让学生跳一跳摘桃子，丰富学生言说饱满度。由学到练，由练到提升，教学思路清晰明了。

另外，从学生表达角度来说，说清楚的标准，表达看法的标准，归纳的标准，虽然没有直接展示出来，但是通过学生示范的方式，暗示学生什么叫表达清楚，什么是表达看法，什么是汇总归纳。

2. 训练到位。学生的口语表达能力，不是依靠老师喋喋不休的讲述理论知识就能获取与提升的，只有在不断的语言实践活动中锤炼，才能逐渐获得表达经验，形成表达能力。

比如事情经过的表达训练，大体分三个层次：雨中外卖小哥摔倒的图片的出示，学生是从路人行为说起。看到什么说什么，这是第一层次的训练；讲清外卖小哥雨中摔倒以及路人的各种温馨举动，需要学生的概述能力，属于第二层次训练；在讲清楚事情经过的基础上，生动讲述，是第三层次的训练。

再看对"看法"的训练，也是步步深入，层层提升：首先厘清"看法"内涵，让学生明确看法就是自己对事情的意见、想法等；接着，以外卖小哥摔倒路人及时相助为例，从事件影响、肯定路人做法等角度谈自己看法；实践阶段，看法的内涵又扩大一些，一是从造成危害角度谈，二是从角色入手谈，三是不仅谈看法还谈做法。

3. 育人到位。导入环节两张图片的对比，直观暗示学生做人的行为标准；实践环节，保安的劝说、针对不良现象学生的积极正面应对，也在无形之中，渗透规矩意识、公民道德意识、和谐意识等，训练的不仅仅是学生口语表达能力，更借助事件，达到表达育人的目的。

4. 思辨到位。这节课有许多思辨的点，值得我们注意。

首先是"雨后马路上汽车驶过积水不减速，积水溅到行人身上"与"雨中快递小哥摔倒路人帮扶"，两种生活现象的对比，引发学生对公民意识和公民形象的深思。

其次是对路人行为的辩证认识。大雨中的路人，有的主动帮助外卖小哥，有的视而不见（这一点没能展示出来）。对于他们的行为，赞扬前者的同时，不能责怪后者的无动于衷。毕竟大家没有帮助外卖小哥的责任与义务，况且情况也非紧急。这是需要学生辩证认识的。

再次，墙上刻字、树上照相等行为，他们满足了自我需要，危害的是公众形象与公共安全。学生在交流时，一方面从旁观者角度进行评价，另外还从墙壁、树木自身角度分析，难能可贵。

至于插队上车，学生视野就宽多了，有直接批评这种现象的，有耐心劝告的，有将心比心的，学生表达的角度多元，思维的形式多元，都与平常教师的训练分不开。

【思维导图】

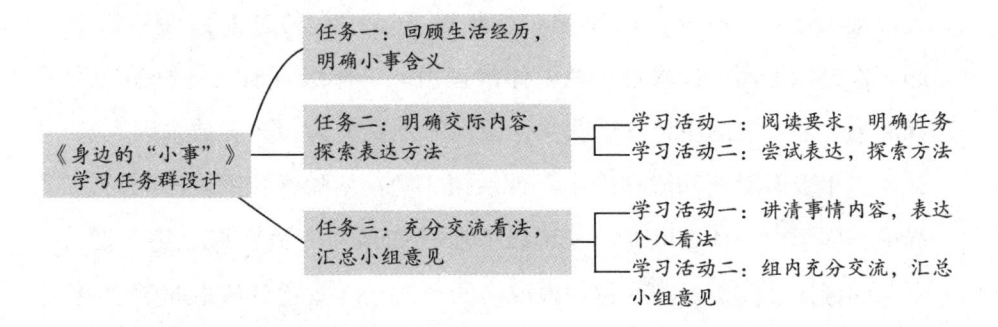

```
                    ┌─ 任务一：回顾生活经历，明确小事含义
                    │
《身边的"小事"》────┼─ 任务二：明确交际内容，   ─┬─ 学习活动一：阅读要求，明确任务
学习任务群设计       │   探索表达方法              └─ 学习活动二：尝试表达，探索方法
                    │
                    └─ 任务三：充分交流看法，   ─┬─ 学习活动一：讲清事情内容，表达
                        汇总小组意见              │   个人看法
                                                  └─ 学习活动二：组内充分交流，汇总
                                                      小组意见
```

【主编谈教学写作启示】

思辨性表达的路径与策略探究

"思辨性阅读与表达"学习任务群包括阅读与表达两部分，表达又分口头表达与书面表达两类。统编教材中的"口语交际"属于"思辨性阅读与表达"学习任务群中的口头表达。这一课虽然属于"思辨性阅读与表达"学习任务群，但是更侧重于口头表达。由此，我们可以重新审视教材中"口语交际"的内容，将侧重于思辨性表达的话题整理出来（比如二年级下册的"注意说话的语气"、三年级下册的"劝告"、四年级下册的"朋友相处的秘诀"、六年级下册的"辩论"），挖掘其中共性的东西，分析其差异的内容，找出规律性方法，让学生"有理有据、负责任地表达自己的观点"，从口头表达角度培养学生的理性精神与理性思维。

另外，课后作业中也有许多思辨性口头表达训练题，比如，二年级下册《一匹出色的马》课后第 2 题：读句子，体会妹妹的变化，再说说她为什么会有这样的变化。二年级下册《小马过河》课后第3题：你同意下面的说法吗？说说你的理由。三年级下册《守株待兔》课后第2题：借助注释读懂课文，说说那个农夫为什么会被宋国人笑话。三年级下册《陶罐和铁罐》课后第3题：从陶罐和铁罐不同的结局中，你明白了什么道理？三年级下册《鹿角和鹿腿》课后第3题：下面的说法，你赞成哪一种？说说你的理由。这些题目都指向学生思辨能力的训练，可以围绕某一种文体、某一单元、某一个问题，提炼其思辨性口头表达训练策略路径。

习作中也有思辨成分。比如，五年级下册"那一刻，我长大了"，对长大的内涵理解不同，文章选材会不同，传递的理念也会不同。五年级下册"漫画的启示"，明确指向对人物言行的反思。这类习作有无共性教学策略，值得研究。

在语言学习中提升思维品质
——《自相矛盾》教学实录

（统编版五年级下册第六单元第15课）

任务一：链接旧知，简述故事的大意

学习活动一：借助图片，认识几种兵器

师：同学们，今天我们先来玩一个游戏：看图识兵器。（课件出示第一种兵器）这是什么兵器？

生：剑。

师：对，它就是剑。再看第二种（课件出示第二种兵器），这是什么？

生：刀。

师：很好。刚才我们看到的两种兵器，一个是剑，一个是刀，都比较常见。接下来的稍微有点儿难，这种兵器（课件出示第三种兵器）有没有人认识？

生：鞭。

生：应该是矛。

师：还有吗？

生：剑。

师：有点儿像，这个剑不够光滑，是吧？

（学生发出笑声。）

师：我要告诉大家正确答案了，它是铜。有没有听过？一起读读它的名字。

生：铜。

师：接下来的这种兵器是什么呢？

生：叉。

师：再看下一个，这个是什么呢？

生：戟。

师：再看一个，这个是——

生：斧。

师：这些都是兵器，我们来读读它们的名字。

生（齐）：剑、刀、铜、叉、戟、斧。

师：我们再看一个，这个是——

生：矛。

师：这个呢？

生：盾。

师：看老师写"矛"。横撇点横钩，竖钩加撇把笔收。这个字是——

生：矛。

师：再来看老师写"盾"。短撇长撇连十目，万箭飞来能挡住。这个字是——

生：盾。

师：刚刚我们认识了很多兵器，今天我们学习的这篇文章讲到的就是其中的两种兵器——矛和盾，这篇文章的题目是——

生：自相矛盾。

师：我们一起来读一读题目。

（学生齐读课题。）

启示：看似在认识兵器，其实是在进行兵器类汉字的"语言文字积累与梳理"任务群教学，同时走向课文内容的学习。

学习活动二：回顾旧知，了解故事大意

师：这个故事大家一定都听过，说说看，你在哪里听过？

生：小时候，爸爸给我讲过这个故事。

生：我在手机软件里听过这个故事。

生：我看过这个故事的动画片。

生：我看过一本书，里面有这个故事。

师：非常好，看来这个故事大家挺熟悉的，我们来回顾一下，这个人拿着他的盾在叫卖，说了什么？

生：他说自己的盾特别坚固，什么矛都戳不破。

师：他拿出矛的时候是怎么说的？

生：他说他的矛非常锋利，没有任何盾可以挡住。

师：这时候，旁边有个人说了一句让他哑口无言的话，那个人是怎么说的？

生：如果用你的矛去刺你的盾，结果会怎么样呢？

【赏析：导入课堂教学的过程，也是知识积累与梳理，唤醒旧知的过程。从白话文故事导入，减少学生对文言文理解的困难。】

启示：对于学生来说，《自相矛盾》的故事比较熟悉，回忆出处，其实是在暗示学生处处留心皆学问。另外，也是在唤醒学生对这个成语意思的记忆。

任务二：创设情境，再现当时的场景

学习活动一：角色扮演，读中再现场景

师：这个故事的现代文版本大家很熟悉，印象很深。今天，我们要学习的是这个故事的文言文版本。文言文相对会比较难一些，给大家一点儿时间，自己先练习读一读，注意按照自己的速度来读。

（学生自由练读课文。）

师：要表扬咱们班的所有同学，特别会听要求，能够按

照自己的速度来读，非常好。不过，文言文读一遍是不够的，希望同学们再读上一两遍。

（学生再次自由练读课文。）

师：刚刚在读课文的时候，谁不只读了课文，还读了旁边的注释？如果刚才你忽视了注释，现在赶快读一读注释的内容吧。

（学生自读课文旁的注释。）

启示：引导学生读注释，指向文言文学习的方法渗透。

师：刚刚大家认真地读了课文，这句话会读了吗？

课件出示：

楚人有鬻盾与矛者，誉之曰："吾盾之坚，物莫能陷也。"

师：这句话确实不好读，其中有一个字的笔画特别多，这个字是——

生：鬻。

师：这个字的笔画特别多，平常我们很少见到它，但是大家一定都知道它的意思——

生（齐）：卖。

师：你们怎么知道的？

生：看注释。

师：学习文言文，看注释的确很重要。"楚人有鬻盾与矛者"，知道是什么意思吗？

生：楚国有个卖盾和矛的人。

师：如果现在楚人只卖盾，这句话可以怎么说？

生：楚人有鬻盾者。

启示：感知文言文的表达形式，引起对文言文学习的兴趣。

师：非常好。如果他只卖矛的话，怎么说？

生：楚人有鬻矛者。

师：非常好！

师：刚才我们认识了这么多兵器，你挑一个来卖一下。

生：楚人有鬻剑者。

生：楚人有鬻斧者。

师：我觉得一次卖一个不过瘾，咱们卖两个，怎么样？

生：楚人有鬻戟与剑者。

师：特别好，还有吗？

生：楚人有鬻戟与斧者。

师：刚刚我们卖了一种、两种兵器，多卖几种行不行？怎么说？

生：楚人有鬻铜、叉、刀与剑者。

生：楚人有鬻剑、戟、斧、刀与叉者。

师：非常好！同学们，这句话中还有一个"誉"字，在注释里找一找，它是什么意思？

生：注释里面没有这个字的解释。

师：那怎么办？我们联系上下文猜一猜吧。

生：夸耀，夸赞。

师：对，这个人在夸耀、夸赞。谁把他夸耀盾的那句话读给大家听听？

生：吾盾之坚，物莫能陷也。

师：读得很流畅，但是还不够好，有没有听过一句话叫王婆卖瓜——

生：自卖自夸。

师：你夸自己的东西就板着脸夸吗？你要有点儿感染力，让别人听到后感觉你卖的东西真好，要有那种感觉才行。

生：（自豪地）吾盾之坚，物莫能陷也。

师：进步很大，但还可以更好！想想看，一个叫卖的人，他怎样做才能让别人想买他卖的东西？你不能光站到那里卖。

生：来来来，各位客官，赶快来看看吧！吾盾之坚，物

启示：继续渗透文言文学习的方法。

启示：这个歇后语用得好，抓住了学生体会商人吆喝的关键。

莫能陷也!

师:掌声送给他,有感觉了!我请一位同学到前面来,看看能不能超越刚才的那位同学。

生:(做拿起盾的动作,看着四周的人)吾盾之坚,物莫能陷也!买一者得二。

师:有点儿文言文的感觉了,非常好!掌声送给他。同桌两人再练习读一读。

(同桌练习。)

师:我再请两位同学上来试试,看看他们表现得怎么样。我还想请三位同学上来当路人,看谁的话能让你真的动心。

生:快来看,快来看呀!吾盾之坚,物莫能陷也。

师:(指三位路人中的一位)听完他的话,你什么感觉?

生:我想过去看看,看要不要买。

师:有点儿感染力了,我们请下一位楚人也来读读。

生:各位客官,赶快过来看一下啦,吾盾之坚,物莫能陷也。

师:(指三位路人中的一位)说说你的感受。

生:我觉得可以过去看一看,我都有些想买了。

师:同学们,想象着场景,入情入境,我们就能读得更好!来,咱们一起再读一读这句话。

(学生齐读句子。)

师:读了这么多遍后,有人可能都快会背了。闭上眼睛,我们试着背一背。

(学生练习背诵。)

学习活动二:运用学法,自主朗读体会

师:我要特别感谢刚才的那几位同学,通过他们的朗读,我们记住了这块盾很结实,物莫能陷也。楚人接下来就要夸

启示:让学生进行表演,模拟的是形式,目的有四:一是指向文言文内容的理解,二是指向对文言文的语感感知,三是指向对文言文的积累背诵,四是体会商人吆喝的感觉。

启示:侧重对盾的感知,积累文言文朗读的方式,熟读成诵。

赞他的矛了，他会怎么样夸赞矛呢？我请一位同学来读一读。

生：又誉其矛曰："吾矛之利，于物无不陷也。"

师：读得很通顺，不错。我们学习上一句已经积累了朗读的经验了，这句话怎么读效果才能更好呢？

生：可以想象当时的场景，把自己当作那个卖盾和矛的楚人。

师：对，想象场景，进入角色，能够夸赞到别人都想买，那就好了。谁来试试看？

生：走一走，瞧一瞧，吾矛之利，于物无不陷也。各位快来看一看哪！

生：吾矛之利，于物无不陷也。各位客官，快来看看吧！

师：来，我们一起读一读这句话。

（学生齐读句子。）

师：这句话不长，如果你已经能背诵了，就闭上眼睛试试吧。

（学生试着背诵。）

【赏析：文言文从三年级开始被纳入教材，但由于其精练简洁的语言以单音节表义为主，省略词语较多，要读懂文意有些难度；另外文言文中通假字、一词多义、特殊句式等语法现象与学生的认知经验存在一定差距。因此，对于当下孩子来说，阅读理解文言文还是吃力的。直接进行如看注释、联系上下文、诵读等方法的渗透当然是必要的，模仿文言表达、进行故事表演、游戏化诵读等方式的学习更能让学生进入文言文学习的氛围，感受文言的味道，激发学生学习祖国语言文字的兴趣。】

任务三：推测想象，展现思维的过程

学习活动一：展开推测，再现思维过程

师：同学们，正当这个楚人得意地夸赞自己的盾和矛时，有人说话了——

课件出示：

或曰："以子之矛陷子之盾，何如？"其人弗能应也。

师：这两句话中哪个词的意思不好理解？

生：或曰。

师："曰"我们都知道是说的意思，那"或曰"呢？

生：有人说。

师：有个在旁边看的人说话了，说了什么呢？请一位同学读一读。

生：以子之矛陷子之盾，何如？

师：读得特别好，我们再请一位同学来流畅地读一读。

（指名朗读句子。）

师：我们一起读读这句话。

（学生齐读。）

师：这句话的意思理解了吧？

生：用你的矛刺你的盾，会怎么样呢？

师：是啊，你的矛不是很厉害吗？刺一下你的盾会怎样呢？同学们，读到这句话，我想到了这样的表情（出示尴尬的表情），这是什么表情？你觉得这个表情是谁的？看到这个表情，你能不能为大家再现一下他此刻的心情？他此刻内心的想法是什么？

生：这应该是那个楚人的表情，他太尴尬了。他可能会想，唉，我真是太愚蠢了，今天，我肯定一支矛和一个盾都

启示：表情包的介入，形象生动接地气。

卖不出去了。

师：是啊，简直太尴尬了。大家再看看这个表情（出示龇牙的表情），这个可能是谁的表情？

生："那个"或曰"的路人。

师：谁为大家分析一下路人此刻的心理活动？

生：这个路人肯定觉得他把卖矛与盾的这个人拆穿了，很得意。

师：我们再看看这个表情（出示捂脸的表情），你觉得这可能是谁的表情？

生：这应该是路人的表情，他肯定想：还想骗我们呢，瞧瞧你，现在看你怎么办。

师：我们再看一个表情（出示偷笑的表情），这可能是谁的表情？

生：可能是路人，他心里会想：世上怎么还有这么傻的卖家！

生：他肯定想，刚才你不是很神气吗，现在怎么不说话了？

师：是啊，太好笑了，但是当着那个楚人的面笑，确实有点儿不好意思，于是就转过身偷笑。同学们，看到这几个表情，我们就想到了他们那一刻的心情，这对于我们朗读好课文是很有帮助的。来，我们再读读这两句话——

（学生齐读句子。）

师：同学们，这个"或曰"的路人让楚人非常尴尬，无言以对，他当时听到楚人对自己矛和盾的夸赞，是怎么想的呢？我们试着走进他的内心世界，推想一下他当时的想法吧。同桌可以相互说一说，交流交流。

（同桌互相说。）

启示：通过表情包分析路人的思维，有新意。

师：谁来为大家再现一下路人当时是怎么想的？

生：既然你的矛那么锋利，那么，就应该没有事物能挡得住它；既然你的盾那么坚硬，那么就应该没有事物能刺破它。可是，如果用你的矛去刺你的盾，那又会怎么样呢？

师：非常棒。同桌两个人相互再说一说。

（同桌再次互相练说。）

学习活动二：尝试解说，朗读背诵课文

师：同学们，这个故事我们读了很多遍了，现在，我们尝试着背一背，给大家一点儿时间练习练习。

课件出示：

楚人有鬻盾与矛者，誉之曰："吾盾之坚，物莫能陷也。"又誉其矛曰："吾矛之利，于物无不陷也。"或曰："以子之矛陷子之盾，何如？"其人弗能应也。

（学生练习背诵。）

师：现在，我们试着给这幅图片配上讲解。

（出示与这个故事对应的图片，学生进行背诵，为图片配上讲解。）

师：这个同学特别厉害，她全程都没有看课本，完全背过了。我再请一位同学，这次我们用课文来给动画视频配音，大家要注意速度，不能太快也不能太慢，最好能够与动画同步。

（学生练习配音。）

师：谁来试试？

（一位同学上台为视频配音，教师相机指导。）

师：非常好，掌声送给她。这位同学不仅背过了课文，还能注意控制速度，很完美。来，所有同学，我们一起来为动画视频配音吧。

启示：图片支架，视频配音，游戏化的背诵方式，符合学生接受心理。

（学生齐背课文，为动画配音。）

【赏析：教学支架的巧妙介入，是这个环节的亮点。

一是借助表情包来推测商人与路人的想法，形象直观，风趣新颖。表情的不同，暗示情绪的差异，也反映内心的波澜。

二是借助图片讲解、视频配音支架帮助学生熟悉内容，轻松记忆。】

任务四：多向思维，发现更多的可能性

学习活动一：展开思辨，进行多角度的思考

师：同学们，刚刚我们把这个故事读完了，不过，我们会发现还有这么一句话跟在了故事的最后——

课件出示：

夫不可陷之盾与无不陷之矛，不可同世而立。

师：这句话的第一个字怎么读呢？

生：fú，课文中有注音，读二声。

师：什么意思呢？

生：我看注释了，表示将发议论。

师：对，没有实际的意思，就是要发议论了，后边就是作者的议论——

启示：关注文言文的表达特点。

生（齐）：不可陷之盾与无不陷之矛，不可同世而立。

师：在这里还有一个"立"字，是什么意思？注释中没有。

生：我查字典了，字典上有好几个解释呢，我选的是存在的意思。

启示：查字典也是阅读文言文的方法之一。

师：这句话的意思你们明白了吗？

生：特别坚固的盾和特别锐利的矛不可同时出现。

师： 是啊，同世而立，就出现矛盾了。不过，此刻我的脑海中突然冒出了一个大问号：难道楚人就这么惨，好不容易做出了矛和盾，结果却一个也卖不出去吗？有没有可能卖出去？

生： 有。不可陷之盾与无不陷之矛，不可同世而立，那想要卖出去，可以一个一个地卖。

师： 你能具体说说吗？

生： 第一天卖矛，第二天卖盾，这样交错着卖。

师： 很好，同一天里只卖矛或盾。可以怎么说呢？

生： 楚人有鬻矛者，誉之曰："吾矛之利，于物无不陷也。"

师： 到了第二天，就可以这么说了——

生： 楚人有鬻盾者，誉之曰："吾盾之坚，物莫能陷也。"

师： 对，这样就可以卖出去了。楚人明白了，矛和盾不可同世而立。如果这个楚人还做出了很多的兵器，比如——

（出示刚上课时认识过的兵器图片。）

师： 大家想想，这个楚人有没有可能一次卖两种兵器呢？可以同时卖什么？

生： 楚人有鬻戟和叉者。

师： 这两个是可以的，因为它俩不矛盾。

生： 楚人有鬻剑和斧者。

师： 同学们，你们的想法都特别好。此刻，有一个更大的问号出现了，课文中说了，不可陷之盾与无不陷之矛，不可同世而立，真的吗？难道它们真的不能同时出现吗？有没有可能同世而立呢？我给大家看一样东西，谁在它的身上发现了"矛"？

（出示坦克图片。）

生： 我发现了，矛就是炮筒。

师： 谁发现了它的盾？

启示： 培养学生逆向思维能力。

启示： 引申卖其他兵器，目的不是卖东西，而是训练学生的逻辑思维能力。

生：装甲就是盾。

师：刚才说了，不可陷之盾与无不陷之矛，不可同世而立，那是卖矛和盾的时候。真正到了战场上，矛和盾是可以集合的，集合起来之后它的威力更大了。

生：是的，进攻时可以发挥矛的作用，防护时可以发挥盾的作用。

师：是的，矛和盾是可以集合的。我们来读读下面这篇文章，感受感受矛和盾的集合所发挥的作用吧！

课件出示：

矛和盾的集合

发明家手持矛和盾，与朋友比赛。

对方的矛如雨点般向他刺来，发明家用盾左抵右挡，还是难以招架。在这紧张危急的关头，发明家忽然产生了一个想法："盾太小啦！如果盾大得像个铁屋子，我钻在铁屋子里，敌人就一枪也戳不到我啦！"

可是，这样固然安全，自己却变成了只能缩在壳里保命的蜗牛与乌龟。自卫，是为了更好地进攻呀！

对了，在铁屋子上开个小洞，从洞里伸出进攻的"矛"——枪口或炮口。当然，这铁屋子还要会跑，得装上轮子，安上履带。于是，发明家发明了坦克。

坦克把盾的自卫、矛的进攻合二为一，在战场上大显神威。1916 年，英军的坦克首次冲上战场。德国兵头一回见到这庞然大物，吓得哇哇直叫，乱成一团，一下子退了十公里！

是的，谁善于把别人的长处集于一身，谁就会是胜利者。

（学生默读，感受矛和盾集合起来的作用。）

生：这个盾好厉害！它特别大，就像是一个铁屋子，把自己包裹得严严实实，敌人用机枪扫射都没事。

启示：这里将学生思维引向深入，指向如何利用矛盾，服务人类。

启示：坦克材料支架，用事实证明矛与盾可以同世而立，挣脱作者思维的束缚。

师：防守确实做得很好，那进攻呢？

生：它不光可以进攻，还可以快速地前进着进攻。

师：难怪文中写道——

生（齐）：坦克把盾的自卫、矛的进攻合二为一，在战场上大显神威。1916年，英军的坦克首次冲上战场。德国兵头一回见到这庞然大物，吓得哇哇直叫，乱成一团，一下子退了十公里！

学习活动二：拓展阅读，引发更丰富的阅读

师：同学们，有的时候矛和盾确实不可同世而立，但有的时候，不仅可以同世而立，而且还能发挥出更大的作用。我们在读文章的时候，特别是在读这些蕴含着道理的文章的时候，要多一点儿思考，换着角度来思考，不断地追问，不断思辨，我们的收获就会更大。来，我们再读读这篇课文吧。

（学生再次齐读课文。）

师：大家读得特别好！同学们有没有留意这篇课文选自哪里？

生：《韩非子·难一》。

师：也就是说，这篇文章的作者是谁？

生：韩非。

启示：借助作家介绍，传承中华优秀传统文化，增强文化自信，落实课标精神。同时，也是向学生宣传版权意识，尊重作者知识产权。

师：（出示图片）这个人就是韩非，又称韩非子，中国古代思想家、哲学家和散文家，法家学派代表人物。《韩非子》是在韩非子逝世后，后人辑集而成的。著作中许多寓言故事也成为成语典故的出处。说到韩非子，大家可能不熟，但是说到他的一些作品，大家一定知道。比如这张图片（出示图片）所描述的故事就是——

生：滥竽充数。

师：没有真才实学的人混在内行人之中，最终只能落荒而逃。来，我们一起读读这个故事的名字。

生（齐）：滥竽充数。

师：（出示图片）这个故事是——

生：买椟还珠。他买了一个珠子，可是把盒子拿走了，把珍珠放下了。

师：如果我们去买了一件商品，把包装留了下来，把商品又还了回去，这就是典型的——

生：买椟还珠。

师：（出示图片）再来看这个故事。

生：守株待兔。

师：这个人最终等到兔子了吗？

生：没有。

师：他没有等到兔子，等到的是——

生：田地荒芜。

师：不劳而获是不可以的，我们再读读这个故事的名字。

生：守株待兔。

师：千万不要做这样的事。（出示图片）还有这个，这是——

生：郑人买履。

师：郑人要去买鞋，他量好了尺码，结果到了集市上买鞋的时候发现没有带尺码，这时候可以怎么做？

生：用脚试试。

师：结果呢？

生：郑人回家去取尺码，回来的时候人家收摊了。

师：在韩非子的书中，像这样蕴含着道理的故事非常多，今天，王老师就推荐大家读读这本书——《韩非子》，阅读这本书中更多的故事，你会懂得更多的道理。同时，也请同学

启示：借助图片梳理寓言故事，从作用上讲，一方面积累成语故事，另一方面指向整本书阅读的导入；从教学意义上讲，传承优秀文化，进行语言积累。

们背诵这篇课文。

【赏析：这一环节，呈现思维盛宴。王老师没有再纠结于路人想法、楚人思维，而是转换视角，让学生开动脑筋，设身处地地思考：楚人有没有可能卖出去矛与盾？这是针对作者"夫不可陷之盾与无不陷之矛，不可同世而立"的深度思考，借帮助楚人之忙，开发学生的创新、批判思维能力。这里的教学呈现思维的阶梯性：

每天只卖矛或者盾一样东西，这个办法容易想到。

卖其他没有对立冲突的物品（导入环节认识的各类兵器，在这里继续发挥作用），是思维的再深入。

坦克资料的介入，说明矛与盾不仅可以同世而立，而且可以完美结合，发挥更大作用。这里涉及辩证思维，再次将学生的思维引向深入。】

【总评】

1. 守住文言文教学的底线

2022年版课标理念下，学习任务群教学是热门话题，也是教师追求的理想状态。但是无论以何种任务群进行呈现，文言文的教学依然需要守住其教学的底线：首先是对文言文内容的理解。一切学习任务的实施，都是建立在学生对文本理解基础之上的，撇开最基本的字词朗读教学、对文本基本内容的把握，直接追寻思辨性教学、文学阅读教学等，无疑是空中楼阁。其次，文言文学习的方法（像看注释、联系上下文猜一猜、查找资料、查字典、诵读等）巩固、渗透不能放弃。这是王老师这一课给我们教学文言文的启示。

2. 对教材的重新开发与运用

由于2022年版课标与目前使用的统编教材不匹配，要扎实进行任务群教学，就不能完全依托目前的教材，这就需要教师解放思想，根据学习任务群的要求，对单元教材进行适当的调整，或者增加文本，或者调换文本，或者延伸文本价值。具体到《自相矛盾》这一课，主要体现在学生思维能力的拓展方面：一是让学生探究基于"不可陷之盾与无不陷之矛，不可同世而立"，想要卖出去矛和盾，有什么好办法？二是"不可陷之盾与无不陷之矛，不可同世而立，真的吗？难道它们真的不能同时出现吗？"。这两个具有一定思维含量的问题，引发学生深度思考的同时，其实已经超越教材原本的目标"了解人物的思维过程，加深对课文内容的理解"，走向对矛盾转化的认识及矛盾论的建构。这样的探究，来源于教材，又十分明显地高于教材要求，有点儿哲学的味道。这样的教学，体现的是王老师对统编教材"思辨性阅读与表达"学习任务群的理解，也给我们当前依托统编教材进行任务群教学开拓性思考。

"思辨性阅读与表达"学习任务群，绝不只是停留于"阅读"和"表达"。阅读是获取知识，表达是升华思考，实践是解决问题，然后在解决问题的过程中再产生知识需求，从而进入"阅读""表达""实践"的循环模式。矛、盾能否同时出现，培养的是思辨能力、创新思维，落实课标提出的"培养理性思维和理性精神"的要求。追寻人物思维的根源，形成自己的分辨之道，活动从文本逐步走向现实，教学从远古渐向未来。

3. 学习任务群的融合性

某一课或者某个单元命名为某某学习任务群，不是说整个教学中只出现某某学习任务群。事实上，学习任务群具有显著的兼容性。首先，基础型"语言文字积累与梳理"几乎覆盖大部分学习任务群，比如任务一其实就具有这样的特性；其次，三个发展型任务群常常你中有我，我中有你。文学阅读中少不了思辨性阅读成分，思辨性阅读是以文学阅读做基础。有时候还会出现拓展型任务群内容，例如任务四最后指向整本书阅读，其实就具备"整本书阅读"学习任务群的成分。

4. 教学资源的最大化

汉字教学支架的循环使用，是这堂课的一个特点。任务一借助"看图识兵器"，首先出现兵器汉字，一方面是为出现矛与盾铺垫，另外一方面还在进行古代兵器汉字的积累与梳理；任务二中情境再现时，再次出现这些兵器"楚人有鬻戟与剑者"，为学生理解"鬻"的意思服务；任务四的"展开思辨，进行多角度的思考"环节，老师引导学生思考"楚人有没有可能一次卖两种兵器呢？可以同时卖什么？"，这些兵器又成为学生思维训练的一个抓手。一个教学支架的循环使用，服务不同的任务，将教学资源最大化了。

5. 思维能力的提升训练

"了解人物的思维过程，加深对课文内容的理解"是本单元的教学目标，一般老师都将注意力放在探讨楚人语言矛盾处，说他语言表达有问题。这属于教学的第一层次，研究的是作者笔下楚人的言行与思维，还没有从商人的角度进行思辨教学。王老师没有停留于此，而是将教学往前走一步，"楚人有没有可能一次卖两种兵器呢？可以同时卖什么？"，让学生从商人思维出发，想象可能出现的情况，这无疑突破了作者思维的限制，属于第二层次的推进了。而坦克资料的引入，展现的是矛与盾的完美融合，这就不仅仅是思维的开拓，而是矛盾论的初步感知，向学生渗透的是朴素的哲学理念，推开的是中华优秀传统文化的另一扇窗户。

【思维导图】

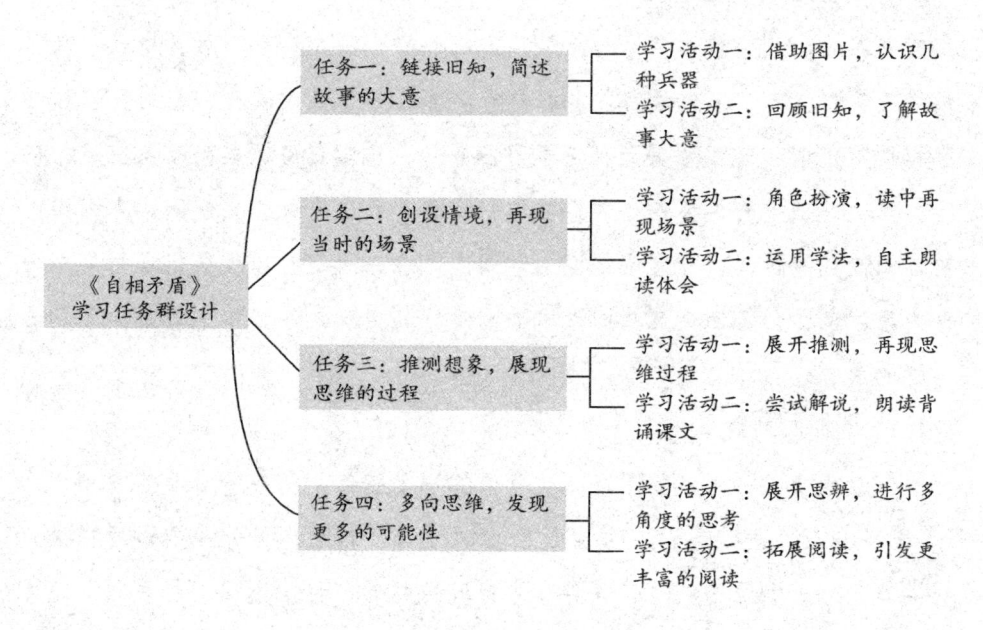

```
                          ┌─ 任务一：链接旧知，简述 ─┬─ 学习活动一：借助图片，认识几种兵器
                          │   故事的大意              └─ 学习活动二：回顾旧知，了解故事大意
                          │
                          ├─ 任务二：创设情境，再现 ─┬─ 学习活动一：角色扮演，读中再现场景
《自相矛盾》              │   当时的场景              └─ 学习活动二：运用学法，自主朗读体会
学习任务群设计 ───────────┤
                          ├─ 任务三：推测想象，展现 ─┬─ 学习活动一：展开推测，再现思维过程
                          │   思维的过程              └─ 学习活动二：尝试解说，朗读背诵课文
                          │
                          └─ 任务四：多向思维，发现 ─┬─ 学习活动一：展开思辨，进行多角度的思考
                              更多的可能性           └─ 学习活动二：拓展阅读，引发更丰富的阅读
```

主编谈教学写作启示

依托寓言故事　提升思维品质

《自相矛盾》作为一篇寓言故事，自有其文化传承、劝人明理等作用。统编教材从核心素养之思维能力培养出发，让学生分析"'其人弗能应也'的原因"。要回答这个问题，就需要弄清楚楚人与路人的思维，明白作者的思维。直观的思维，学生一般都能理解，深度思维，理性思维，思辨阅读，则需要教师的文本解读功底。

基于这一课，我们可以从文本解读角度进行写作。

首先，寻找文本思维教学的抓手。

一、对话是这篇课文的特色，通过人物对话推测人物心理活动。

二、文本是作者的思想寄托，借助文本中的关键点，培养学生思辨能力。

三、编者也是教学的重要组成部分，跳出教材，让学生揣摩编辑意图，也别有一番趣味。

四、读者同样是教学的组成部分。读者身份的迥异，会带来思维的差异性。就像王老师教学中列举的坦克的例子，就是军事制造商创造性利用了矛盾观。

其次，进行深度解读。

许多教师解读这一课，主要集中在楚人言语的缺失和表达的矛盾上。其实，由于身份不同，思考的维度也会不同。

一是从作者出发，思考他的写作思维：作者写这个故事，目的就是想借助楚人言语表达出现破绽，揭露儒家文士"以文乱法"的思维矛盾。后人借此成语告诫人们，说话、做事都要实事求是，凡事三思而后行；说话或做事要前后一致，免得最后到了难以自圆其说的地步。

二是从楚人出发，反思他的言行：楚人其实是一位商人，追求利益最大化是他的思维。所以他说他的矛是世界上最尖锐的矛，盾是世界上最坚固的盾，目的就是把东西卖出去。

三是从路人出发，解密他们的思维：路人可能是同行、顾客、老学究等，身份不同，想法迥异。

四是从读者出发，揣摩读者的思维：读者如果是商人，可能借用楚人思维，也可能以楚人为戒；读者如果是顾客，他可能学到压价的诀窍；读者如果是作家，他可能会模仿作者，甚至超越作者进行创意写作；读者如果是辩论家，"自相矛盾"可能会作为他辩论时的有力"武器"；读者如果是军事制造家，他可以运用于战场；等等。

最后，提出教学建议。

如果以学习任务群来呈现这一课，我们可以结合单元要求，侧重"思辨性阅读与表达"学习任务群；如果从核心素养角度来说，我们还可以侧重培养学生文学阅读欣赏能力，从而以"文学阅读与创意表达"学习任务群来呈现这课教学；我们还可以从"实用性阅读与交流"学习任务群视角，培养学生写作这类寓言故事的能力，传承中华优秀文化；我们还可以聚焦"整本书阅读"学习任务群，以导读课形式，让学生从这一篇，走向阅读这一类的整本书。

后 记

和林波有许多交集的地方：他是一位勤奋的作者，我是一家杂志的编辑，他写作，我编辑，顺便鸡蛋里挑骨头；他是一名十分敬业的名师，我是一个虔诚的听众，他演绎教材，我认真观摩，顺带约他写稿；他经常应邀云游四方展示课堂风采，我常常相约闯荡江湖介绍写作秘诀，天涯相聚，匆匆话别；他加入名师专业委员会，我负责相关日常工作，相互帮扶，抱团成长。但就是没有想过，我们还会因《学习任务群的课堂实践与深度评析》这本书走到一起。

2022年4月，千呼万唤的《义务教育语文课程标准（2022年版）》颁布，核心素养、学习任务群、学业质量检测、幼小衔接等等新理念，大概念、大单元、大情境、项目化等等新提法，"语言文字积累与梳理""实用性阅读与交流""文学阅读与创意表达""思辨性阅读与表达"等等任务群蜂拥而至。刚刚对统编教材稍微熟悉的一线教师，傻眼了。核心素养和语文要素、人文主题是什么关系？大情境如何设置？大概念如何提取？大单元如何组织？学习任务群到底是怎么回事？任务群理念下统编教材是否会重新编写？单篇课文是否可以以学习任务群的形式来呈现？学习任务和语文要素、人文主题之间的关系是什么？……这些问题困扰着广大一线教师。一些课标专家高屋建瓴的解读，更多侧重于对《义务教育语文课程标准（2022年版）》内容理念的解读，而这些理念如何在统编教材中落地，尤其是课标提出的学习任务群如何在统编教材中实施，一线教师感到十分迷茫。

在那个特殊的时期，我和林波时不时交流对《义务教育语文课程标准（2022年版）》的理解，互相推荐自己阅读到的理论文章，常常一聊就是一个多小时。虽然不能够完全达成共识，但是在讨论的过程中，开阔了彼此的视野，明确了许多模糊的概念，加深了对一些问题的认识。

有一次在聊天的过程中，他建议我把对课标的理解写出来，我建议他用课例来展示他对课标的理解。再后来，他说最近在和上海师范大学的吴忠豪教授（也是我们中国语文报刊协会名师专业委员会名誉理事长兼学术导师、学术委员会主任）合作出一本书——《统编小学语文优质课例与深度评析》，他撰写实录，吴教授进行点评。又说，还与河南的李斩棘老师出类似的书。出书对于林波来说是常态，我手头就有他的好几本著作：《小学语文怎么教——指向语用的课堂教学实录》《上好小学语文课——在思考与行动中润泽课堂》《指向"语用"的阅读教学实践》《小学语文文本解读与教学实践》《指向语用 识体而教》等等。但是他说想把这个系列性的实录加点评丰满一点儿，尤其要解决一线教师当前面临的困惑。目前他有与吴忠豪教授合作，展示大学教授对名师课堂的赏析；与李斩棘老师合作，体现教研员眼中名师的课堂；与部分名师合作，呈现名师对对碰；如果能够与杂志主编合作，估计可以给读者带来不一样的视觉盛宴。

从选题来看，林波的这个主意不错，掌握着稿件命运的主编来点评，无疑可以向读者提供一个编辑视角下的课堂。但从操作层面来看，有点儿棘手。编辑的工作比较特殊，常常拿着放大镜看作者的文章，一般是挑刺，更多的是鸡蛋里挑骨头，百里挑一，千里挑一，选出自己认为理想的稿件。现在要换一种角度，用赏析的目光看作品，探究教者的教学艺术、教学思想、教学理念、教学策略。还有就是，编辑缺乏一线教学实践经验，对教材的熟悉程度，也在一定程度上影响着判断力。所以对能否完成这个任务，我心存疑虑。后来试着去点评了一篇，林波进行了热情的鼓励，从内容到格式，我们又进行了不断的调整，最后形成了目前的这种格式。

本书想达到这样的目的：

一、教学实录，体现任务群下的课堂教学形态。

基于一线教师思考，目前实录基本是单篇教学某一课时的呈现，但是是以学习任务群理念指导下的单篇教学，有学习任务、学习情境、学习活动、学习展示以及学习评价等，所呈现出来的四大学习任务群实录教学，是小学阶段目前运用比较多的教学方法。

因为现行使用的统编教材与2022年版课标不匹配，对于某一课以什么样的任务群来组织与呈现，每一个人都有自己的理解与解读。比如二年级下册第五单元第14课《小马过河》，目前是放在"思辨性阅读与表达"学习任务群里面。但是这一课其实也可以"实用性阅读与交流"学习任务群、"文学阅读与创意表达"学习任务群甚至以"整本书阅读"来呈现教学过程。每一种任务群，侧重于培养孩子的某一方面能力，也都符合教材要求，最终都指向学生的核心素养培养，而且都能从2022年版课标中找到依据。因此，各位老师在使用这本书的过程中，灵活运用，切忌死板硬套。

二、教学点评，体现编辑视角下的课堂艺术以及基于课堂教学的写作视野。

本书的赏析由三部分组成，主要由我来完成。一是随即点评，分散在实录不同角落，主要是对教学过程中某个教学手段的赏析，提醒读者可以学习借鉴；二是一个任务结束后的集中赏析，聚焦点落脚在任务的设计、教学层次、活动的设置等方面；三是最后的总评，侧重整体视野，探寻实录带给我们的启示。由于本人缺乏一线课堂实践经验，对于2022年版课标的理解也是比较肤浅的，对林波教学思想理解也不深入，点评也罢，赏析也罢，都是个人拙见，不当之处，敬请各位读者海涵。

本书还有一个特色是在每一篇文章后面，有我基于教育教学写作的建议。作为一名优秀的老师，不仅要能上课，更要会写作。就像林波一样，上得了课堂，写得出文章（他有不少文章被人大复印资料中心《小学语文教与学》全文转载）。但是许多老师苦于不知道写什么内容，什么样的文章才会被编辑看中，写作时应当注意什么，等等。因此，林波建议我在文章最后加上这一部分内容。

总体来说，2022年版课标下教育教学的写作，其内容可以从三方面入手：一是对2022年版课标本身进行解读。比如什么是核心素养？什么是学习任务群？二是基于2022年版课标对统编教材进行解读。比如任务群理念下单篇教学价值与教学策略、课标理念下的文言文教学（各种文体）等等。三是用统编教材落实课标理念。可以类似本书的教学实录，也可以是教学设计，还可以进行理论探讨。

至于文章格式要求、形式要求、投稿要求等，需要结合每一种期刊的个性化表达以及其办刊宗旨、风格来调整自己的稿件。

最后，作为《小学教学设计》杂志的主编，也欢迎各位读者读完这本书后，写下你们的赏析、建议、理解并寄来。如果深中肯綮，我们在重印时会考虑使用，也有可能在《小学教学设计》上刊发。

王冬精
2024年1月